투자 인문학

투자 인문학

투자를 잘하고 싶은 사람들이 꼭 알아야 할
돈의 심리학, 시장의 물리학

오형규 지음

"투자도, 삶도 내 모든 선택의 결과다"

코로나19 사태 이후 대한민국 주식시장에는 '주린이'라 불리는 이들이 대거 유입되었습니다. 투자 인구 1,500만 명 시대, 이제 주식 투자는 가히 국민 스포츠라 불릴 만큼 일상의 화제가 되었습니다.

국내외 주식 투자가 라면 끓이기보다 쉬워진 세상이라지만, 정작 시장은 결코 호락호락하지 않습니다. 무수한 실패를 겪고 나서야 겨우 수익의 기회를 엿볼 수 있는 곳, 돈이 많으면 경험을 얻고, 경험이 많으면 돈을 얻는 곳이 바로 주식시장입니다. 이곳은 신호와 소음, 낙관과 비관, 탐욕과 공포가 뒤엉켜 한순간도 정신을 차리기 힘든 전쟁터이기도 합니다.

그럼에도 우리는 투자를 통해 자산을 불리길 원합니다. 단시일에 큰돈을 모아 '파이어족'이 되는 꿈을 꾸기도 합니다. 하지만 어디 뜻대로 되나요? 조바심에 비례해 주식계좌는 퍼렇게 멍들어 갑니다. 코스피 지수가 2000선일 때나 5000선에 이른 지금이나 개인의 형편은 크게 달라지지 않았습니다. 한방에 만회해 보려 위험한 모험을 감수할수록 수렁은 깊어지고, 뒤늦게 "내가 왜 그랬을까?" 하는 후회만 엄습합니다. 오늘도 수많은 개미 투자자가 이 길 위에서 방황하고 있습니다.

유례없는 '불장'이 연출된 2025년 삼라만상이 모두 떠올랐습니다. 한동안 주식, 부동산, 코인, 금, 은 등 모든 가격이 올라 '에브리싱 랠리everything rally'라는 말까지 나왔습니다. 코스피는 무려 76%나 치솟았습니다. 짭짤한 수익을 낸 이들도 많겠지만, 묻고 싶습니다. 과연 그것은 온전한 본인의 실력일까요, 아니면 운일까요? 최근 5년간의 수익률을 되짚어 보십시오. 주요국 증시 중 코스피 수익률이 꼴찌였던 2024년과 비교해 보십시오. 한 해 수익은 가능해도, 해마다 꾸준히 자산을 불려 나가기란 늘어난 뱃살을 빼는 것보다 훨씬 어려운 게 현실입니다.

우리는 왜 간절한 소망과 반대로 번번이 투자에 실패할까요? 경제학을 전공하고 뉴스나 유튜브, 재테크 서적을 섭렵해도 벌 때보다 잃을 때가 더 많은 이유는 무엇일까요?

필자는 경제기자, 논설위원, 증권방송 진행자로 35년간 일하며 수많은 실패 사례를 목격했습니다. 그 끝에 얻은 결론은, 인간은 돈과 시장에 관해 고착화된 편견과 오류를 가진 존재라는 점입니다. 아무리 최신 경제지식으로 무장한들 변화무쌍한 시장을 이기기 어렵습니다. 개미 투자자들의 전형적인 행동패턴이 원금을 지키기도 힘들게 만들기 때문입니다.

그렇다면 어디서부터 시작해야 할까요? 주식투자는 화려한 성공을 좇기보다 '작지만 잦은 실패'를 줄이는 것에서 출발해야 합니다. '공격을 잘하는 팀은 경기를 이기지만 수비를 잘하는 팀은 우승한다'는 축구 격언은 투자에도 그대로 적용됩니다. 그런 점에서 이 책은 확신에 차서 종목을 찍어 주거나 미래 주가를 예측하려는 목적이 아닙니다. 필자에게는 그럴 능력도 없고, 그럴 생각도 없습니다. 오히려 확신보다는 의심을 품고 공격보다 수비에 만전을 기하는 데 중점을 뒀습니다.

『투자 인문학』이란 제목이 다소 생소할 수도 있습니다. 여기서 인문학이란 자신을 비춰 보는 거울이자 스스로를 객관화하는 도구입니다. 삶이 그렇듯, 투자 역시 자기 객관화가 전제된 연후에야 비로소 성공 가능성이 생깁니다. 아울러 강조하고 싶은 것은 돈은 심리학, 시장은 물리학의 지배를 받는다는 것입니다. 천천히 읽어 보시면 그 이유가 공감이 되실 겁니다.

이 책은 총 5부로 구성돼 있습니다.

서론 격인 1부에서는 우리가 미처 인지하지 못한 채 흘려보낸 숱한 기회들과 좇을수록 멀어지는 돈의 속성, 그리고 우리를 착각하게 만드는 운에 대해 살핍니다.

2부 '돈의 심리학'에서는 경제학이 아닌 심리학 또는 행동경제학으로 투자에 접근해야 하는 이유를 7가지 대표적인 오류와 편향을 바탕으로 정리했습니다. 이런 오류와 편향은 인간에게는 기본 설정값(디폴트)이나 다름없습니다. '나는 절대 안 그렇다'고 부인한다고 사라지는 게 아닙니다. 그럴 바에는 차라리 인정하고 어떻게 그 부작용과 폐해를 최소화할지 연구하는 편이 낫습니다.

3부 '인생의 지혜, 투자의 지혜'에서는 동서고금의 지혜를 투자에 접목했습니다. 사람이 돈과 운을 바라보는 관점이나 관계와 집단 속에서의 정형화된 행동패턴은 이미 수천 년 전부터 관찰되어 온 것입니다. 시간이 흘러도 인간의 본성은 잘 안 변합니다. 고대로부터 전해 내려온 속담, 격언, 경구에는 인류의 지혜가 함축돼 있습니다. 이를 기억하고 투자에 적절히 활용한다면 그 어떤 '족집게' 유튜브 방송이나 재테크 서적보다 실속 있는 조언이 될 것입니다.

4부 '부와 시장의 물리학'에서는 주식시장의 변화가 물리학 원리들과 일맥상통한다는 점을 설명했습니다. 주식투자나 주식시장은 으레 경제·경영학의 영역으로 여겨지지만 현실에선 물리학이 훨씬 더잘 설명해 주기 때문입니다. 물리학은 인간 세상과 지구를 포함한 전우주의 작동원리입니다. 세상의 일부인 주식시장 역시 물리학 법칙의 예외가 아닙니다. 주식시장은 개개인들이 부단히 상호작용하고피드백이 오가는 복잡계의 성격을 띱니다. 이런 시장에선 경제학에서 강조하는 균형점이 단 한순간도 존재할 수 없습니다. 결과가 있으면 반드시 그럴 만한 원인이 있다는 인과론적 사고로는 이해 못할 상황이 자주 벌어집니다. 그래서 주식투자가 어렵습니다.

5부에선 '개미 투자자를 위한 주식투자의 기본 원리'를 정리했습니다. 성공은 형편없는 스승이고, 남의 치아로 씹을 수 없다는 원칙만 명심해도 투자의 위험을 줄이는 데 도움이 될 것입니다. 또한 기술혁신이 주가에 거품을 부르지만 거품을 무조건 피해선 수익을 내기 힘든 곳이 주식시장입니다. 거품이 꺼진 후에도 살아남는 기술이 진짜 가치가 된다는 점도 기억할 필요가 있습니다.

영화 〈미션 임파서블: 파이널 레코닝〉에서 루터 스티켈은 주인공 에단 헌트에게 말합니다. "우리 삶은 하나의 행동으로 규정되는 게 아니다. 우리 삶은 모든 선택의 결과다."

사람의 삶은 어느 한 가지로 재단할 수 없고 그래서도 안 됩니다. 우리가 살면서 행하는 무수한 선택이 지금의 자신을 만들었고 만들어 갈 것입니다. 가정에서의 나, 학교나 직장에서의 나와 투자하는 나는 결코 서로 다른 사람이 아닙니다. 삶을 구성하는 무수한 사건과 요소들은 서로 얽히고설켜 나 자신을 구성합니다. 그런 점에서 투자는 삶과 연계된 종합적이고 융·복합적인 활동으로 이해해야 합니다. 투자 공부나 투자에 임하는 자세도 마찬가지입니다. 문학 이론에서 이야기하는 삶의 총체성과 같은 맥락입니다.

2026년의 주식시장은 어떤 모습일까요? 내년, 후년, 그리고 2030년, 2040년에는 또 어떤 일이 우리를 기다릴까요? 영국 『이코노미스트』지의 문장을 빌려 답하고 싶습니다. "어떤 놀라움이 기다리든 간에." 삶이든, 투자든 상상하지 못한 일들의 연속일 테니, 안전벨트를 꽉 조이고 침착하게 대응해야 한다는 뜻입니다.

이 책을 구상하고 집필하는 데 많은 조언을 해주신 김종길 사장, 이경숙 팀장 등 글담출판 관계자 여러분께 깊이 감사드립니다. 거칠고 험한 투자의 바다를 항해하는 여러분에게, 특히 투자를 단순 재테크가 아니라 생존의 문제로 여기는 젊은이들에게 조금이나마 보탬이 될 수 있다면 필자에게는 더할 나위 없는 보람일 것입니다.

2026년 2월
오형규

제1부

돈이란, 기회란?

'데이비드 스완' 이야기

• ✦ •

스무 살에 키가 훤칠한 청년 데이비드 스완은 큰아버지의 식료품점 점원으로 일하기 위해 고향을 떠나 보스턴으로 향했다. 오전 내내 걸어 역마차 타는 곳까지 오고 나니 너무 피곤하고 무더웠다. 그는 더위를 피해 작은 나무숲 그늘에 앉아 마차를 기다리다 금세 풀밭 위에서 잠이 들었다.

데이비드가 잠들어 있는 동안 많은 사람들이 그의 옆을 지나갔다. 누군가는 그가 거기 있는 줄도 모르고 지나쳤고, 어떤 이는 자기 생각에 골몰해 제 갈 길을 가기에 바빴다. 또 어떤 이는 깊이 잠든 그를 보고 웃으며 지나갔고, 몇몇은 독기를 뿜어 보이기도 했다. 그것이 무관심이든, 조소든, 비난이든, 칭찬이든 데이비드는 계속 잠을 잤다.

고급 마차 한 대가 데이비드가 잠든 곳 앞에 거의 다 왔을 때 바퀴가 고장 났다. 하인들이 바퀴를 고치는 동안 나이 지긋한 상인 부부가 마차에서 내려 햇빛을 피하려고 나무 그늘로 들어섰다. 노부부는 곤히 잠든 젊은이의 모습에서 일찍이 잃은 외동아들을 떠올렸다. 그들은 이 청년을 양아들로 삼고 싶었지만, 마차 수리가 끝났다는 소식에 아쉬움을 뒤로 하고 떠났다. 하지만 데이비드는 행운의 여신이 다녀간 줄도 모르고 계속 달콤한 낮잠에 취해 있었다.

얼마 뒤, 아름다운 처녀가 걸어오다 데이비드를 발견했다. 혼자 잠든 청년을 보고 얼굴이 빨개진 처녀는 살그머니 떠나려다 큰 벌이 청년의 눈 주위를 맴돌자 손수건으로 벌을 쫓았다. 그러는 동안 데이비드의 수려한 얼굴을 살짝 살펴보며 한층 얼굴을 붉혔다. 이 처녀의 아버지는 근처 마을의 부유한 상인으로 때마침 데이비드 같은 청년을 구하던 중이었다. 처녀와 사귀게 됐더라면 데이비드는 모든 일이 순조롭게 풀렸을 것이다. 최상의 행운이 몰래 다가와 몸을 스쳐 갔지만 잠든 그는 전혀 알아차리지 못했다.

예쁜 처녀가 떠나간 뒤 험상궂은 두 남자가 나무 그늘 아래로 들어섰다. 그들은 무슨 일이든 가리지 않는 2인조 악당이었다. 잠든 데이비드를 발견하고 그의 돈지갑과 보따리를 노렸다. 그들은 데이비드가 잠에서 깨면 칼로 찔러 버리기로 하고 보따리를 뒤지기 시작했다. 이때 목마른 개가 나무 그늘로 들어왔다가 악당들을 노려보더니 샘물을 핥아 마셨다. 악한들은 곧 개 주인이 따라올까 봐 서둘러 자리를 떴다. 데이비드는 죽음의 그림자가 자신에게 드리웠음을 전혀 의식하지 못한 채 계속 잤다.

이윽고 역마차 소리가 점점 가까워지자 데이비드는 정신이 들어 벌떡 일어났다. 마차에 올라탄 데이비드는 보스턴을 향해 유쾌하게 달려갔다.

『주홍 글자』로 유명한 19세기 미국 작가 너새니얼 호손Nathaniel Hawthorne의 단편소설 「데이비드 스완」의 줄거리다. 불과 한 시간가량 낮잠을 자는 사이에 기회와 행운과 죽음의 위험이 차례로 스쳐 지나갔지만 정작 본인은 까마득히 몰랐다. 이 짧은 소설은 우리가 미처 알지 못해서 잡지 못한 무수한 기회와, 그런 줄도 모르고 지나친 숱한 위험에 관한 은유다. 뭐든지 지나 보면 안다지만 실제로는 아무것도 모른 채 흘려버리는 것이 대부분이고, 그런 경우가 얼마나 많은지조차 우리는 모른다는 사실을 일깨워 준다.

호손은 소설 첫머리를 "우리는 한평생 또는 우리 운명을 사실상 좌우하는 사건들에 관해서도 부분적으로밖에는 알 수 없다"라고 시작한다. 오히려 앞날을 몰라서 우리는 하루하루 편하게 살고 있는지도 모른다. 호손은 "만일 우리가 운명의 모든 변화를 알 수 있다면 인생은 희망과 공포, 환희와 절망이 너무나 충만해 잠깐 동안도 마음에 진정한 평정을 얻을 수 없을 것이다"라고 충고한다. 행운의 기회가 올 것을 알면 미리 흥분을 주체하지 못할 테고, 위험이 다가올 것이 예고돼 있다면 두려움에 벌벌 떨면서 아무것도 못 할 것이다.

글로벌 금융위기와 같은 거대한 위험을 예측해 '월가의 현자賢者'로 불리는 나심 니콜라스 탈레브Nassim Nicholas Taleb도 저서 『안티프래질』에서 "날마다 벌어지는 일을 정확히 예측할 수 있다면 내 삶은 죽도록 지겨울 것"이라고 언급했다. 우리 삶은 결과를 알고 보는 영화나 스포츠 경기가 결코 아니다. 다음에 어떤 일이 벌어질지, 무엇이 나올지 상상하기조차 힘든 의외성과 우연이 삶에서 적절한 경계심과 긴장을 일깨운다. 그래서 각자의 인생은 그 나름의 드라마가 된다. 인생에는 스포일러가 없다.

「데이비드 스완」은 "인생은 알 수 없고, 알 수 없기에 인생이다"라는 말로 요약된다. 호손은 약간의 실마리를 소설 말미에 남겨 놓았다. "눈에 보이지도 않고 기대할 수도 없는 사건이 항상 우리의 앞길을 가로막고 돌발한다. 반면에 이 세상에는 비록 부분적으로나마 어떤 일이 일어나기 전에 미리 내다보게 할 만한 규칙성이 언제나 있다는 것이, 모든 것을 주재하는 신의 섭리가 존재함을 입증하는 사실이 아니겠는가?"

앞날을 알 수 없지만 희미하게나마 예측 가능성이 있다는 이야기로 들린다. 그 희미한 실마리를 함께 찾아가자는 것이 이 책의 의도다. 철학적인 SF 소설을 쓰는 테드 창Ted Chang의 단편 『상인과 연금술사의 문』에도 이런 구절이 나온다. "세상에는 돌아오지 않는 것이 네 가지 있다. 입 밖에 낸 말, 공중에 쏜 화살, 지나간 인생, 그리고 놓쳐 버린 기회."

돈과 부富 그리고 시장을 살펴보기에 앞서 꼭 음미해 봐야 할 이야기다. 우리가 놓치고 있는 기회는 무엇인가? 우리 삶은 알 수 없는 우연의 연속인가? 아니면 스스로 개척해 나갈 여지는 얼마나 있을까? 그 해답을 찾는 여정을 떠나 보자.

돈은 충실한 하인이자 나쁜 주인

• ✦ •

우리는 좋든 싫든 자본주의 시장경제 체제에서 태어나 평생을 살아가는 '자본주의 키드kid'다. 최영 장군처럼 돈 보기를 과연 돌같이 할 수 있을까? 사실 자본주의뿐 아니라 사회주의, 공산주의, 공동체주의 등 그 어떤 체제라도 돈을 돌처럼 여길 수는 없다. 돈이 없으면 살면서 얼마나 힘들고 좌절하게 되는가? 삶이 고단한 이유도 대개 돈에서 비롯된 문제들이다. 가난은 단지 불편함만을 의미하지 않는다.

나 자신에게 돈이란 어떤 존재인지부터 명확히 할 필요가 있다. 왜 돈을 벌어야 하는지, 벌어서 어떻게 쓸 것인지 가치관이 뚜렷해야 한다는 얘기다. 하지만 한국인은 돈에 관한 한 이중적이고 양가적인 감정을 갖고 있다. 다들 열렬히 돈을 추구하고 더 많이 갖기를 바라지만 그런 속내를 겉으로 드러내는 것은 금기시한다. 자기 욕구는 당연시하면서 남들의 욕구는 경멸하는 내로남불 성향도 엿보인다. 이제는 돈에 관해 좀 솔직해질 필요가 있다. 당신은 정말 돈에 초연한가, 아니면 열심히 벌고 잘 모아서 행복하게 살고 싶은가?

철학자 아르투어 쇼펜하우어Arthur Schopenhauer는 『인생론』에서 "돈은 바닷물과 같다. 많이 마시면 마실수록 더 목마르게 된다"라고 갈파했다. 돈 욕심이 많은 사람은 결코 자신의 상태에 만족하지 못하고 더 많은 돈을 갈구하다 스스로 무너진다는 얘기다. 아무리 부자여도 더 큰 부자를 부러워하게 마련이다.

쇼펜하우어의 말은 기원전 1세기 로마 철학자 세네카Seneca의 "부富는 지혜로운 사람의 노예이자 바보의 주인이다"라는 명언과도 통한다. 세네카의 명언은 다양하게 변주돼 16세기 영국 철학자 프랜시스

베이컨Francis Bacon은 "돈은 좋은 하인이지만 나쁜 주인이다"라고 했다. 영화 〈위대한 쇼맨〉의 실존 인물인 P. T. 바넘P. T. Barnum도 비슷한 말을 했다. "돈이란 끔찍한 주인이지만 훌륭한 하인이다." 하나같이 돈의 노예가 되지 말고 주인이 되라고 말한다.

돈을 주인으로 섬길지, 하인처럼 부릴지는 각자 하기 나름이다. 아울러 『걸리버 여행기』의 작가 조너선 스위프트Jonathan Swift가 "현명한 사람은 돈을 머릿속에 둬야지 가슴속에 둬선 안 된다"라고 했던 말도 함께 기억해 둘 필요가 있다. 돈을 감정적으로 대하지 말고 이성적으로 냉정하게 바라보라는 의미다.

돈이 있다고 반드시 행복해지지는 않지만 돈이 없으면 불행해진다는 점은 분명하다. 약사 겸 정신분석가 데이비드 크루거David Krueger는 『머니 바이블: 돈에 관한 모든 것』에서 돈이 행복을 가져다주지는 못하지만 불행에 대한 방패막이 역할은 할 수 있다며 돈을 '우울증 치료제'라고 규정했다.

돈의 세 가지 속성

• ✦ •

쉽게 벌 수 있다면 아무도 돈 때문에 고민할 필요가 없을 것이다. 그런데 돈이란 놈이 결코 호락호락하지 않다. 돈은 똑똑한 사람도 멍청하게 만든다. 돈에는 부인하기 힘든 세 가지 속성이 있다.

첫째, 돈은 무지개와 같아 좇을수록 멀어진다. 히더니즘의 역설 paradox of hedonism이 작용하는 것이다. 히더니즘은 쾌락을 뜻한다. 행복이나 쾌락은 추구할수록 자신에게서 멀어진다는 것인데, 돈도 마찬가지다. 영국 철학자 겸 경제학자 존 스튜어트 밀John Stuart Mill은 "행복하냐고 스스로에게 물어보라. 그러면 곧 행복하지 않게 될 것이다"라고 했다. 남들이 부러워할 만한 지위, 재산, 인기가 있더라도 정작 본인은 더 큰 욕망이나 또 다른 고민에 빠지게 마련이다. 모래나 바닷물을 손에 쥐려고 할수록 더 빠져나가는 것과 같다.

둘째, 사람의 뇌 인지구조에는 오류가 많은데, 특히 돈은 종종 믿기 힘들 만큼 바보 같은 결정을 내리게 만든다. 경제학은 인간을 고도로 합리적이고 논리와 이성으로 무장한 '호모 에코노미쿠스Homo economicus'* 라고 규정하지만 그런 인간은 세상 어디에도 없다. 실제 삶에서 인간은 기분에 따라 판단과 선택의 기준이 오락가락한다. 어제와 오늘이 다르고, 손실을 회피하고, 자기의 오류나 실수를 드러내길 기피한다.

셋째, 돈에 관한 한 개인행동과 집단행동이 확연히 달라진다. 혼자서는 하지 않을 일도 군중 속에서는 하는 게 사람이다. 자신은 절대 그럴 리 없다고 다짐하지만, 다수가 집단심리에 휩쓸릴 때 홀로 독야청

---

* 　경제학에서 인간을 설명하는 대전제로, '경제인', '경제적 인간', '합리적 인간'이라고 번역된다. 경제학에서는 인간이 자신의 효용(만족도)과 가격 정보를 잘 알고, 컴퓨터처럼 손익을 계산하며, 합리적으로 선택하고 소비한다고 가정한다. 그러나 실제 인간과 너무 동떨어진 가정이어서 많은 비판을 받고 있으며, 경제학에 심리학을 접목한 행동경제학의 강력한 도전을 받고 있다.

청할 사람은 거의 없다. 주식 시세는 춤추는 공기 인형처럼 널뛰듯 움직인다. 뭔가 규칙이 있는 것 같으면서 뒤죽박죽이고 예측 불허다. 이런 시장에 뛰어들면 누구든지 환상과 망상, 공포와 탐욕, 착각과 오판, 신념과 고집 등이 뒤엉켜 엉뚱하고 심지어 멍청한 선택을 할 수 있다.

　주식시장은 그런 집단심리의 집합이라고 해도 과언이 아니다. 한 사람 한 사람을 보면 멀쩡한데, 군중이 되면 언제 어디로 튈지 모른다. 아무리 똑똑한 사람도 집단심리라는 급류에 휩쓸려 간다. 천재 과학자 아이작 뉴턴Isaac Newton조차 주식투자로 거액을 날린 후 "나는 천체의 움직임은 계산할 수 있어도 군중의 광기는 계산할 수 없다"라고 탄식했다는 유명한 일화가 있다. 과연 우리라고 예외일까? 더군다나 경제학 지식도 별 도움이 안 된다. 무수한 경제학자 중에 투자로 큰돈을 번 사람이 별로 없다. 돈에 관해서는 보통 사람들과 별반 다르지 않다. 경제이론이 실제 투자와 동떨어진 현상은 골프 연습장에서 잘 맞던 공이 필드만 나가면 엉망이 되는 것과 비슷하다.

아무도 돈 버는 법을 가르쳐 주지 않는다

·✦·

큰돈을 벌고 부자가 되고 싶다는 바람은 잘못된 것이 아닐뿐더러 비난받을 일은 더더욱 아니다. 오히려 그런 결심과 노력을 권장하고 격려해 줘야 마땅하다. 개개인의 돈에 대한 열망은 국가 경제성장의 주된

동력이기도 하다. 그러나 누구나 돈을 쉽게 벌 수 있다면 무수한 재테크 서적, 투자 전문가, 주식 전문 방송, 주식 유튜브는 필요 없을 것이다. 유감스럽지만 아무도 돈 버는 법을 제대로 가르쳐 주지 않는다. 학교에서 배울 수도 없고, 교과서도 당연히 없다. 어디에서 무엇부터 시작해야 할지 막막하기만 하다.

지금 읽고 있는 이 책이 당신을 부자로 만들어 주지는 못할 것이다. 당장 재테크에 써먹을 뭔가를 기대했다면 이쯤에서 책을 덮어도 좋다. 하지만 돈의 속성, 사람과 집단의 심리구조, 시장과 부가 움직이는 동력학動力學이 궁금하다면 계속 읽기를 권한다. 이런 것은 학교에서 가르쳐 주지 않고, 공부할 만한 교과서도 없다. 설령 이들을 다 안다고 해도 성공하기보다 실패할 확률이 더 높은 게 투자다.

그나마 한 가지 다행인 점은 돈과 투자는 아이큐나 학력과 별 상관이 없다는 것이다. 주가가 급등과 급락을 거듭할 때 얼마나 인내하고, 움직여야 할 때 과감히 행동하느냐가 더 중요하다. 앙드레 코스톨라니André Kostolany는 "돈을 정복하려면 먼저 정신분석학(심리학)을 토대로 마음 상태를 파악하고 의식적으로 다스릴 수 있어야 한다"고 강조했다. 자신의 심리를 파악하고, 집단심리를 알아야 하며, 경제학으로는 설명하지 못하는 시장의 급변동이 함축한 물리학적 특성을 이해할 필요가 있다.

지난 30여 년간 경제기자로서 관찰한 결과, 사람들이 돈을 대하는 태도는 경제학보다는 심리학이, 변화무쌍한 시장은 물리학의 원리가 훨씬 더 잘 설명해 준다. 돈과 시장을 설명한다면서 웬 물리학이냐고 반문할지도 모른다. 하지만 사실이 그렇다.

제2부

돈의 심리학: 투자를 망치는 일곱 가지 오류

기독교에는 '칠죄종七罪宗'이라고 하는 일곱 가지 대죄가 있다. 인간이 자기 의지로 범하는 죄의 근원이 되는 악덕을 가리키는 말이다. 일반적으로 '교만, 인색, 질투, 분노, 음욕, 탐욕(탐식), 나태'를 일컫는다. 살아가면서 삼가고 하지 말아야 할 일들을 망라한 것이다. 브래드 피트Brad Pitt와 모건 프리먼Morgan Freeman 이 주연한 <세븐>이 칠죄종을 플롯으로 삼은 연쇄살인 스릴러 영화다.

제 잘난 맛에 사는 교만은 사람이면 누구나 갖고 있다. 토마스 아퀴나스 Thomas Aquinas는 칠죄종 가운데 교만을 가장 큰 죄로 봤다. 고대 그리스 신화에서도 '교만의 여신'인 휴브리스Hubris는 반드시 '응징의 여신'인 네메시스Nemesis와 함께 온다고 했다. 과도한 음욕, 탐욕은 적당함을 모르기에 사람을 나락으로 끌고 들어간다. 시기나 질투는 상황을 객관적으로 보는 눈을 어지럽힌다. 분노는 평소라면 하지 않을 과격하고 잘못된 행동을 저지르게 만든다. 나태는 그 순간에는 편하겠지만 반드시 쓰디쓴 대가를 요구한다. 스페인의 유명 축구선수 카를레스 푸욜Carles Puyol은 나태를 경계하며 이런 명언을 남겼다. "힘든가? 오늘 걷지 않으면 내일은 뛰어야 한다."

칠죄종은 돈을 보는 관점, 투자에 임하는 태도 면에서도 되새겨 볼 만하다. 기독교에 칠죄종이 있다면, 투자에는 반드시 경계해야 일곱 가지 심리 오류 fallacy와 편향bias이 있다. 오류는 논리에 맞지 않는 잘못된 추론을 가리키고, 편향은 사람들이 잘못을 저지르는 독특한 사고 패턴을 뜻한다. 일곱 가지 오류와 편향은, 첫째 자기는 잘났다는 우월성 착각, 둘째 잘되면 실력이고 잘못되면 운 탓으로 돌리는 자기중심 편향, 셋째 남들도 다 그렇게 한다는 부화뇌동의 집단심리, 넷째 미리 알지 못하고 지난 후에야 아는 사후확신 편향, 다섯째 서로 무관한 것을 억지로 연결 지어 의미를 부여하는 착각적 상관, 여섯째 손실과 위험을 기피해 잘못된 판단을 하게 만드는 손실회피 편향, 일곱째 머리 쓰기를 귀찮아하는 인지적 구두쇠다.

이런 오류와 편향은 아무리 의식하고 조심하려 해도 피하기 힘들다는 점에서 칠죄종과 비슷하다. 심지어 이론적으로 오류와 편향을 잘 아는 심리학자들조차 보통 사람과 똑같은 실수를 범한다. 사람이라면 예외가 없어 컴퓨터의 초기설정(디폴트) 값이나 다름없다. 인간 본성에 숨어 있는 오류와 편향은 너무도 다양하고 광범위해 책을 쓴다면 한두 권으로는 어림없다.

오류와 편향은 개미 투자자를 무덤으로 안내하는 사탄이자 저승사자다. 투자 고수가 초보 개미와 가장 차별화되는 점은 '얼마나 덜 인간적인가'이다. 사람은 인간적일수록 오류와 편향에 갇히게 마련이다. 개미 투자자가 '오마하의 현인'으로 불리는 워런 버핏Warren Buffett처럼 장기간 원칙대로 투자하는 것은 불가능한 일이다. 유럽의 전설적 투자자 앙드레 코스톨라니가 "주식투자를 하려면 심리 공부부터 하라"라고 조언한 이유다. 어떤 오류와 편향이 나의 투자 판단을 흐리는지 최소한 알고는 덤벼야 한다.

우리는 주식투자를 위해 경제학을 공부해야 한다고 생각한다. 조금은 도움이 되겠지만, 유감스럽게도 경제학은 오류와 편향의 유용한 해독제가 아니다. 경제학자들은 '합리적 인간(호모 에코노미쿠스)'이라는 비현실적인 가정을 세워놓고 세상만사를 다 설명하겠다고 오만을 부린다. 이 역시 일종의 우월성 착각에 해당한다. 이상하게 들릴지 모르지만, 투자를 잘하려면 오히려 경제학을 모르는 게 나을 수도 있다. 경제학은 경제현상과 경기 흐름에 대한 기초지식을 제공하지만, 돈에 대한 사람들의 생각과 금융시장의 변화무쌍한 변동을 잘 설명하지 못한다. 돈을 바라볼 때는 심리학의 현미경으로, 부富와 시장의 본질을 알려면 물리학의 망원경으로 접근해야 하는 이유다.

01
나는 평균 이상이다 — 우월성 착각

'나는 운전을 잘해', 93퍼센트의 착각

• ✦ •

기자 초년병 시절에 처음 만난 데스크는 늘 목청이 컸다. 부원들에게 수시로 편집국이 떠나가라 고래고래 고함치는 게 그의 트레이드마크였다. 그 시절 상사들이 대개 그랬듯이, 인간적 모멸감을 주는 행동도 서슴지 않았다. 요즘 같으면 직장 내 괴롭힘의 주인공이거나 꼰대의 전형쯤 되겠다.

그런 데스크가 어느 날 기분이 좋았는지 사람 좋은 표정으로 물었다. "너희들, 강직한 부장 밑에서 고생 많지?" 시도 때도 없이 짜증내고 후배들을 깔아뭉개면서 본인은 자신이 강직하다고 여긴 것이다. 다들 뭐라고 대답해야 할지 난감한 표정이었다. 지금도 그 시절 선후배 동료들을 만나면 그 '강직한' 부장을 안줏거리 삼곤 한다.

이렇듯 자신을 가장 모르는 게 바로 본인이다. 사람들은 남들과 비교해 자신의 외모는 평균 이상이고, 성격은 원만하며, 생활은 도덕적이고, 생각은 이성적이라고 알고 있다. 특히 남성의 8할은 자신이 잘생겼다고 여긴다. 여성의 8할은 자신이 뚱뚱하다고 생각한다는데, 아무래도 남자가 스스로를 과대평가하는 경향이 더 강하다.

당신은 예외일 것 같은가? 본인의 운전 실력을 어느 정도라고 생각하는가? 아마 스스로 '베스트 드라이버'라거나 최소한 '평균 이상은 된다'고 답할 것이다. 평균이란 전체를 놓고 볼 때 대략 중간 수준인데, 다들 자신이 '평균 이상'이라고 생각한다.

당연히 그럴 리 없다. 스웨덴 심리학자 올라 스벤슨^{Ola Svenson}이 1981년 미국 대학생들을 대상으로 조사한 결과를 보면, 대학생의 93퍼센트가 자신의 운전 솜씨가 평균 이상이고, 심지어 거의 절반(46.3퍼센트)은 상위 20퍼센트에 해당한다고 답했다. 자신이 안전하게 운전한다는 응답도 88퍼센트에 달했다. 국내에서는 이런 조사를 찾지 못했지만, 아마 별반 다르지 않을 것이다.

하지만 우리나라 교통사고나 법규 위반 통계를 보면 이야기가 완전히 달라진다. 경찰의 차량 교통법규 위반 단속 건수는 2023년 기준으로 무려 2,313만 건에 달한다. 과속(1,771만 건), 신호위반(381만 건), 음주운전(13만 건) 등 숱하게 적발됐다. 운전면허 소지자 수는 3,443만 명인데, '장롱 면허'를 빼면 거의 1인당 1건꼴로 위반한 셈이다. 교통안전공단이 집계한 교통사고 사망자 수는 2023년 2,551명이었다. 사상 최대였던 1991년(1만 3,429명)에 비하면 엄청나게 개선된 것이 수치다. 그러나 인구 10만 명당 사망자 수는 4.9명으로 OECD(경제협력개발기구) 회원국 평균(4.7명)보다 여전히 높다. 특히 고령자 및 보행 중 사망률은 OECD 평균의 두 배에 달한다. 사람들이 인식하는 자신의 모습과 실제 모습 사이에는 이렇게 건너기 힘든 크레바스가 존재한다.

평균 이하는 다 어디에 있나?

• ✦ •

운전만 그런 게 아니다. 미국에서 1970년대에 적성검사로 100만 명을 조사한 결과, 본인의 대인관계가 평균 이상이라고 생각하는 사람이 70퍼센트에 달했다. 그 가운데 자신의 대인관계가 최상위 1퍼센트에 든다고 여기는 사람이 25퍼센트나 됐다. 미국의 저명한 교육학자 K. 퍼트리샤 크로스K. Patricia Cross가 1977년 네브래스카대 교수들을 대상으로 조사한 결과를 보면, 자신의 강의 실력이 평균 이상이라는 응답의 비율이 94퍼센트였고, 상위 25퍼센트에 속한다는 응답 비율도 68퍼센트나 됐다. 2001년 스탠퍼드대에서 MBA 과정을 밟는 학생들을 대상으로 한 조사에서는 자신의 학업성취도가 평균 이상이라는 응답이 87퍼센트를 차지했다. 도대체 평균 이하는 다 어디에 있다는 말인가?

직장에서도 우월성 착각이 갈등의 큰 원인이 된다. 기업에서 우수인재로 평가하는 직원은 대략 20퍼센트 이내다. 그러나 직원들의 자기평가를 보면 80퍼센트 이상이 자신은 우수인재이며, 능력에 비해 보상이 낮다는 불만을 갖고 있다. 해마다 인사 평가와 연봉 협상 시즌이 되면 평가자와 직원들 간에 마찰이 일어난다. 대학 시절에 팀플레이로 공동과제를 수행할 때 누가 봐도 무임승차자인 사람이 자신의 기여도가 높다고 우겨서 다툰 경험이 있을 것이다.

의욕이 넘치는 경영자일수록 우월성 착각으로 인해 모험을 더 많이 시도한다. 2002년 노벨 경제학상(2002년)을 수상한 심리학자이자 경제학자 대니얼 카너먼Daniel Kahneman은 미국 기업인의 81퍼센트가 자신의 사업 성공률을 70퍼센트 이상으로 보며, 심지어 실패 확률이 제로라고 단언한 기업인도 3분의 1이 넘는다고 지적했다. 국내 조사에서도 중소기업 창업자들이 자신이 성공할 확률을 대략 60퍼센트로 추정하지만 창업 후 5년간 생존하는 기업은 35퍼센트에 불과하다고 한다. 모두가 자신이 평균 이상이라고 생각하며, 그중 상당수는 자신을 최상급으로 여긴다.

모든 문화권에서 인종, 연령, 분야를 가리지 않고 사람들은 자신을 평균 이상으로, 일부는 최상위로 여기는 경향을 보인다. 그 원인은 자기애나 나르시시즘이 생존에 유리했기 때문이라고 분석된다. 이렇게 '나는 평균 이상'이라는 심리 경향을 우월성 착각illusory superiority이라고 한다. 평균 이상 효과above-average effect, 과신 편향overconfidence bias 등도 비슷한 의미로 쓰인다. 자기가 자기를 제일 모른다는 것이 공통적으로 드러나는 심리 편향이다.

일부 심리학 연구에서는 한국, 중국, 일본 등 동아시아 사람들이 스스로 자신을 과소평가한다고 봤다. 하지만 겸양을 강조하는 문화 특성 때문에 외견상 서양인보다 덜해 보일 뿐이다. 주위를 둘러보면 근거 없는 자신감이 넘치는 사람들이 많다. 심리학에서 자신을 높게 보는 과대 편향은 흔해도 자신을 낮게 보는 과소 편향은 거의 없는 이유다.

모두가 워비건 호숫가에 산다

· ✦ ·

1970년대 미국 풍자 작가 개리슨 케일러^{Garrison Keillor}는 라디오 쇼에서 '워비건 호수'라는 가상의 마을을 소개했다. 남자들은 모두 잘생겼고, 여자들은 강인하며, 아이들은 평균 이상인 마을이다. '모두가 평균 이상'은 수학적으로 완전히 모순인데 그런 심리적 착각을 풍자한 것이다. 여기서 유래한 심리학 용어가 워비건 호수 효과^{Lake Wobegon effect}다. 우월성 착각, 평균 이상 효과와 사실상 같은 뜻의 대중적 용어로 쓰인다.

워비건 호수와 발음이 같은 영어 단어 'woebegone'은 본래 '비통한, 슬픔에 잠긴'이란 뜻의 형용사다. 이 단어의 철자를 띄어 쓰면 'woe be gone', 즉 '근심이 사라진 곳'이란 의미가 되어, 모두가 스스로를 평균 이상이라고 믿는 현상을 역설적으로 드러낸 장치가 된다. 워비건 호수가 실제 어디냐고 청취자들이 하도 질문하는 통에, 나중에 케일러는 중서부 미네소타주 홀딩퍼드가 가장 비슷한 곳이라고 언급

미국 미네소타주 홀딩퍼드에 있는 '워비건 호수의 관문' 표지판

했다고 한다. 그 마을에서는 아예 '워비건 호수의 관문'이라는 표지판을 세웠다.

우리나라에서도 실력은 없으면서 자신을 과대평가하는 사람을 빗대 '빈 수레가 요란하다'고 한다. 이 속담을 심리실험으로 입증한 학자들이 있다. 1999년 미국 코넬대 사회심리학과 데이비드 더닝David Dunning 교수와 제자 저스틴 크루거Justin Kruger는 학생들에게 논리추론 등의 시험을 보게 한 뒤 각자 자기 점수를 추측하게 했다. 그 결과, 하위 25퍼센트에 속한 학생들은 68점을 예상했지만 실제 받은 점수는 고작 13점이었다. 반면에 상위 25퍼센트에 속한 학생들은 자기 점수가 80점에 못 미칠 거라고 예상했으나 실제 점수는 90점이었다.

이처럼 능력 없는 사람은 자기 능력을 과대평가하고 능력 있는 사람은 스스로를 과소평가하는 심리 현상을 더닝-크루거 효과Dunning-Kruger effect라고 한다. 쉽게 말해 무식하면 용감하고, 벼는 익을수록 고개를 숙인다는 의미다. 더닝과 크루거는 논문에서 "능력 없는 사람의 착각은 자신에 대한 오해에서 비롯되고, 능력 있는 사람의 착각은 다른 사람에 대한 오해에서 비롯된다"라고 지적했다. 다들 제 눈에 안경이요, 아는 만큼 보인다. 이들은 다음 해 기발하고 이색적인 연구자에게 수여하는 이그 노벨상을 받았다.

진짜 실력은 하락장에서 드러난다

• ✦ •

심리학에서는 우월성 착각을 낙관 편향, 자기중심 편향처럼 오랜 인류 진화과정의 산물로 본다. 그런 태도가 정신적 긴장을 줄이고, 어려운 상황을 이기는 심리적 방어기제가 될 수 있기 때문이다. 조금 과한 자기애가 생존에 도움이 된다는 이야기다.

우월성 착각은 좋게 보면 자신감이고, 나쁘게 보면 열등감의 반작용이다. 자신감이 지나치면 스스로 어떤 점이 부족한지 모르고, 심지어 모르는 것조차 안다는 착각에 빠져 공부를 멈추게 마련이다. 공부를 하면 할수록 자신이 무지하다는 사실을 깨닫게 된다. 소크라테스Socrates와 공자가 똑같이 강조한, '자신이 모른다는 것을 아는 게 진정

아는 것'이라는 말을 새겨들을 필요가 있다. 진화론을 세운 찰스 다윈 Charles Darwin 은 "무지는 지식보다 더 확신을 갖게 한다"라고 했고, 시인 알렉산더 포프 Alexander Pope 는 "조금 아는 것이 더 위험하다"라고 꼬집었다. 철학자 버트런드 러셀 Bertrand Russell 은 "세상의 문제는 바보와 광신도는 지나치게 확신에 찬 반면, 현명한 사람은 너무 의심이 많다는 것이다"라는 말을 남겼다.

그런데도 자신은 스스로에게 더 엄격하고, 결코 우월성 착각 같은 것에 빠지지 않는다고 장담하는 사람이 있을지도 모르겠다. 미국 코미디언 조지 칼린 George Carlin 은 그런 사람들을 뼈 때리는 말로 일깨워 줬다. "이런 생각 해 보셨나? (운전하는데) 당신보다 느린 사람은 멍청이고, 빠른 사람은 미친놈이라고."

대니얼 카너먼 Daniel Kahneman 은 우월성 착각을 완화할 수는 있어도 완전히 없앨 수는 없다고 봤다. 투자를 시작하기에 앞서 우리에게는 '평균 이상'이란 착각이 장착돼 있음을 기억해 둘 필요가 있다. 그런 자신을 인정해야 객관적인 평가지표를 받아들일 수 있다. 이를테면 진짜 운전 실력은 1,500만 명 넘게 이용하는 티맵 TMAP 점수로 확인할 수 있다. 요즘 나오는 내비게이션은 점수와 함께 자신이 전체 운전자 중 상위 몇 퍼센트에 해당하는지, 같은 차종 및 같은 지역 운전자들 중에 몇 위인지 등의 정보를 제공한다. 이 점수가 형편없이 낮은데도 자신을 평균 이상이라고 여긴다면 우월성 착각이 중증이라는 징후다.

주식투자 성적은 연간 수익률로 드러난다. 손대는 종목마다 죄다

평가손이 나서 속칭 '마이너스의 손'이거나, 돈 벌겠다고 시작한 투자가 되레 안 하느니만 못하게 됐다면 자신이 평균 이하임을 인정해야 한다. 일부 증권사 앱에서는 전체 고객의 수익률 순위도 보여 준다. 대개 손실률이 두 자릿수 마이너스여도 개인투자자 중에서 평균 수준이다. 그만큼 개인투자자들의 실력이 형편없다는 이야기다.

주식시장이 강세일 때는 웬만한 주식이 다 오른다. 이럴 때 처음 투자를 시작한 사람은 자신의 투자 실력을 과신할 위험이 크다. 진짜 실력은 증시가 침체기에 접어들었을 때 나온다. "풀장의 물이 빠져 봐야 누가 벌거벗고 수영하는지를 안다"라는 워런 버핏의 유명한 명언은 그런 착각을 경계하라는 조언이다.

02

나는 투자, 너는 투기 — 자기중심 편향

세상의 중심은 나

• ✦ •

"나는 군 생활을 정말 빡세게 했어." 남자들이 종종 하는 말이다. 다들 군대에 가지만 하필 내가 간 부대가 유독 군기가 엄했고, 보직이 너무 힘들어 개고생을 했다고 기억한다. 여자들도 마찬가지다. 며느리들은 명절 때만 되면 자기만 고생하는 것 같다. 마트 계산대에 줄을 서면 내가 선 줄만 안 줄어들고, 경품 추첨 행사에서는 나만 낙첨되는 것 같다.

세상 사람들은 별 근심 걱정 없이 인생이 술술 잘 풀리는 것 같은데, 나는 왜 이리 힘들까? 나는 열심히 해도 문제가 생기는데, 타인은 대충대충 해도 왜 별문제가 없을까? 사람들에게는 이처럼 객관적 현실에 근거를 두지 않고 자신을 기준으로 판단하는 자기중심 편향egocentric bias이 있다. 자기중심 편향은 실제 상황에 비해 자기의 역할, 영향, 기여, 책임 등을 과장해서 판단하는 심리 오류다.

자기중심 편향은 스위스 심리학자 장 피아제Jean Piaget가 1950년대 인지발달 이론에서 제시한 자기중심성egocentrism에서 나왔다. 피아제는 유아가 인지능력 발달 과정에서 타인의 관점이나 감정을 충분히 이해 하지 못하고 자신과 똑같이 보거나 느낀다고 여기는 자기중심적 단계 를 거친다고 봤다. 심리학에서 자기중심 편향이 대표적인 인지 편향 의 하나로 자리 잡게 된 계기는 미국 심리학자 마이클 로스Michael Ross와 피오레 시콜리Fiore Sicoly가 1979년에 발표한 논문이다. 자기중심 편향 을 더욱 구체화한 앤서니 그린월드Anthony Greenwald 오하이오 주립대 교 수는 "사람은 누구나 자기중심이라는 필터로 인생을 경험한다. 일반 적인 사건에 비해 자신의 일은 특별히 잘 기억하고 더 의미를 부여한 다"라고 설명했다. 자신의 삶은 시시콜콜 선명하게 기억하지만 타인 의 삶은 잘 모르기 때문이다. 자기가 겪은 일은 그동안의 과정과 어려 움, 노력과 비용 등을 속속들이 안다. 반면에 남의 일은 결과만 보고 판단할 뿐, 어떻게 진행되었고 어떤 어려움이 있었는지 전혀 알지 못 한다.

군 생활은 누구나 힘들다. 하지만 자기 경험에 비해 타인의 군 생활 경험은 잘 모르니 자기만 고생한 것처럼 느껴진다. 마트 계산대에서 내가 선 줄이 짧아지는 속도가 유독 더디게 느껴지는 것도 확률적으로 당연한 결과다. 계산대가 10개라면 내가 서 있지 않은 9개 계산대의 줄 중에 내 줄보다 빨리 줄어드는 것이 나올 확률은 90퍼센트다. 적어 도 한 줄 이상은 내가 선 줄보다 빠른 현상이 이런 착각을 만든다. 경품 추첨에서 나만 외면당하는 것 같은 심리도 마찬가지다. 경품 5개를 100명에게 추첨으로 나눠 준다면 내가 받을 확률은 5퍼센트지만 받지 못할 확률은 95퍼센트나 된다. 당연히 당첨 확률이 희박한데, 나를 중심에 놓고 생각하니 나만 운이 없다고 여기는 것이다.

밖에서 보면 쉬워 보인다

· ✦ ·

자기중심 편향은 남의 일은 쉽고 자기 일은 어려워 보이게 만든다. 자기중심이란 필터로 세상을 보면 성공한 사람들은 모두 별 어려움 없이 큰 성취를 이루고 높은 위치까지 올라간 것처럼 비친다. 애플 창업자 스티브 잡스Steve Jobs는 내놓는 제품마다 선풍을 일으켰고, 테슬라의 일론 머스크Elon Musk는 기발한 상상을 현실화하고 있다. 방송인 유재석은 개그맨으로서는 별로 주목받지 못했지만 지금은 예능 MC로 20년 가까이 정상을 지키고 있다.

성공한 이들만 보면 그 성공이 쉬워 보인다. 사람들은 그들이 이룬 부와 현재 지위를 부러워한다. 그래서 "나도 한번 해 볼까?" "당신도 한번 해 봐" 같은 말을 쉽게 한다. 사람들의 이런 경향을 제너럴 일렉트릭 회장을 지낸 제프리 이멜트Jeffrey Immelt가 잘 요약했다. "뭐든지 밖에서 보면 쉬워 보이는 법이다."

1980~1990년대를 풍미한 핵주먹 마이크 타이슨Mike Tyson은 링에만

서면 상대를 쉽게 KO시켰던 것 같고, 투자의 달인 워런 버핏은 미다스의 손을 가져 사는 종목마다 대박을 터뜨렸던 것 같다. 하지만 타이슨도 링에 설 때마다 두려움을 느꼈다고 고백했다. 그래서 하루 20킬로미터씩 뛰며 맹훈련을 했고, 상대방 선수를 분석하는 데 누구보다 열심이었다. 버핏도 모든 투자 종목에서 큰 수익을 내지는 못했다. 그는 2013년 버크셔 해서웨이 주주총회에서 자신이 평생 보유했던 400~500개 종목 중에서 큰 수익을 낸 것은 10개에 불과했다고 밝힌 바 있다. 몇몇 특별한 사례를 제외하면 장기 투자 성적은 평균 수준이란 것이다. 유재석은 마이크만 잡으면 말이 술술 나오는 것 같다. 그러나 다들 스마트폰만 들여다보는 시대에 그가 아침 일찍 일어나 여러 종류의 종이 신문을 구석구석까지 살펴본다는 사실을 사람들은 잘 모른다.

뭐든지 남이 성공한 일을 직접 해 보면 쉬운 게 하나도 없다. 대중의 눈에는 성공한 사람들의 현재 모습만 보일 뿐, 그들이 그 과정에서 어떻게 노력했고, 얼마나 많은 좌절과 고통을 겪었는지는 안 보이기 때문이다. 이런 착각을 생존 편향survivorship bias이라고 한다. 성공한 사례는 잘 보이지만 실패한 사례는 안 보이기에 간과하는 논리적 오류다. 몇몇 K팝 아이돌 그룹이 세계적 인기를 누리는 모습을 보고 아이돌을 꿈꾸는 청소년이 많다. 하지만 이 경우에도 생존 편향을 경계해야 한다. 아이돌 그룹 하나가 데뷔하기까지 몇 년씩 연습생으로 고생해야 할 뿐만 아니라 그 뒤에는 데뷔 기회조차 잡지 못한 수천 명의 탈락자가 있고, 설령 데뷔한다 해도 성공 확률이 그리 높지 않다.

잉글랜드 프리미어 리그^{EPL}에서 뛴 손흥민은 연봉도 월급도 아닌 주급이 3억 원이 넘었다. 사람들은 마냥 부러워하지만, 그가 최고가 되기까지 얼마나 힘들었는지는 잘 모른다. 과연 보통 사람들이 어릴 때부터 부친의 엄격한 통제하에 매일 1,000개씩 슛 연습을 하는 훈련을 따라 할 수 있을까? 피겨 여왕 김연아는 은퇴 후에도 CF 모델로 활동하며 돈을 잘 번다. 하지만 그가 빙판 위에서 수없이 넘어지며 온몸이 멍들고, 식사 조절로 힘들어하며 감내했을 고통은 겪어 보지 않고서는 모른다. 〈생활의 달인〉에 나오는 달인들은 묘기에 가까운 능력을 보여 준다. 그러나 그들이 수십 년간 비좁고 먼지 나는 작업장에서 손에 굳은살이 박여 가며 똑같은 작업을 반복해 온 행동은 아무나 흉내 낼 수 없다.

아마존 창업자인 제프 베이조스$^{Jeff\ Bezos}$는 직업에 대해 이렇게 말했다. "자기 직업에서 하는 일의 50퍼센트만 즐길 수 있어도 대단한 것이다. 모든 직업에는 싫은 면이 있을 수밖에 없다. 그것도 직업의 일부다." 남들이 부러워하는 의사는 매일 찡그린 환자를 봐야 하고, 판사는 산더미같이 쌓인 사건 때문에 격무에 시달리고, 교수는 논문 쓰랴, 신입생 끌어 모으랴 여기저기 뛰어다녀야 한다. 아무리 좋아 보이는 직업을 가진 사람도 그로 인한 스트레스, 외적 압박, 고민에 시달리지만, 바깥에 있는 사람들은 그 점을 잘 모른다. 그저 눈에 보이는 모습만 보고 부러워한다. 자기중심 편향이 그렇게 생각하도록 이끈다.

내로남불의 원천

· ✦ ·

심리학에서는 이기적 동물인 인간에게 자기 자신은 폭군이나 독재자와 같다고 본다. 자신의 생각, 감정, 기분, 관점이 객관적 사실에 앞서 모든 것의 판단기준이 되기 때문이다. 그렇다 보니 사람들에게는 자신에게 적용하는 기준과 남에게 들이대는 기준이 다른 이중 잣대^{double} standard가 장착돼 있다. '내가 하면 로맨스, 남이 하면 불륜'이라는 '내로남불'이 디폴트값인 셈이다. 자기중심 편향은 한마디로 나에게는 관대하고 남에게는 엄격한 심리다.

이와 관련해 흥미로운 연구가 있다. 독일 심리학자 빌헬름 호프만 Wilhelm Hofmann 쾰른대 교수(현재 루르대 교수)가 2015년 성인 1,200여 명을 대상으로 사흘간 한 시간마다 자신과 타인의 선행과 악행을 적어 보고하게 했다. 타인에 대해서는 선행과 악행의 보고 비율이 1 대 1 정도였던 반면, 자신에 대해서는 선행이 악행보다 두 배나 더 많았다. 자신은 도덕적이고 공정하다고 생각하는 반면, 타인은 덜 도덕적이고 덜 공정하다고 본 것이다. 일본 심리학자 다나카 겐이치로가 1993년 일본인을 대상으로 한 실험에서도 공정한 행동에 대해 사람들은 '나'라는 단어를 자주 언급한 반면, 불공정한 행동에 대해서는 '나'보다 '타인'을 훨씬 많이 언급했다. 한국에서도 2024년 국민권익위원회 조사에 따르면 공직사회에 대해 국민은 56.5퍼센트가 '부패했다'고 응답했다. 그러나 공무원들은 2.4퍼센트만 '부패했다'고 봤고, 71.0퍼센트는 오히려 '청렴하다'고 답했다.

자기중심 편향의 사촌 격으로 자기선택 편향self-selection bias과 자기고양 편향self-serving bias이 있다. 모두가 세상은 자기를 중심으로 돌아간다는 심리에서 기인한다는 점이 공통된다. 자기선택 편향은 긍정적이든 부정적이든 자기는 특별히 선택됐다고 여기는 태도다. 자기고양 편향은 이기적 편향이라고도 한다. '잘 되면 제 탓, 못 되면 조상 탓'이다.

자기중심 편향이든, 자기고양 편향이든 넓게 보면 귀인 오류attribution bias의 범주에 속한다. 여기서 '귀인歸因'이란 '~의 탓으로 돌린다'는 뜻이다. 귀인 오류는 어떤 것의 영향력을 실제보다 과대평가하거나 과소평가하는 오류다. 내 성공은 실력, 실패는 운으로 여기는 것이 자기중심 편향이라면, 자신의 잘못은 환경 탓이고 남들의 잘못은 그 사람 탓으로 여기는 것은 귀인 오류다. 아이가 성적이 안 좋을 때 부모는 "애가 머리는 좋은데 공부를 안 해요." "친구를 잘못 사귀어서 그래요"라는 식으로 변명한다. 하지만 자식은 부모를 닮았을 테고, 친구의 입장에서 보면 거꾸로 자신의 아이가 잘못 사귄 친구가 된다.

이 밖에 행위자-관찰자 편향actor-observer bias도 있다. 행위자로서 보는 자기 행동의 원인과, 관찰자로서 보는 타인의 행동 원인을 달리 평가하는 귀인 오류의 하나다. 내가 실수하면 '그럴 수 있지' 하고 대수롭지 않게 넘기지만, 타인이 실수하면 '저 사람 왜 저래?' 하고 딴판으로 반응한다. 자기가 교통사고를 내면 돌발 상황이라 어쩔 수 없었다고 말하지만, 타인이 그러면 부주의하게 운전해서 사고가 났다고 사람 탓을 한다. 자신의 행동은 스스로 관찰하지 못하기 때문에 그런 행동을 하게 된 상황에 더 주목하는 반면, 타인에 대해서는 상황보다 행동 주체에 더 주목하는 것이다.

문학평론가 신형철은 『정확한 사랑의 실험』에 이렇게 썼다. "타인은 단순하게 나쁜 사람이고 나는 복잡하게 좋은 사람인 것이 아니라, 우리 모두가 대체로 복잡하게 나쁜 사람이다."

경제와 시장의 거품은 피할 수 없는 전쟁과 같다

• ✦ •

자기중심 편향은 투자와 투기를 구별하기 힘들게 만든다. 단기차익을 노리고 잦은 매매를 하면 투기이고 장기간 보유하면 투자인가? 원금 손실 위험이 크면 투기이고 작으면 투자인가? 알고 하면 투자이고 모르고 덤비면 투기인가? 주식은 투자이고 부동산은 투기인가? 이런 식으로 구별하는 것은 무의미하다. 어떻게 정의하든 그 경계가 모호하기 때문이다.

사람들이 쉽게 공감하는 가장 확실한 구별법은 '내가 하면 투자, 남이 하면 투기'다. 원금이 보장되는 예금·적금이 아니라 손실 위험을 알면서 돈을 투자했다면 투기로 봐도 크게 틀리지 않는다. 투기란 손실을 감수하면서 이익을 추구하는 행위 자체이기 때문이다. 그럼에도 사람들은 자기는 투기를 하지 않는데 남들은 투기를 한다고 생각한다. 마찬가지로 '내가 하면 오락, 남이 하면 도박'이 되고, '내가 하면 예술, 남이 하면 외설'이 된다. 오죽하면 성서에서 "어찌하여 형제의 눈 속에 있는 티는 보고 네 눈 속에 있는 들보는 깨닫지 못하느냐"(마태복음 7장 3절)라고 했을까. 2000년 전이나 지금이나 인간의 본성은 변한 게 없다.

이런 이중 잣대로 주식시장을 바라보면 오판하기 쉽다. 최근 몇 년 사이에 배터리, 바이오, 조선, 방산 등의 업종이 차례로 폭등 양상을 보였다. 특히 배터리 섹터의 경우 저점 대비 열 배 이상 치솟는 종목이 나오면서 수많은 개미 투자자들이 뛰어들었다. 주가수익비율PER이 수백 배였고, 주가순자산비율PBR도 수십 배에 달했다. 회사가 버는 이익(주당순이익)에 비해 주가가 수백 배 비싸고, 회사의 주당 순자산가치보다 수십 배 비싸졌다는 의미다. 시장 안팎에서는 '정신 나간 주가'라는 강한 경계론이 확산됐지만 투자자들은 아랑곳하지 않았다. 이렇게 폭등한 주식을 사면 위험하다는 전문가들의 경고에도 주가는 더 올랐다.

부풀 대로 부푼 시장 거품은 과연 투자자들이 단체로 정신이 나가서 생기는 현상일까? 물론 시장 과열의 끝은 폭락이다. 최고점 대비 80~90퍼센트 폭락한 종목이 즐비하다. 더구나 신재생 에너지보다 화석연료를 개발해 에너지 가격을 안정시키겠다는 도널드 트럼프Donald Trump 대통령의 집권 2기를 맞아 전기자동차, 배터리 업계는 고난의 행군을 하고 있다.

하지만 급등 종목에 투자하는 사람들이 정신 나가서 그런 것은 아니다. 모건 하우절Morgan Housel은 『돈의 심리학』에서 "사람은 가끔 돈으로 미친 짓을 하지만 미친 사람은 아무도 없다"라며, "모든 금융 의사 결정은 그 순간 판단을 내리는 그 사람에게는 타당한 것"이라고 지적했다. 사람들이 미친 게 아니라 돈에 관한 한 모두 초보여서 그렇다는 설명이다. 지금 시장이 거품 상태인지 아닌지, 현시점에서는 알 수 없다. 지나 봐야만 안다. 경제와 시장의 거품은 피할 수 없는 전쟁 같은 것이어서 왜 일어나느냐고 물어선 안 된다는 게 하우절의 지적이다. 나중에 살펴보겠지만 거품은 그냥 일어난다.

주식시장은 미인 선발대회

• ✦ •

우리는 모두 자기중심 편향을 갖고 있다. 자신이라는 필터로 시장을 바라본다는 이야기다. 심리학자들은 인간이 어리석은 첫 번째 요인으로 지나친 자기중심성을 든다. 이와 관련해 스탠퍼드대에서 재미있는 실험을 했다. 실험 참가자 중 한 사람(A)이 머릿속에 떠오른 노래를 손가락으로 책상을 두드려 연주하고, 다른 사람(B)이 무슨 곡인지 맞히는 실험이다. A 역할을 한 참가자들은 B가 50퍼센트는 맞출 것이라고 봤지만 실제로는 3퍼센트도 안 됐다. A와 B의 역할을 바꿔서 실험해도 마찬가지였다.

자기중심 편향이 위험한 이유는 모든 사람이 자신과 똑같이 생각한다고 착각하게 만들기 때문이다. 미국 발명가 딘 케이먼^{Dean Kamen}은 2001년 획기적인 1인승 스쿠터 세그웨이를 세상에 내놓으면서 장담했다. "자동차가 말을 대신했듯, 세그웨이가 자동차를 대신할 것이다." 월 4만 대를 생산할 능력을 갖춘 공장까지 세웠지만 실제 판매량은 그 5퍼센트도 안 됐다. 지금은 세그웨이를 거의 찾아볼 수 없다.

아무리 강세장이어도 파는 사람이 있고 눈보라 치는 약세장에도 사는 사람이 있다. 더 오르리라 기대하는 매수자와 더 내리리라 예상하는 매도자가 각자 원하는 가격이 일치했을 때 매매가 이뤄진다. 같은 종목을 놓고서도 매수자와 매도자는 정반대의 시각으로 본다. 내가 보기에 말도 안 되는 주가가 다른 이들이 보기에는 합리적으로 보일 수도 있다.

그런 점에서 주식시장을 미인 선발대회에 비유한 영국 경제학자 존 메이너드 케인스^{John Maynard Keynes}의 관점은 탁월했다. 미인대회에서는 내 눈에 예뻐 보이는 후보보다는 다수의 사람이 예쁘다고 할 만한 후보가 우승한다. 그런 방식으로 종목을 골라야 한다. 먼저 내 눈에서 자기중심이라는 필터를 걷어 내야 한다. 자신이 하는 말과 행동을 제삼자의 시각에서 객관적으로 관찰할 수 있어야 한다. 우리에게 필요한 것은 역지사지^{易地思之}이고, 나와 전혀 무관한 타인의 피드백이다.

03
남들도 다 그러는데 —
집단심리

다수의 무지
· ✦ ·

직장에서 회의 시간에 윗사람이 '할 말 있으면 다 해 보라'고 한다. 어떻게 할까? 적극적으로 의견을 개진할까, 아니면 주위 사람들을 살피며 침묵할까? 서양 문화권과 달리 우리나라 직장 문화에서는 주위의 눈치를 보며 잠자코 있는 게 상책이다. 다들 회의 안건에 별로 이견이 없는 것 같고, 회의가 빨리 끝나기를 바라는 표정이다. 괜히 의견을 말했다가 혼자 잘난 척한다는 뒷담화를 들을까 봐 주저하는 게 보통이다. 오죽하면 '가만있으면 중간은 간다'는 속담이 있을까 싶다.

회의 때 논의한 프로젝트가 잘 진행되면 상관없지만, 잘못됐을 때 문제를 제기하지 않는 행동이 심각한 사고나 후유증을 일으키기도 한다. 말콤 글래드웰Malcolm Gladwell은 『아웃라이어』에서 1997년 대한항공 괌 추락사고 원인을 설명하면서 '권력간격 지수Power Distance

Index, PDI*가 높은 문화에서는 윗사람의 권위에 도전하지 못한다고 분석했다. 잘못됐음을 알면서도 윗사람 심기를 거스를까 봐 꼭 해야 할 말도 못 한다는 이야기다. 당시 254명 중 228명이 사망했으며, 정밀 조사 결과 기장의 판단 오류와 기체 결함이 원인이었음이 밝혀졌다. 실제로 해외 전문가들은 한국의 항공기 사고가 기장과 부기장 간 위계질서와 예의를 갖춘 완곡어법(존댓말 화법)에 기인했을 수 있다고 지적한 바 있다.

상사가 없는 회의에서도 자기 의견을 밝히지 않고 잠자코 있는 사람들이 많다. 이는 다수의 무지pluralistic ignorance가 작용하기 때문이다. 실제로는 내 생각과 다른 사람들의 생각이 다르지 않은데, 으레 남들은 달리 생각할 거라고 오판해 자신의 의견을 억제하고 다수 의견이라고 생각되는 것을 추종하는 심리 편향이다. 다원적 무지, 다수 의견에 관한 무지라고도 부른다. 어떤 문제에 대해 소수 의견을 다수 의견으로 잘못 생각하거나 다수 의견을 소수 의견으로 착각하는 데서 비롯한다.

중세 마녀사냥, 광적인 사이비 종교, 전체주의 독재국가가 등장해 한동안 유지되는 것도 다수의 무지에 원인이 있다. 주위의 대다수 사람이 열렬히 믿는 것 같은 모습을 보이면 개개인은 속으로는 의심하면

---

*   권력(권위)을 가진 사람과 갖지 못한 사람 사이의 간격이 얼마나 벌어져 있느냐를 측정하는 지표다. 권력거리 지수라고도 한다. 아랫사람이 윗사람에게 대놓고 문제점을 지적하지 못하는 사회일수록 권력간격 지수가 높다고 본다. 한국사회는 권력간격 지수가 매우 높고 미국은 가장 낮은 나라로 평가된다.

서도 계속 무리를 추종한다. 다수의 무지를 잘 보여 주는 사례가 한스 크리스티안 안데르센Hans Christian Andersen의 『벌거벗은 임금님』이다. 동화이자 인간 사회를 풍자한 작품이다. 대다수가 한쪽으로 행동하면 그게 틀린 줄 알면서도 동조하는 게 사람의 심리 특성이다.

다수의 무지는 '사회심리학의 아버지'라 불리는 미국 심리학자 플로이드 올포트Floyd Allport의 1931년 연구에서 처음 제기됐다. 상호 의견 소통이 없고 여론을 정확히 알지 못할 때 사람들은 자신이 소수집단에 속한다고 여기는 경향이 있고, 이것이 생각과 행동 사이에 괴리를 초래한다. 남들은 다 그럴 것이라 지레짐작하고 타인을 과도하게 의식하는 데서 비롯된다는 것이다. 마크 트웨인Mark Twain이 고전을 "누구나 읽었을 것 같지만 아무도 읽지 않은 책"이라고 재치 있게 정의한 것도 남들은 다 그럴 것이라고 여기는 다수의 무지를 살짝 비튼 표현이다.

인간은 사회적 동물이기에 다른 사람들을 어떻게 인식하느냐에 따라 자신의 생각과 태도, 행동까지 달라진다. 패션은 물론이고 베스트셀러, 박스오피스, 빌보드 순위 등도 같은 맥락에 있다. 사람은 무리 속에 있을 때 편안함을 느낀다. 혼자서는 살기 어렵다. 로빈슨 크루소도 도망친 노예 프라이데이가 곁에 있었고, 영화 〈캐스트 어웨이〉의 주인공 척은 손바닥 자국이 난 배구공 '윌슨'이 필요했다.

집단지성이냐, 집단착각이냐

· ✦ ·

다수의 생각은 긍정적 측면과 부정적 측면의 양면성을 갖는다. 집단의 관점이 개개인보다 우수할 수도 있고, 거꾸로 한 사람만도 못할 수 있다. 투자에 성공하려면 다수가 선호하는 흐름을 따라야 한다는 조언이 있는가 하면, 다수와는 반대로 가야 한다는 정반대 조언도 있다. 경제학자 존 메이너드 케인스가 주식시장을 미인대회에 비유한 반면, 계몽철학자 장 자크 루소Jean-Jacques Rousseau는 "성공에 이르는 길은 대중이 가는 길과는 반대쪽에 있다"라는 말을 남겼다. 다수의 생각이 옳으면 집단지성collective intelligence이 되고, 틀리면 집단착각collective illusion으로 전락한다.

집단지성은 찰스 다윈의 사촌이자 박학다식한 학자인 프랜시스 골턴Francis Galton의 흥미로운 일화로 유명해졌다. 골턴은 1906년 영국 서부 플리머스에서 연례행사로 개최되는 가축·가금류 박람회에 참석했다. 주최 측은 도축을 앞둔 소를 보고 머리와 내장을 제외한 무게를 예측해 근사치를 맞춘 사람에게 상품을 주는 이벤트를 열었다. 800여 명이 출전했는데, 정확히 맞힌 사람은 없었다. 그런데 이들이 낸 추정치의 중앙값median은 1,207파운드(약 547kg)였다. 놀랍게도 실제 무게(1,198파운드)와 겨우 9파운드(0.8%)밖에 차이가 나지 않았다. 더욱 놀라운 사실은 추정치 평균값mean이 단 1파운드 적은 1,197파운드였다는 점이다.

경제사학자 윌리엄 번스타인William Bernstein의 『군중의 망상』에 소개된 집단지성 또는 군중의 지혜wisdom of crowd에 관한 유명한 일화다. 골턴은 이 관찰 결과를 이듬해 과학전문지 『네이처Nature』에 '복스 포풀리Vox Populi'란 제목으로 게재했다. 복스 포풀리는 라틴어로 '군중의 목소리voice of crowd'란 뜻이다.

집단지성 개념을 구체화한 사람은 곤충학자 윌리엄 모턴 휠러William Morton Wheeler다. 휠러는 1910년 발표한 논문에서 개미가 개체로서는 미미하지만 군집을 이루면 거대한 개미집을 만들 만큼 높은 지능체계를 형성한다고 봤다. '집단은 집단 내부의 가장 우수한 개체보다 더 지능적이다'라는 것이 집단지성의 요지다.

그러나 집단지성이 발현되는 데는 전제조건이 있다. 개개인의 독립적 분석과 추정이다. 이를 잘 보여 준 것이 저명한 가치투자자 조엘 그린블라트Joel Greenblatt가 골턴의 관찰을 약간 변형한 실험이다. 그는 뉴욕 할렘 지역 학생들을 대상으로 젤리 사탕 1,776개가 들어 있는 항아리를 보여 주고 내용물 개수를 맞히게 했다. 먼저 학생들에게 각자 카드에 추정치를 작성해 제출하게 한 다음에 구두로 추정치를 발표하게 했다. 카드에 써낸 수치의 평균값은 1,771개로 실제와 거의 일치한반면, 여러 사람 앞에서 말로 언급한 추정치 평균값은 850개로 정확도가 확 떨어졌다.

사람은 혼자 생각할 때와 달리 다른 이들의 생각을 알게 되면 다수를 따르려는 본능이 있다. 이는 주위 사람들의 행동이나 반응에 맞춰 자신의 행동을 바꾸는 순응 편향confirmity bias에 기인한다. 순응 편향은 속담에 '남이 장에 가면 따라간다', 사자성어로 부화뇌동附和雷同, 경제학 용어로 밴드왜건 효과bandwagon effect와 통하는 개념이다. 길에서 열 명쯤 모여 한 곳을 쳐다보고 있다면 덩달아 같은 곳을 바라보지 않을 재간이 없다. 평소에 점잖게 행동하던 남자도 예비군복을 입혀 모아 놓으면 태도가 달라지는 것도 마찬가지다. 사람은 언제든 '덩달이', '따라쟁이'가 될 준비가 돼 있다.

순응 편향과 화학적 반응이 일어나면 집단지성은 집단착각으로 쉽게 변질된다. 집단 속에서 다수가 '예스'라고 하면 개인은 자신의 생각과 상관없이 다수의 의견을 따라가게 마련이다. 19세기 영국 작가 겸 언론인 찰스 맥케이Charles Mackay는 집단심리의 고전 격인『대중의 미망과 광기』에서 이런 현상을 적절히 표현했다. "사람은 무리를 지어 생각한다. 그들은 단체로 망상에 빠져들지만 거기서 회복되는 건 매우 느리고 점진적이다."

집단착각은 집단 최면과도 같다. 토드 로즈Todd Rose 하버드대 교수는 베스트셀러『집단 착각』에서 집단 내 소속감을 위해 침묵하고 방관하거나 거짓말하는 행동을 인간의 생물학적 본능으로 봤다. 특히 최근에는 스마트폰 보급과 SNS의 확산으로 인해 끊임없이 동료 압박peer pressure에 시달린다. 집단착각에 휘둘리기 딱 좋은 여건을 스스로 만들며 살아가고 있는 것이다.

종교적 광기와 닮은 투자 광풍

• ✦ •

집단지성과 집단착각은 동전의 양면이다. 군중의 지혜가 잘 발현된다면 집단지성이 되겠지만, 잘못되면 언제든지 집단광기로 이어질 수도 있다. 귀스타브 르 봉Gustave Le Bon은 명저 『군중심리』에서 "세상 모든 사람의 지혜를 모두 합하면 볼테르의 지혜보다 낫다는 속설도 있지만, 세상 모든 사람을 군중으로 이해한다면 지혜를 다 합해도 볼테르의 지혜보다 못하다고 말해야 훨씬 정확할 것"이라고 했다.

역사가 말해 준다. 1960년대 중국의 문화대혁명은 집단에서 개인이 사라지고 나면 어떤 결과가 나타나는지 잘 보여 주는 교과서와 같다. 넷플릭스 시리즈 〈삼체三體〉에서 보듯이, 어린 홍위병들이 지식인, 부자, 부농 등을 공산주의의 적으로 몰아 린치를 가할 때 수천 수만 명이 다 똑같은 얼굴을 하고 한 사람처럼 행동한다. 히틀러의 나치 독일이 그랬고, 스탈린의 소련이 그랬다. 다양한 의견을 허용하지 않는 전체주의 체제에서는 집단지성이 생겨날 수 없다. 다른 생각을 용납하지 않기 때문이다. 프리드리히 니체Friedrich Nietzsche의 명언대로 "광기는 개인에게는 드문 일이다. 하지만 집단, 당파, 민족, 시대에서는 그것이 규칙이다."

집단착각의 극단적 형태가 종교적 광기다. 중세 마녀사냥은 지금 보면 어처구니없는 집단착각이자 집단광기였지만 당시에는 세상을 지배하는 규칙이었다. 오늘날에도 종교의 이름으로 집단광기가 발현

되곤 한다. 윌리엄 번스타인은『군중의 망상』에서 "정치, 종교, 금융 등 어느 분야에서나 지나치게 확신에 찬 사람과 그 추종자들을 조심해야 한다"라며 "이들 사이에 특별한 공통점은 없어 보이지만 사람 마음을 움직이는 원리라는 점에서 일맥상통하기 때문"이라고 경고했다. 번스타인은 역사적으로 볼 때 종교적 광기와 투자 광풍(투기)은 본질적으로 같다고 지적했다. "(둘 다) 더 나은 삶을 열망한다는 점이 핵심이며, 그 삶을 누리는 곳이 현세(투자)냐 내세(종교)냐라는 차이가 있을 뿐이다." 17세기 네덜란드의 튤립 투기, 18세기 사우스시 버블^{South Sea bubble}과 미시시피 버블^{Mississippi bubble}, 19세기 철도 버블, 20세기 닷컴 버블 등의 전개 과정이 다 엇비슷했다. 시대가 바뀌어도 인간의 본성은 변하지 않기 때문이다.

집단심리는 주식 시장을 움직이는 엔진

• ✦ •

다수를 좇는 행동은 생존 확률을 높이고 위험을 피하는 수단이 된다. 운동장에 수백 명을 모아 놓고 OX 퀴즈를 할 때면 대개 많은 사람이 선 쪽이 정답일 확률이 높다. 몇 해 전 '가즈아(가자)!'라는 말이 유행했다. 비트코인이 폭등하자 팔아야 하나 고민하던 사람들 사이에서 '가즈아'라는 외침이 부적처럼 작용했다. 이는 비트코인을 계속 들고 가자는 집단심리를 만들어냈지만, 얼마 지나지 않아 폭락의 광풍이 몰아쳤다. 2023년 배터리 관련주가 열 배나 폭등했을 때도 마찬가지였다. 미래 수익가치에 비해 주가가 너무 높다고 매도 의견을 낸 애널리스트와 그의 소속 증권사는 투자자들의 맹비난에 큰 곤욕을 치렀다. 배터리 주식을 중간에 팔아 수익을 낸 사람도 있었지만, 몇몇 주식 유튜버의 말을 신봉하며 뒤늦게 뛰어들었다가 큰 손해를 본 사람도 많았다.

집단심리는 주식이나 코인 시장을 움직이는 엔진과도 같다. 사람들의 관점이 모아져 특정 업종과 섹터가 뜨기 시작하면 점점 더 많은 사람이 가세해 시세가 폭발한다. 그리고 언젠가는 빵빵하게 부푼 풍선이 터지듯 거품이 꺼진다. 닷컴 버블이 한창이던 1996년 12월, 미국 연방준비제도이사회^{FRB} 의장 앨런 그린스펀^{Alan Greenspan}은 주식 시장이 '비이성적 과열^{irrational exuberance}' 상태라고 경고해 논란을 불러일으켰다. 하지만 그 후 3년간 미국 나스닥 지수는 네 배, S&P 지수는 두 배 더 올랐다. 시세가 폭발하니 아무도 막을 수 없었다. 하지만 그 끝은 허망했다. 주가가 꼭지를 찍고 나서 2000년 이후 2년간 나스닥 지수는 80퍼센트나 폭락했다.

주위의 친구, 직장 동료 들이 모두 주식투자로 짭짤하게 돈을 버는데 홀로 무관심하기는 정말 어렵다. 나만 홀로 소외될 것 같은 느낌의 포모^{FOMO, fear of missing out} 증후군이 발동한다. 우리는 직장이든 학교든 어딘가 소속돼 있다는 것으로 자신을 표현한다. 소속감이 없을 때 사람은 불안해한다. 고대 그리스에는 도편추방제(도자기 조각에 이름을 적어내는 비밀투표로 추방 대상자를 결정하는 제도)가 있었고, 옛 소련에서는 반체제

인사들에게 강력한 형벌이 국외추방이었다. 소속감을 빼앗는 것이다.

토드 로즈는 "생존 차원에서 우리 몸은 어딘가에 속하는 것을 갈망하도록 진화했다"라고 분석했다. 기능자기공명영상법(fMRI)으로 스캔해 보면 사회적 고통과 물리적 고통은 거의 동일한 신경 메커니즘을 보여 준다. 십대의 왕따 문화가 당하는 아이에게 엄청난 고통을 주는 것도 같은 맥락이다. 로즈는 "우리 마음 깊숙한 곳에 도편추방의 공포가 있듯이 사회적 고립에 대한 생물학적 공포가 내재해 있다"라고 설명했다.

집단심리가 언제든 집단착각이나 집단광기로 나타날 수 있음을 경계해야 한다. 개개인이 모여 군중이 되는 순간, 모두 비슷한 생각을 하게 돼 더 나은 집단지성은 형성될 수 없다. 경제학자 피터 번스타인Peter Bernstein은 "모두가 똑같이 생각하게 될 때 모두가 틀릴 가능성이 높아진다"라고 갈파했다.

집단심리의 함정에 빠지지 않으려면 우선 자유로운 소통을 통해 소수 의견을 들을 수 있어야 한다. 또한 대중의 다수 의견에 의무적으로 제동을 거는 '악마의 변호인devil's advocate'을 마음속에 두고 수시로 의심해 봐야 한다. 주식투자에서 필수 장비는 낙관 편향이 아니라 늘 한 번 더 생각하는 회의론이다.

04
내 그럴 줄 알았다 –
사후확신 편향

예고된 인재라는 착각

사람들은 삶의 우연을 과소평가한다. 어떤 큰 사건은 여러 우연이 겹쳐 그냥 일어날 수 있다. 그런데도 사람들은 그런 사건이 일어난 데는 반드시 그럴 만한 원인이 있다고 생각한다. 대형 사고가 날 때마다 언론매체들은 이구동성으로 '예고된 인재人災'라고 비판한다. 관리·감독 소홀, 안전 불감증, 부주의 등이 겹쳐 일어날 수밖에 없었던 사고라는 것이다. 그렇게 미리 예고했고, 다들 잘 알면 철저히 예방했어야 마땅하다. 하지만 그런 경우는 본 적이 없다. 일이 터지고 나서야 야단법석을 떨 뿐이다. 이는 예방된 사고, 즉 일어날 뻔했지만 막은 사고는 사고로 기억되지 않기 때문이다.

큰 사고가 터지면 '내 그럴 줄 알았다'는 사람들이 여기저기서 나타난다. 심리학에서 말하는 사후확신 편향hindsight bias의 전형이다. 실제로는 사전에 전혀 예측하지 못했는데 결과를 보고 난 뒤에 자신은 미리 알았다고 착각하는 것이다. 여기서 'hindsight'는 '뒤늦은 깨달음, 사후 인식'을 뜻하는데, '예견한다'는 의미의 'foresight'의 반대말이다. 그래서 예지력을 뜻하는 선견지명先見之明에 빗대어 사후확신 편향을 후견지명後見之明 효과라고도 한다.*

사후확신 편향은 1975년 미국 심리학자 바루크 피쇼프Baruch Fischhoff와 루스 베이스Ruth Beyth의 심리실험에서 나왔다. 이들은 실험에 참여한 대학생들에게 당시 리처드 닉슨Richard Nixon 미국 대통령이 중국 베이징과 소련 모스크바를 방문한 이후 벌어질 일들을 예측하게 했다. 그리고 닉슨이 귀국한 후 실제 일어난 일과 비교해 각자 얼마나 정확히 예측했는지 평가하도록 했다. 1970년대는 냉전이 고조되는 시기였고, 닉슨은 강경한 반공주의자여서 두 공산국가를 방문하는 것이 큰 성과를 내기 어려운 상황이었다. 연구팀이 학생들의 답변을 분석해 보니, 자신이 예측한 대로 발생한 일은 예측 정확도를 과장해서 기억했다. 반대로 자신이 예측했는데 일어나지 않은 일은 애초에 자신이 예측하지 않은 것처럼 왜곡해 기억하는 경향을 보였다. 이렇듯 사람들은 결말을 알고 나면 자신이 이미 다 알았던 것처럼 여기는 사후확신 편향

---

* 그리스 신화에 선견지명과 후견지명에 대한 좋은 비유가 있다. 인간에게 불을 가져다준 프로메테우스는 '미리 보는 자'라는 뜻이고, 그의 동생 에피메테우스는 '나중에 보는 자', 즉 뒷북치는 자로 묘사된다. 에피메테우스의 아내가 온갖 근심, 걱정, 질병, 재앙 등 만악의 근원이 된 상자를 연 판도라다.

에 쉽게 빠져든다.

피쇼프와 베이스는 논문 제목을 '나는 그렇게 될 줄 알았다'라고 재치 있게 붙였다. 그래서 사후확신 편향을 '처음부터 알고 있었어 효과 knew-it-all-along effect'라고도 한다. 피쇼프는 "가장 쉽게 속는 사람이 누구인지 아는가? 모르면서 안다고 거짓말하는 사람, 즉 모르는 걸 인정하지 않는 사람이다"라고 했다. 사후확신 편향으로 인해 우리는 기억을 의도와 소망에 부합하게 각색하고, 그 결과 많은 것을 놓치게 된다는 게 피쇼프의 진단이다.

우리는 누구나 사후확신 편향을 갖고 있다. 자신을 둘러싼 상황을 설명하기 어려울 때 사람들은 불안감을 느낀다. 이는 인류 진화과정에서 수시로 맹수나 적과 마주쳤고, 지진, 화산 폭발 등 치명적인 재해 위험에 노출돼 상황을 정확히 파악하지 못하면 생존하기 어려웠던 데에 기인한다. 결과가 끔찍할수록 사후확신 편향도 커진다. 그래야 심적으로 편안해지기 때문이다. 예상치 못한 사건이 터지면 우리의 인지체계는 빠르게 사건과 관련 있는 기억을 강화하고, 관련 없는 부분은 무시하는 식으로 대응한다. 이런 후견지명은 결과를 알고서 기억을 재구성(왜곡)한 것이다. 나중에라도 자신이 그 순간에 상황을 잘 알고 통제했다고 믿고 싶은 심리적 자기방어 기제가 사후확신 편향이다.

위대한 기업의 공식은 없다

· ✦ ·

프로야구에서 노 아웃에 주자 1루일 때 감독이 번트를 지시하는 경우가 많다. 다행히 번트에 성공하고 득점까지 하면 감독과 선수는 '작전의 달인'이란 칭송을 듣는다. 반대로 번트에 실패하고 공격 기회가 날아가면 관중석 곳곳에서 '내 그럴 줄 알았지' 하며 비난이 쏟아진다. 팬들은 정말 그럴 줄 알았을까?

사후확신 편향은 원인과 결과를 혼동하고, 필요조건과 충분조건을 착각하게 만든다. 세계적인 경영 구루로 꼽힌 짐 콜린스^{Jim Collins}의 『좋은 기업을 넘어 위대한 기업으로』 같은 책이 그렇다. 미국에서만 100만 부 넘게 팔렸고 20년간 아마존의 경제·경영 분야 베스트셀러였던 이 책은 기업의 '도약 전환점' 이후 15년간 주가가 시장 평균보다 세 배이상 오른 11개 기업을 골라 그 성공 비결을 분석했다. 이 기업들의 공통점은 스타 CEO보다는 나서지 않는 실력파 경영자가 있었고, 사업 다각화보다 한 우물을 팠고, 비전 제시에 앞서 인재를 모아 전략을 짰고, 여러 가지를 아는 '여우'보다는 큰 것 하나를 잘 아는 '고슴도치' 콘셉트에 맞는 기술로 승부했다는 것이라고 설명했다.

그러나 콜린스가 고른 '위대한 기업' 중에서 페니메이, 서킷시티처럼 글로벌 금융위기 때 망한 회사들이 나왔다. 기술혁신 속도가 점점 빨라지고 경영 환경이 급변하는 상황에서는 어제의 강점이 오늘의 취약점이 될 수도 있다는 방증이다. 아마 실패한 기업들을 골라 공통점을 비교해도 위대한 기업의 공통점과 비슷할 것이다. 주가가 많이 오른 기업들을 선택해 성공 이유를 찾는 것은 결과를 알고 나서 원인을 꿰맞춘 사후확신 편향에 기인한 분석일 따름이다. 아이러니하게도, 콜린스의 후속작의 제목이 『위대한 기업은 다 어디로 갔을까』이다.

베스트셀러 경영서나 자기계발서는 책에 나와 있는 대로 따라 하면 나도 성공할 수 있다는 환상을 심어 준다. 하지만 그것은 성공의 필요조건이 될 수는 있어도 충분조건은 아니다. 그런 행동이 원인으로 작용해 성공이란 결과를 낳은 것도 아니다. 세상은 그렇게 의도대로, 계획한 대로 돌아가지 않는다. 본인 노력 못지않게 주변 환경과 시대 흐름 그리고 운도 따라야 한다. 오히려 책에서 주장한 대로 하지 못하면 실패할 것이라는 강박을 불러일으킬 위험도 있다. 이런 사후확신 편향을 경계하려면 행동경제학자 댄 애리얼리^{Dan Ariely}의 말을 귀담아들을 필요가 있다. "식품 영양 분석표를 통해 음식 맛을 역설계할 수는 없다." A에서 B가 나왔다고 해서, B에서 A가 나올 것이라고 혼동하지 말라는 이야기다.

훈련된 무능과 전문가 편향

· ✦ ·

요즘은 전문가일수록 사후확신 편향을 드러내는 경향이 있다. 대형 사건이나 큰 변화가 일어나고 있는데 전문가가 전혀 몰랐다면 무능한 사람으로 비치기에 자신이 미리 알았던 것처럼 기억을 왜곡하는 것이다. 경제위기나 주가 폭락 뒤에 유독 가짜 예언가들이 넘쳐나는 현상도 그 때문이다. 2008년 금융위기가 터졌을 때 자신이 예견해 경고했다고 주장하는 경제 전문가들이 여럿 있었다. 하지만 정확히 예측한 사람은 거의 없었고, 설사 경고했더라도 '오늘의 운세'처럼 두루뭉술하고 막연한 내용뿐이었다. 그렇게 잘 알았다면 왜 위기 직전에 가진 주식을 다 팔고 주가 하락에 베팅하는 공매도나 선물·옵션 매도로 떼돈을 벌지 않았을까? 1997년 우리나라의 외환위기 때도 마찬가지였다. 앞으로도 계속 그럴 것이다.

오늘날 전문가를 진정한 전문가로 보기 어려워진 데는 이유가 있다. 20세기 이전만 해도 경제학은 도덕철학에서 출발해 정치경제학으로 발전한 사실상 종합학문이었다. 그러나 지금은 경제학 전공이 다양하게 세분화돼 똑똑하고 능력 있는 경제학자라도 경제를 총체적으로 조망하는 데 한계가 있다. 학문의 세분화 현상은 경제학뿐 아니라 모든 분야에 해당한다. 그렇다 보니 박사든 교수든 전문가란 사람들이 비좁은 전공 분야라는 우물 속에 앉아서 하늘을 바라보는 개구리가 되고 말았다.

전문가의 이런 한계를 훈련된 무능trained incapacity이라고 한다. 과거에는 잘 발휘되던 능력이 새 환경에서는 오히려 무능으로 나타나는 현상이다. 이 개념은 미국 사회학자 겸 경제학자 소스타인 베블런Thorstein Veblen이 1914년 처음 사용했고, 그의 영향을 받은 철학자 케네스 버크

Kenneth Burke가 구체화했다. 한 가지 지식이나 기술을 훈련받고 기존 규칙을 준수하도록 길들여진 사람은 다른 대안을 생각하지 못한다는 현상을 가리킨다. 세상은 갈수록 전문화, 분업화하고 있고, 인간 사회는 놀라울 만큼 복잡하다. 이런 세상에서 벌어지는 문제에 대해 과거에 훈련받은 대로 접근하고, 자신이 아는 이론 틀에 억지로 꿰맞추려다 보니 제대로 분석도 해법 제시도 하지 못하는 것이다. 경직적인 관료주의도 훈련된 무능의 결과라고 할 수 있다.

이와 반대로 대중은 전문가 편향expert bias, 권위자 편향authority bias을 갖는다. 모르는 상황일수록 '전문가가 그랬다면 맞겠지?' 하고 순응한다. 먼저 경험한 사람들의 의견이나 신빙성 있는 증거보다 전문가의 말에 더 귀 기울이는 것이다. 그래서 병원에 가면 의사가 모든 병을 다 알고, 법원에 가면 변호사가 모든 법을 다 아는 것 같다. 하지만 의사나 변호사도 자신이 잘 아는 분야가 있고 그렇지 못한 분야가 있다. 노벨 경제학상을 받은 학자에게 바다 건너 먼 나라 한국의 각종 경제문제 해법을 묻는다면 들으나 마나 한 대답만 돌아올 뿐이다. 그들은 한국에 대해 상세히 알지도 못하거니와, 노벨상을 받았다고 해서 모든 경제 문제에 통달할 수도 없다.

어떤 분야든 전문가의 견해가 항상 맞는다는 보장은 없다. 맹신하지 말고 의심하고 따져 볼 필요가 있다. 의사도 오진하고, 심한 경우 의료사고를 내기도 한다. 변호사가 법을 잘못 해석해 소송에서 지는 경우도 많다. 과거에는 신문이나 방송에 나온 이야기라고 하면 사람들이 믿었지만 이제는 그렇지 않다. 지금은 언론도 설익은 보도를 하거나 종종 오보를 내보낸다는 사실을 다 안다.

나심 탈레브는 전문가라 불리는 사람들의 문제점을 『안티프래질』에서 의원성 질환iatrogenic disease이라고 설명했다. 의원성 질환이란 의사의 의료 행위로 인해 생긴 각종 질환을 가리킨다. 현대 의학 기술과 의약품은 질병에 효과적이지만 그에 상응하는 부작용도 분명 있다. 때로는 과하게 치료하다 오히려 환자 건강을 해치기도 한다.

오늘날 전문가 대접을 받는 사람은 다양하다. 교수, 학자, 의사, 법조인, 회계사, 세무사, CEO, 고위관료, 정치평론가 등을 전문가나 전문직이라고 부른다. 그러나 어떤 전문가도 전지전능한 신이 아니다. 아는 것에 비해 말이 많은 사람들이 대개 전문가 행세를 한다. 2024년 미국 대통령 선거가 임박했을 때 도널드 트럼프와 카멀라 해리스Kamala V Harris가 초박빙이라는 예상이 많았고, 트럼프의 압승을 예견한 전문가는 많지 않았다. 그런데 선거 결과를 보고 나자 언론이든 정치평론가든 다들 예상했다는 듯 트럼프가 당선될 수밖에 없는 이유를 줄줄이 늘어놨다. 사후확신 편향의 전형적인 사례다.

고장 난 시계도 하루 두 번은 맞는다

• ✦ •

주식시장은 어쩌면 사후확신 편향이 가장 왕성한 곳인지도 모른다. 당장 내일의 주가를 모르니 권위에 기대려는 전문가 편향이 심하다. 우리나라에서는 애널리스트나 펀드 매니저 같은 제도권 전문가뿐 아니라 소위 투자 고수나 수만 명의 구독자를 거느린 주식 유튜버들이 전문가 대접을 받는다. 그들은 주가가 급등하거나 급락하면 마치 처음부터 그럴 줄 알았다는 듯이 그럴싸한 설명을 내놓는다.

해외에서도 마찬가지다. 갑작스럽게 주가가 폭락하면 어김없이 예언가들이 나타난다. 사후확신 편향을 안다면 그들의 말은 귀담아들을 필요가 없다. '부자 아빠'로 유명한 로버트 기요사키Robert Kiyosaki는 최근에 틈만 나면 대공황이 오고 있고 증시 붕괴가 임박했다며 경제·증시 종말론을 주장했다. 파국이 올 것처럼 강하게 말할수록 언론에 자주 보도된다. 하지만 진정한 전문가라면 무책임하기 짝이 없는 처사다. 위기가 올 때까지 종말론을 반복하는 것은 인디언 기우제나 다름없다. 비가 내릴 때까지 기우제를 지내면 기우제는 늘 성공한 게 된다. 고장 난 시계도 하루 두 번은 시간이 맞는다. 위기론이 설득력을 가지려면 반대로 호황도 맞춰야 할 것이다.

투자자들이 뒷북 치는 이유

• ✦ •

누구에게나 미래는 불확실하지만 과거는 선명하고 확실하다. '콜럼버스의 달걀'도 답을 알고 보면 너무나 쉬운 문제다. 그렇기에 우리는 사후확신 편향의 노예가 되고 만다. 사후확신 편향은 줄일 수는 있어도 없앨 수는 없는 심리 오류다. 이런 편향에 빠진 투자자라면 맨날 뒷북만 칠 수밖에 없다. 여기서 벗어나려면 큰 노력이 필요하다. 철저히 투자원칙을 지키라는 말은 불가능한 일이니 논외로 하자. 그럼 어떻게 해야 할까?

우선 우리의 예측 능력이 형편없다는 사실을 인정해야 한다. 당장 내일의 일도 모르는데 몇 달, 몇 년 뒤 일을 어떻게 알 수 있겠는가. 둘째, 자신이 예측한 것을 기록해 놓고 나중에 실제 결과와 비교해 보자. 독일 저술가 롤프 도벨리Rolf Dobelli는 『스마트한 생각들』에서 주가지수, 선거 예측, 1년 뒤 자기 몸무게, 자녀의 키든 뭐든지 '예언 일기'를 쓰라고 조언했다. 셋째, 보이는 게 전부가 아님을 인식하고 보이지 않는 요인을 찾으려고 노력해야 한다.

그것도 쉽지 않다면 발상을 바꿔 보자. 이미 지나간 일을 이제 와서 미리 알았더라면 하고 가정한들 무엇이 달라지겠는가? 미리 알았다는 점이 중요한 게 아니라 당시에 행동했는가 안 했는가가 중요하다. 사든 팔든 행동하지 않았다면 미리 알아 봐야 아무 소용이 없다. 류시화 시인의 시집 제목처럼 '지금 알고 있는 걸 그때도 알았더라면' 하고 후회하기만 할 뿐이다.

05

괜히 그럴 리 없다 –
착각적 상관

속설, 징크스, 괴담은 어떻게 만들어지는가

· ◆ ·

어느 문화권에나 속설, 징크스, 괴담이 많다. 이를테면 서양에서는 숫자 13을 질색한다. '13의 금요일'이 예수 수난일이기 때문이다. 반대로 동양 문화권에서는 4를 불길한 수로 여긴다. 4가 한자로 '죽을 사死'와 발음이 같기 때문이다. 지금도 엘리베이터에 4층이 없거나 F로 표시한 경우를 종종 볼 수 있다.

수능 날 미역국은 절대 금물이고, 문제를 잘 풀라고 휴지를 선물한다. 예전에는 대학에 철썩 붙으라고 시험장 교문에 엿을 붙였다. 스포츠 감독이나 선수가 경기 중에 수염을 깎지 않거나 속옷을 갈아입지 않기도 한다. 이렇게 하면 시험을 잘 보고 경기에서 이길 수 있을까?

사람들은 서로 무관한 것들이 그럴싸한 이야기와 엮이면 서로 관계가 있다고 여기는 경향이 있다. 이를 착각적 상관illusory correlation이라고 한다. 아무런 관련이 없거나 우연히 엮인 것들을 하나로 묶어서 생각하는 심리 오류다. 숫자 배열에서 애써 규칙성을 찾고, 상황이나 사물에 인과관계를 갖다 붙이는 식이다.

착각적 상관은 1967년 미국의 부부 심리학자인 로런 채프먼Loren Chapman과 진 채프먼Jean Chapman이 처음 명명했다. 사람들이 일상적이지 않고 이례적인 경험을 하게 되면 뭔가 다른 것과 연결고리를 찾으려 하고, 그 연관성을 과대평가한다는 것이다.

우리는 일상에서 다양한 경험을 하지만 대부분 잊거나 별 의미를 두지 않는다. 하지만 특이하고 부정적인 경험은 기억에 깊이 각인돼 특별한 연관성이 있다고 믿게 마련이다. 삶의 경험 대부분은 우연히 이루어지는데, 엇비슷한 경험을 몇 번 하고 나면 뭔가 필연적인 법칙이 작용한다고 믿기 쉽다. 이런 착각적 상관이 굳어지면 속설이나 징크스가 된다.

내가 탈 버스만 오지 않는다는 심리

• ✦ •

착각적 상관과 연관이 깊은 게 머피의 법칙이다. 머피의 법칙은 서로 상관관계나 인과관계가 없는데도 애써 어떤 관련이 있다고 믿는 심리다. 자신이 바라는 일은 이뤄지지 않고, 나쁜 일은 반드시 일어날 것 같은 기분이 드는 것이다.

'세차만 하면 비가 온다. 물건을 잃어버리고 나면 금방 쓸 일이 생긴다. 꼭 샤워할 때 전화가 온다. 차선을 바꾸면 앞서 있던 차선의 차들이 더 빨리 빠진다. 신호등은 꼭 내 앞에서 바뀐다. 토스트를 식탁에 떨어뜨리면 꼭 잼 바른 면이 바닥에 닿는다.' 널리 알려진 머피의 법칙에 해당하는 사례들이다. 머피의 법칙은 선택적 기억selective memory과 착각적 상관의 산물이다. 일종의 오해와 착각인 셈이다.

선택적 기억이란 뇌의 기억이 시간 흐름대로 남는 게 아니라 인상 깊었던 기억 위주로 남는다는 의미다. 예를 들어 세차 직후 비가 온다는 착각은 세차 후 비가 안 왔을 때는 기억할 필요가 없지만, 비가 왔을 때는 괜히 세차했다는 기억이 또렷이 남아서 생긴다. 신호등이 꼭 내 앞에서 바뀐다고 생각하는 경우도, 어쩌다 바쁠 때 한두 번 그랬던 상황을 잊어버리지 못하니 항상 자기 앞에서 신호가 바뀐다고 푸념하는 것이다. 나와 무관하게 우연히 일어난 일을 자신과 강하게 상관된다고 착각해서 생긴 오류다.

이와 관련해 토머스 길로비치Thomas Gilovich 미국 코넬대 교수는 저서 『인간 그 속기 쉬운 동물』에서 '내가 탈 버스만 오지 않는다'는 속설을 흥미롭게 분석했다. 내가 탈 버스가 올 때까지는 다른 버스만 지나가기 때문에 내 버스만 안 온다는 생각이 들지만, 그 반대 상황은 일어나지 않는다는 것이다. 타야 할 버스가 오면 냉큼 올라타가 버리니 내 버스만 오고 다른 버스가 안 오는 경우는 당연히 경험할 수가 없다.

불행한 일은 홀로 오지 않는다는 '화불단행禍不單行'이란 사자성어가 있을 정도로 사람들은 자신에게 불운이 연속된다고 느낄 때가 많다. 반대로 행운이 연속된다고 느끼는 경우는 거의 없다. 길로비치는 '긍정적 사건은 부정적 사건처럼 기억에 누적되지 않는다'고 설명한다. 행운과 불운의 기억은 그 크기가 확연히 다른 비대칭이라는 것이다.

골대 맞힌 팀은 진다?

• ✦ •

'골대 맞힌 팀은 진다'와 같은 스포츠의 속설과 징크스도 착각적 상관의 대표적인 사례다. 스포츠 분야의 속설과 징크스로 핫 핸드hot hand 현상과 스포츠 일러스트레이티드 징크스Sports Illustrated cover jinx가 유명하다. 일명 '뜨거운 손'으로 불리는 핫 핸드는 농구에서 한 선수가 슛에 성공하면 그것이 다음 슛의 성공과 연관된다는 속설이다. 핫 핸드는 길로비치가 1985년 심리학자 아모스 트버스키Amos Tversky와 함께 연구한 「농구 경기에서 핫 핸드」라는 논문에 처음 소개됐다.

이들의 연구에 따르면 농구 팬 100명을 면담해 보니 핫 핸드 현상을 믿는 사람이 91퍼센트에 달했다. 슛이 잘 들어가는 선수에게 집중적으로 패스해야 한다고 믿는 사람도 84퍼센트였다. 그러나 1980~1981년 미국 프로농구 필라델피아 세븐티식서스76ers의 슛 통계를 분석해 보니, 슛을 두세 번 성공한 직후에는 잘 못 넣고, 거꾸로 두세 번 실패한 다음에는 오히려 잘 넣는 경향이 뚜렷했다.

물론 한두 경기에서 신들린 듯 슛이 계속 잘 들어갈 수도 있다. 관중의 응원과 동료의 기대가 영향을 미치는 듯 보이기도 한다. 그러나 시즌 전체로 보면 해당 선수의 슛 성공률은 예년과 큰 차이가 없었다. 핫 핸드에 근거가 없다는 점은 상대 수비가 붙지 않는 자유투를 보면 알 수 있다. 세븐티식서스 선수들의 자유투 통계를 분석한 결과, 첫 번째 자유투를 성공했든 실패했든 간에 두 번째 자유투 성공률은 똑같이 75퍼센트였다.

스포츠 일러스트레이티드 징크스란 미국 유명 스포츠 잡지 『스포츠 일러스트레이티드Sports Illustrated』의 표지를 장식한 선수는 그다음 경기 결과가 좋지 않다는 속설이다. 1972년 뮌헨 올림픽 여자 수영 400미터 금메달리스트인 미국의 셜리 바바쇼프Shirley Babashoff는 1976년 몬트리올 올림픽을 앞두고 이 징크스를 의식해 이 잡지 표지에 실리기를 몹시 망설였다고 한다. 그러나 미국 수영의 전설인 마크 스피츠Mark Spitz는 표지에 사진이 실리고도 뮌헨 올림픽 수영 7관왕이라는 전무후무한 기록을 세웠다. 잡지 편집자들은 스피츠의 사례를 들어 겨우 바바쇼프를 설득할 수 있었다고 한다. 전혀 무관한데 상관관계가 있다고 의식하는 착각적 상관의 예다.

이 징크스는 통계학에서 말하는 평균으로의 회귀regression toward the mean다. 금융에서는 주가 등 자산가격이 평균 추세(이동평균선)로 돌아가는 것을 평균 회귀mean reversion라고 한다. 일시적으로 아주 높거나 낮은 수치가 나올 수 있지만, 시도 횟수(표본)가 많아지면 평균에 근접한다는 것이다. 『스포츠 일러스트레이티드』의 표지를 장식할 정도의 선수라면 어떤 종목이든 당시 성적이 특출 난 경우다. 메시Messi나 오타니大谷처럼 해마다 계속 잘할 수도 있지만 대개는 그렇지 못하다. 주위의 기대가 커질수록 선수 본인의 부담이 커진다. 야구에서 2년 차 징크스sophomore jinx도 평균회귀와 착각적 상관으로 설명할 수 있다. 데뷔 첫해에 특출나게 잘했다면 이듬해에는 이보다 못할 확률이 높다. 반대로 신인 때 못하다가 2년 차에 펄펄 나는 선수도 있다. 2년 차와 성적은 상관이 없다.

파레이돌리아와 아포페니아

• ✦ •

착각적 상관은 우리가 보는 것에서 규칙성과 연관성, 인과관계를 찾아내려는 본능에서 비롯한다. 보름달의 검은 부분을 보면서 방아 찧는 토끼를 연상하고, 화성의 작은 언덕이 사람 얼굴을 빼닮은 듯 보인다. 구운 토스트나 바위 표면의 얼음 녹은 모양에서 예수 얼굴을 발견한다거나 구름이나 연기에서 특정한 동물 모양을 찾기도 한다. 이는 사람의 감각이 잘못됐다기보다 이를 판단하는 이성이 불완전한 탓이다.

이처럼 모호하거나 형태가 불분명한 것을 자신이 알고 있는 분명한 모양이나 패턴으로 해석하려는 심리를 파레이돌리아Pareidolia 또는 변상증變像症이라고 부른다. 형상을 변화시켜 보는 심리 현상이다. 가장 흔한 경우가 얼굴을 찾아내는 것이기에 얼굴 착시라고도 한다.

파레이돌리아가 주로 시각적 자극에 의한 착시를 가리킨다면, 이보다 넓은 개념으로 아포페니아Apophenia가 있다. 아포페니아는 모호하고 연관성 없는 정보나 현상에서 공통점, 규칙, 패턴을 찾으려는 심리를 통칭하는 말이다. 예를 들어 시계를 봤을 때 4시 44분이라면 뭔가 불길한 예감이 드는 경우다. 예전에 개그맨 박성호가 올드 팝송 〈All by Myself〉를 '오빠 만세'라고 부른 게 일종의 아포페니아를 이용한 개그였다. 착각적 상관이나 각종 속설과 징크스, 파레이돌리아가 모두 아포페니아에 해당한다.

내가 사면 떨어진다?

• ✦ •

개미 투자자들이 자조적으로 하는 말이 있다. '내가 사면 떨어지고 팔면 오른다.' 이 역시 착각적 상관에 기인한다. 누구나 주가가 상승하기를 바라지만, 주가가 하락하면 자신의 형편없는 선구안부터 하락 요인이 된 모든 악재, 해당 종목을 권한 증권회사 직원까지 모두 후회와 원망의 대상이 된다.

더구나 주가 하락 기간이 길어지고 평가손이 눈덩이처럼 불어나면 본전 생각이 간절해진다. '그때 반도체주를 왜 팔았을까' '그때 왜 샀을까' '손가락이 웬수다' 같은 푸념을 늘어놓게 마련이다. 순간의 선택으로 입은 손실은 손실대로 뼈아프지만, 가지 않은 길로 인한 기회손실이 너무도 크게 다가오기 때문이다. 이렇게 생긴 부정적 감정은 긍정적 감정과 비교할 수 없을 만큼 크다. 사람은 긍정보다 부정에 더 민감하게 반응한다.

주가 움직임은 아무도 모르기에 흔히 신의 영역이라고 한다. 많은 개인투자자들이 주가가 이례적으로 움직인 다음에 뛰어든다. 급등 종목을 추격매수하고, 장기침체 종목을 오래 붙들고 있으니 손실률이 높을 수밖에 없다. 내가 사서 주가가 떨어지는 게 아니라, 개미들의 눈에 띌 정도의 종목이라면 속칭 '선수'들은 이미 팔고 나갔을 확률이 높은 것이다.

주가는 일시적으로 이동평균에서 벗어나지만 장기적으로 회귀하는 경향이 있다. 이는 투자자의 심리와 정보에 영향을 받는다. 처음에는 긍정적(또는 부정적) 뉴스에 투자자들이 크게 놀라 주가가 급등(또는 급락)할 수 있지만, 시간이 지날수록 평정심을 되찾게 된다. 정보도 처음에는 제한적으로 알려져 주가가 급변하지만 나중에 정보의 양이 많아지고 널리 퍼지면 그 효과가 사라져 평균으로 회귀하게 된다.

그렇다고 너무 실망할 필요는 없다. 여러분만 그런 게 아니니까. 지난 2년간 약세장에서 개인투자자의 절반 이상은 주식투자로 손실을 봤고, 일부 소수를 제외하면 은행 정기예금 이상의 이자도 벌지 못했을 것이다. 심지어 국민연금조차 2024년 국내 약세장에서 6.8퍼센트 손실을 냈다. 미국에서 지난 10년간 펀드(ETF) 수익률을 분석했는데,

이 가운데 시장 평균 수익률(주가지수 상승률)을 넘은 경우는 15퍼센트에 불과했다. 전문가가 운용하는 펀드도 이럴진대 개미들의 수익률이 높을 리 없다.

주가의 변곡점마다 심리 오류와 편향은 우리의 판단을 뒤흔든다. 오르면 불안하고 내려도 불안하다. '내가 사면 내리고 팔면 오른다'는 착각적 상관이 우리를 괴롭힌다.

주가 차트를 맹신하지 마라

• ✦ •

투자자는 당장 오늘의 주가도 알 수 없기 때문에 어딘가 기대고 싶어한다. 주로 주식 전문가의 말에 귀가 솔깃하지만 주가 차트(그래프) 분석에도 많이 의지한다. 주식시장에는 차트 분석가(기술적 분석가)들이 있다. 과거 주가 흐름을 그린 그래프에서 특정 패턴을 발견해 향후 주가를 예측하는 것이다. 주가 차트에다 이동평균선과 지지선, 저항선을 그려 놓고 온갖 차트 이론을 동원해 설명한다. 듣고 보면 그럴싸하게 들린다.

하지만 주가 차트는 맹신할 대상이 아니다. 과거의 주가가 오늘과 내일의 주가를 알려 주지 않기 때문이다. 많이 내렸으니 반등을 기대할 수도 있지만 더 내릴 수도 있는 게 주가다. 반대로 이미 많이 올라 조정이 불가피하지만 더 오를지도 모르는 게 주가다.

그런데도 주가 차트에 의지하는 것은 뭔가 예측 가능한 패턴이 있는 것 같기 때문이다. 엘리어트 파동이론을 비롯해 헤드앤드숄더, 깃발형, 삼각수렴 등이 차트 패턴으로 유명하다. 증시 격언으로 '기술적 분석(차트 분석)은 기술적 분석을 믿는 사람들이 있기 때문에 유용하다'는 말이 있다. 주식시장이 미인대회란 점을 상기하면 일견 타당한 말이다.

하지만 주가 차트에서 발견하는 패턴 역시 착각적 상관의 산물이다. 뭔가 모양을 찾으려는 사람의 심리가 만들어 낸 그럴싸한 이야기인 셈이다. 4부에서 살펴보겠지만, 물리학의 프랙탈 이론에 따르면 주가 차트는 제목(종목명, 기간)을 가리고 특정 기간을 잘라 비교해 보면 다똑같아 보인다. 하루 차트든, 월간 차트든, 1년 차트든 엇비슷하고, 대형 우량주든 코스닥의 이른바 잡주든 그래프는 다 그게 그거 같다. 주가 차트는 우연의 산물이고, 주가 움직임에 공식은 없기 때문이다. 차트에서 확실한 매매 신호가 나왔다든지, 대세상승 징후를 발견했다고 주장한다면 착각적 상관이 작용했다고 보아도 무방하다. 차트 분석가들의 설명도 사후확신 편향에 의한 것일 뿐이다.

역사가 반복되더라도 똑같이 되풀이되는 경우는 없다. 주가 흐름도 과거 특정 기간과 엇비슷해 보일 뿐이지 단 하루도 똑같은 경우는 없다. 그런데도 기시감이 드는 이유는 역사든 주가든 사람들이 함께 만들어 가기 때문이다. 세월이 흘러도 변함없고 끝없이 되풀이되는 것은 온갖 오류와 편향 덩어리인 인간 본성이다.

06

손실은 너무 고통스러워 − 손실회피 편향

세상에서 제일 아까운 돈

• ✦ •

쓸데없이 돈이 나가면 속이 쓰리다. 물론 지갑을 잃어버렸을 때만 하진 않겠지만, 아까워서 이불 킥을 하게 되는 지출이 몇 가지 있다.

첫째, 교통위반 딱지를 뗐을 때다. 교통 범칙금이나 과태료는 조금만 조심했다면 내지 않아도 될 돈이기에 더욱 아깝게 느껴진다. 2023년의 교통 범칙금과 과태료는 1조 2,237억 원으로 역대 최대였다. 2019년(8,321억 원)에 비해 4년 새 1.5배나 늘었다. 교통법규 위반 건수가 2,000만 건을 넘어 전체 운전자의 10명 중 6명꼴로 딱지를 뗐기 때문이다. 과거에 교통 범칙금과 과태료는 교통기반시설 확충 등 교통사고 예방에 쓰였지만, 2007년 법이 바뀌어 20퍼센트만 응급의료기금으로 들어가고 나머지는 국고에 귀속된다. 약 1조 원을 세금으로 낸 셈이다.

둘째, 연말정산에서 환급금을 받기는커녕 토해내야 할 때다. 물론 연말정산 때 세금을 추가 납부한다는 것은 이미 냈어야 할 세금을 나중에 내는 것이니 그 기간의 이자만큼 이득이다. 반대로 환급금을 받는 것은 미리 낸 세금을 돌려받는 것이어서 이자만큼 손해다. 하지만 사람 심리가 어디 그런가. 세금을 더 내라고 하면 좋아할 사람은 아무도 없고, 마치 줬다가 뺏는 것처럼 느껴진다. 줬다 뺏는 게 뺏었다 돌려주는 것보다 훨씬 기분 나쁘다. 세금이 과하면 국민의 조세 저항을 부른다. 과중한 세금은 미국 독립전쟁, 프랑스혁명 등 역사적 격변의 원인이 됐을 만큼 사람들을 흥분시킨다.

셋째는 바가지를 썼을 때다. 부르는 대로 값을 주고 산 물건을 누군가는 싸게 샀다는 사실을 알게 되면 기분이 나빠진다. 돈이 아깝기도 하지만 무엇보다 속았다는 느낌이 들기 때문이다. 스스로 합리적이라고 여기지만 자신이 전혀 그렇지 못하다는 사실을 확인할 때 느끼는 열패감은 만만치 않다.

드라마 〈미스터 션샤인〉에 이런 명대사가 있다. "그 판에서 누가 호구인지 모를 때는 네가 바로 그 호구다." 노름판에서는 다들 돈을 따겠다고 눈이 벌겋다. 하나같이 포커페이스이고 만만한 사람이 없다. 그렇다면 그들에게 내가 어떻게 비칠지 생각해 보란 이야기다. 주식시장도 다를 게 없다. 주가가 반등하는데 반 토막 난 내 주식은 여전히 호전될 기미가 없고, 계좌는 퍼런색 일색이다. 이런 상태라면 내가 바로 '시장의 호구'가 됐음을 인정해야 한다. 시장의 호구가 되지 않으려면 빡세게 공부하고 분석하면서 인간이면 갖는 심리 오류와 편향을 경계해야 할 것이다.

얻는 기쁨 〈 잃는 고통

• ✦ •

같은 1만 원이라도 길에서 주운 1만 원보다 지갑에서 흘린 1만 원이 더 크게 와 닿는다. 동전을 던져서 앞면이면 10만 원을 받고, 뒷면이면 5만 원을 잃는 게임은 대부분의 사람들이 하려고 들지 않을 것이다. 이처럼 사람이라면 누구나 얻었을 때의 기쁨보다 잃었을 때의 고통을 더 크게 느낀다. 행동경제학에서는 이런 심리 경향을 손실회피 편향loss aversion bias이라고 부른다. 행동경제학을 정립한 대니얼 카너먼과 아모스 트버스키가 1979년 전망이론prospect theory을 통해 제시한 개념이다. 2024년 타계한 카너먼은 심리학자이면서 2002년 노벨 경제학상을 받은 행동경제학의 창시자다. 카너먼은 베스트셀러 저서 『생각에 관한 생각』에서 "전망이론의 핵심은 사람들 마음속에 기준점이 존재하며, 손해가 그만큼의 이득보다 더 크게 보인다는 점이다"라고 설명했다.

주류 경제학에서는 합리적인 인간은 효용의 크기가 같을 때 그것이 이익이든 손실이든 똑같이 대한다고 가정한다. 하지만 실상은 전혀 그렇지 않다. 사람들은 이익이 1일 때 같은 크기의 손실에 대해 2~2.5배 정도 더 크게 생각한다는 게 행동경제학의 연구 결과다. 손실이 이익보다 더 크게 감정적으로 영향을 미치고, 그 영향은 선택에까지 확대된다. 이를테면 100퍼센트의 확률로 45달러를 잃는 것과 50퍼센트의 확률로 100달러를 잃는 것 중에 어느 쪽을 선택하겠느냐고 물으면 사람들은 대부분 후자를 택한다. 50퍼센트의 확률로 100달러를 잃는 선택지의 기댓값이 50달러로 전자(45달러)보다 큰데도 그렇다. 사람들은 합리적, 수학적으로 계산해 손실이 확정된 상태보다는, 설사 그보다 더 큰 손실을 볼 수 있더라도 일단 피할 수 있는 확률이 있는 쪽을 선호한다.

손실 후 이익이냐, 이익 후 손실이냐에 따라서도 반응이 달라진다. 로또 5등(5,000원)에 당첨돼 새 로또로 바꾸러 가다가 5,000원 지폐를 분실한 경우를 가정해 보자. 합리적으로 생각하면 이익과 손실이 상쇄돼 아무 감정적 변화가 없어야 한다. 하지만 먼저 이익을 얻은 후 뒤이어 손실을 봤다면 기분이 나쁘다. 반대로 5,000원 지폐를 분실하고 나서 로또 5,000원에 당첨됐다면 어떨까? 서로 상쇄돼 먼저 사례와 반응이 같아야 한다. 하지만 이 경우에는 나중에 손실을 만회했기에 기분이 조금은 좋아진다. 마지막에 어떻게 끝나느냐에 따라 감정이 달라지는 것이다.

남 주기는 아까워, '소유 효과'

• ✦ •

손실회피 편향은 소유 효과endowment effect와 연관이 깊다. 같은 물건이라도 자신이 소유한 것에 더 높은 가치를 부여하는 심리다. 세계적 베스트셀러 『넛지』로 유명한 리처드 탈러Richard Thaler 시카고대 교수(2017년 노벨 경제학상 수상)는 1970년대 대학원생 시절 위트가 넘쳤고, 특히 근엄한 경제학과 교수들이 가끔 비합리적으로 행동하는 모습을 찾아내는 데 즐거움을 느꼈다고 한다. 그는 주류 경제학 이론 신봉자인 R 교수가 이론과 달리 이율배반적으로 행동하는 모습에서 놀라운 결과를 발견했다.

와인 마니아인 R 교수는 자신이 수집한 와인을 100달러에 팔라는 제안을 거절했지만, 와인을 살 때는 병당 35달러 이상 쓰는 법이 없었다. 자신이 소유한 와인을 100달러 이상의 값어치로 여기면서 그런 와인을 살 때 35달러 이상 쓰지 않는 것은 주류 경제학의 효용이론에 위배되는 행동이었다. R 교수는 가진 것을 더 비싸게 여기는 소유 효과를 드러냈고, 와인을 살 때의 기쁨보다 팔아서 소유권이 사라질 때의 고통이 더 큰 손실회피 편향을 보여 주었다. 그가 판단하는 기준점은 '와인을 소유했는가, 아닌가'였다.

리처드 탈러, 대니얼 카너먼, 잭 네치Jack Knetsch 등 세 명의 행동경제학자가 수행한 유명한 머그잔 실험(1991)이 있다. 연구팀은 실험에 참가한 코넬대 학생들을 둘로 나눠 절반에게는 판매자, 나머지 절반에게는 구매자 역할을 맡겼다. 판매자 그룹에는 코넬대 로고가 새겨진 머그잔(실제 가격은 6달러)을 나눠 준 뒤 얼마에 팔 거냐고 물었다. 구매자 그룹에는 이 머그잔을 얼마면 사겠느냐고 물었다. 판매자 학생들이 팔겠다는 가격은 평균 7.12달러인 반면, 매수자 학생들이 사겠다는 가격은 평균 2.87달러에 불과했다. 머그잔을 소유했느냐(판매자) 아니냐(매수자)에 따라 매기는 가치가 2.5배 차이가 났다. 연구팀은 제3의 그룹(선택자)을 대상으로 실험을 확장했다. 선택자 역할을 맡은 학생들에게 머그잔과 돈 중에 선택하되, 얼마의 금액이면 머그잔 대신 돈을 갖겠냐고 물었다. 선택자 그룹은 평균 3.12달러라고 답했다.

판매자 그룹은 머그잔을 파는 것이 손실로 여겨져 더 높은 보상을 원했다. 사람들은 자신이 소유한 것에 훨씬 높은 가치를 부여한다는 점을 다시금 확인할 수 있다. 반면에 매수자나 선택자 그룹은 소유 효과와 연관이 없어 낮은 가격을 불렀다. 이후 수천 개의 머그잔으로 같은 실험을 수십 번 했지만 결과는 달라지지 않았다. 한마디로 지금 내가 가진 것은 남 주기 아깝다는 이야기다.

소유 효과는 생물의 세계에서도 발견된다. 카너먼의 『생각에 관한 생각』에도 소개됐듯이, 영역을 이미 소유한 개체는 침입자보다 경쟁이나 싸움에서 이길 확률이 더 높다. 서로 경쟁할 때 손해를 입는 쪽이 이득을 보는 쪽보다 훨씬 더 열심히 싸운다는 이야기다.

현상유지 편향과 경로의존성

• ✦ •

손실회피 편향과 소유 효과가 서로 상승작용을 일으켜 또 다른 형태의 편향을 만들기도 한다. 잭 네치 캐나다 사이먼프레이저대 교수는 또 다른 실험에서 두 그룹의 학생들에게 가격이 엇비슷한 머그잔과 스위스 초콜릿 바를 나눠 주고 서로 바꿀 기회를 줬다. 그랬더니 물건을 교환한 학생은 열 명 중 한 명꼴에 불과했다. 이번에는 값비싼 필기구와 스위스 초콜릿 바를 나눠 주고 서로 바꿀 기회를 줬다. 하지만 물건을 실제로 교환한 학생의 비율은 여전히 10퍼센트였다. 이 사례를 보면 사람들은 가격보다는 가진 것을 잃거나 상황이 바뀌는 것을 꺼린다는 점을 알 수 있다.

이처럼 가치와 상관없이 현재 가진 것에 애착을 갖고 계속 소유하려는 심리를 현상유지 편향status quo bias이라고 한다. 특별히 큰 이득이 없는 한, 이미 익숙해진 행동을 바꾸지 않으려는 심리 경향을 가리킨다. 정보기술IT 분야에서 즐겨 쓰는 용어인 경로의존성path dependence도 비슷한 의미다. 경로의존성은 특정 경로에 익숙해지면 그 경로가 비효율적이어도 그대로 고수하는 성질을 말한다. 쉽게 말해 사람은 해왔던 대로 일하고, 입었던 대로 입고, 먹었던 대로 먹고, 놀았던 대로 논다는 이야기다. 지정 좌석이 아니어도 강의실에서 늘 앉던 자리에 앉고, 출퇴근할 때 늘 가던 길로만 다닌다. '타성에 젖었다'는 말과도 통한다.

컴퓨터의 쿼티QWERTY 자판은 경로의존성의 대표적인 사례다. 19세기에 타자기가 개발됐을 때 자판은 본래 알파벳순이었다. 하지만 빠르게 글자를 칠 때 활자가 달린 얇은 쇠막대가 자꾸 엉켜서 이를 개선할 목적으로 쿼티 자판으로 바꿨다는 게 정설이다. 컴퓨터 시대에는 활자 쇠막대가 더 이상 엉킬 일이 없는데도 PC, 태블릿, 스마트폰에 여전히 쿼티 자판을 쓴다. 사람들이 이 자판에 워낙 익숙해져서 특별한 메리트가 없는 이상 잘 바꾸려 하지 않기 때문이다. 또 강제로 행동 경로를 바꾸려면 엄청난 전환비용을 감수해야 한다. 그래서 그냥 익숙한 방법을 유지하게 되는 것이다.

기업은 마케팅을 할 때 소비자의 손실회피 편향과 소유 효과, 현상유지 편향과 경로의존성을 광범위하게 이용한다. 잡지사의 무료 구독권, 스트리밍 업체의 첫 달 이용료 100원, 온라인 쇼핑몰의 무료 반품 등이 그런 사례다. 소비자가 첫 발을 들이게 하는 게 어렵지, 일단 문턱을 넘으면 그다음에는 한결 수월해진다. 한 번 선택하고 나면 잘 바꾸지 않기 때문이다.

비자발적 장기 투자자

• ✦ •

이런 심리 편향들을 알면서도 피하지 못하는 게 사람이다. 특히 주식 투자자들이 그렇다. 자신이 보유한 종목에 대해 오랫동안 관심을 갖고 지켜봐 왔기에 소유 효과가 작용한다. 문제는 평가손이 심한 상태일 때다. 해당 기업의 사업이나 주가 전망이 밝은 편이 아니어도 사람들은 잘 팔지 못한다. 팔았을 경우 손실이 확정되는 것을 꺼리는 손실회피 편향 탓이다. 돈 벌려고 한 주식투자에서 손실을 본 것도 쓰리지만, 자신이 멍청하다고 느껴지기 때문이다. 손실을 확정하지 않음으로써 자신에 대한 폄하를 유보하는 것이다. 투자원칙에 입각해 장기 투자를 하는 게 아니라 이른바 비자발적 장기 투자자가 되는 것이다.

주식 고수나 펀드매니저들은 기본적으로 손절매 가격을 정해 놓고 주식을 매수하고, 주가가 손절매 가격 밑으로 가면 미련 없이 팔아치운다. 웬만큼 손실이 난 종목을 붙들고 있으면 득보다 실이 크기 때문이다. 기회비용을 생각해 보면 이해가 된다. 컴퓨터 알고리즘에 의한 퀀트 투자의 경우에는 칼같이 손절매 원칙을 지킨다. 하지만 개미 투자자들은 사람이기 때문에 그렇게 하기 어렵다.

더구나 보유 종목에서 평가이익이 났다가 주가가 조금 내려왔을 때 투자자들의 반응은 우리가 도박판에서 갖는 생각과 다를 게 없다. 예를 들어 주당 5만 원에 산 주식이 10만 원이 됐다면 예상수익률은 100퍼센트다. 그런데 더 오를 줄 알고 기다리다 팔 타이밍을 놓쳐 주가가 8만 원으로 내려오면 어떨까? 당장 팔아도 여전히 매수가격 대비 60퍼센트의 수익률이니 만족할 만하다. 하지만 사람의 심리는 달리 반응한다. 어느덧 기준점이 10만 원이 돼 주가가 8만 원이면 3만 원 수익이 난 게 아니라 2만 원 손실을 본 것처럼 느껴진다. 그래서 다시 반등하기를 기다리며 타이밍을 재지만 주가는 속절없이 더 내려 6만 원이 된다. 그래도 20퍼센트(1만 원)의 수익을 얻었지만 투자자는 40퍼센트를 잃었다고 느낀다. 계속 이런 식으로 가다가 결국 5만 원을 밑도는 가격에 이르러서야 손을 털고 나오게 된다.

개미들이 힘든 이유

• ✦ •

개인투자자들이 주식으로 큰돈을 벌기는 정말 어렵다. 간혹 이례적인 투자 성공 사례가 있지만 대다수는 손실을 본다. 여기에는 몇 가지 이유가 있다. 주식시장에 대한 지식과 정보의 부족도 큰 이유겠지만, 무엇보다 사람이기 때문에 범하는 치명적 오류가 있기 때문이다.

첫째, '이익은 조금, 손실은 많이'가 가장 큰 이유다. 손실회피 편향에서 비롯된 처분 효과disposition effect가 작용하는 것이다. 처분 효과란 이익을 본 주식은 빨리 팔고, 손해 본 주식은 늦게 파는 심리를 가리킨다. 산 가격보다 오른 종목에 대해서는 빨리 이익을 실현하고 싶어 안달이고, 산 가격보다 떨어진 주식은 막연히 언젠가는 만회하리라 여기며 마냥 들고 있다. 그러니 상승 종목은 너무 빨리 팔아 더 벌 수 있는 기회를 놓치고, 하락 종목은 미련 때문에 버리지 못해 손실이 쌓인다. 주식투자 격언인 '손실은 빠르게 자르고 이익은 느긋하게 둬라'라는 말과 정반대의 행동이다.

이는 행동경제학의 전망이론에서 사람들이 이익에 대해 위험회피 경향을 보이고, 손실에 대해 위험선호 경향을 보인다는 설명과 일치한다. 손실과 이익을 바라보는 시각이 같지 않다는 손실회피 편향이 강하게 작용한 현상이다. 전망이론의 또 다른 핵심 개념인 민감도 체감성diminishing sensitivity도 여기에 가세한다. 손실(또는 이익)의 크기가 작을 때는 민감하게 반응하다가도 그 규모가 눈덩이처럼 커지면 변화에 둔감해지는 현상을 말한다. 주식투자로 10퍼센트 손실을 볼 때보다 마이너스 30퍼센트가 됐을 때 덜 민감해지고, 마이너스 50퍼센트쯤 되면 자포자기, 무념무상 상태가 된다. 카지노에서도 처음에는 적은 돈이라도 잃지 않으려고 노심초사한다. 하지만 어느 정도 잃고 나면 본전 생각에 더 큰 손실을 초래할 위험한 베팅도 서슴지 않는다. 쉽게 말해 돈에 관해 무감각해진다.

둘째, 처분 효과를 극복하더라도 투자금액이 적어서 돈을 벌기 어렵다. 한국자본시장연구원의 2022년 보고서(「국내 개인투자자의 행태적 편의와 거래행태」)에 따르면 2020년 3월 이후 시장에 진입한 개미 투자자의 60퍼센트가 손실을 봤다. 주식시장이 비교적 강세였던 기간에도 그랬으니 이후 약세장에서는 손실이 훨씬 더 컸을 것이다. 이 보고서에서 분석한 전체 투자자 20만 4,000여 명 가운데 투자금액 1,000만 원 이하인 사람이 55.7퍼센트를, 1,000만~3,000만 원 이하인 사람이 20.5퍼센트를 차지했다. 전체의 4분의 3이 3,000만 원 이하를 투자했다. 보유 종목의 주가가 20~30퍼센트 오르더라도 수익금액의 절대치가 작아 만족하기 어려울 수밖에 없다. 반면 투자금이 1억 원이라면 수익률이 30퍼센트일 때 3,000만 원을 번다. 개미와 큰손의 결정적 차이는 투자 규모에서 온다.

셋째, 너무 자주 매매한다. 매매할 때마다 증권거래세(매도할 때만 부과)와 증권회사 수수료를 내야 하는데 매매 빈도가 잦으면 배보다 배꼽이 더 커진다. 2020년 코로나 사태 이후 반등장에서는 개미 투자자도 웬만하면 수익이 났다. 개인의 평균 수익률이 5.8퍼센트로 양호한 듯했지만 거래비용(증권거래세+수수료)을 제외한 실질 수익률은 마이너스 1.2퍼센트였다. 잦은 매매로 정부와 증권회사가 좋은 일만 시켜 준 것이다.

매매회전율(매수+매도액을 투자금액으로 나눈 비율)이 높을수록 수익률은 낮아진다. 2024년 상반기 NH투자증권이 36만 개 계좌를 대상으로 개인투자자의 수익률을 비교한 결과, 50대와 60대의 매매회전율은 각각 102퍼센트, 106퍼센트였다. 6개월 동안 본인 투자액만큼 주식을 샀다 팔았다 한 셈이다. 그런데 수익률은 50대 마이너스 2.8퍼센트, 60대 마이너스 2.3퍼센트였다. 반면에 10대는 매매회전율이 69퍼센트였지만 수익률은 1.3퍼센트로 전 연령대에서 유일하게 흑자를 냈다. 자주 매매하는 것보다 우량주를 사 놓고 내버려두는 게 훨씬 나은 전략이다.

넷째, 주식을 로또처럼 여긴다. 은행 예금이자는 기껏해야 연 2퍼센트 안팎인데 주식은 하루 상한가를 치면 열다섯 배인 30퍼센트를 벌 수 있다고 생각한다. 위험은 별로 의식하지 않고 대박을 꿈꾸는 것이다. 하지만 하루 하한가를 기록하면 30퍼센트의 손실을 볼 수도 있다. 예금은 절대 그럴 일이 없다. 로또 같은 주식을 찾는 것은 매주 로또를 사서 1등에 당첨되기를 기다리는 것과 다를 바 없다. 그만큼 가능성이 낮다는 이야기다. 주식으로 쉽게 돈을 벌 수 있었다면 다들 부자가 돼 있겠지만, 여전히 살림살이가 고만고만하다.

이 외에도 개미들의 실패 이유를 찾자면 수없이 많을 것이다. 하지만 무엇보다 중요한 점은 손실이 났을 때 어떻게 대처하느냐다. 물타기(떨어진 주가로 해당 주식을 더 사서 매수 단가를 낮추는 것)도 해 보고, 혹시 모를 대박 종목을 찾아 헤매기도 하지만 손실 폭이 커질수록 만회하기는 더욱 힘들어진다. 벌 때 찔끔 벌고 잃을 때 왕창 잃기를 반복하다 막판에는 이자율이 연 7~9퍼센트에 달하는 증권회사의 신용 융자에까지 손을 댄다. 그러다 보면 어느덧 계좌는 깡통이 되고, '다시는 주식 안 한다'고 다짐하는 지경에 이른다. 하지만 돈이 생기면 다시 주식시장으로 달려가는 자신을 발견하게 될 것이다.

07
생각하기 귀찮아 —
인지적 구두쇠

귀차니즘과 지름길 본능

지름길을 찾는 것은 사람의 본능이다. 어디서든지 중간에 가로질러 갈 수 있다면 저 멀리 모퉁이를 돌아가려고 하지 않는다. 사각형의 두 변의 길이보다 대각선이 짧다는 점을 잘 알기 때문이다. 잔디밭에 들어가지 말라고 푯말을 아무리 붙여 놔도 매일 몇 명씩 지나다녀 어느덧 잔디밭에는 오솔길 같은 지름길이 생겨난다.

젊은 세대가 별것을 다 줄인다는 '별다줄' 트렌드도 지름길 본능과 맥이 닿아 있다. 길게 말하기 귀찮고, 줄여서 말해도 뜻이 통하는데 굳이 원래대로 다 말할 필요가 있느냐는 것이다. 언어습관도 경제성을 추구한다. '자만추, 낄끼빠빠, 안물안궁' 같은 줄임말은 어른들에게는 외계언어로 들리지만 그들도 젊었을 때는 은어, 속어, 줄임말을 수시로 쓰지 않았던가. 별다줄은 세계적인 추세다. 휴대폰으로 문자 메시지를 빠르게 보내려다 보니 'R U(are you)'나 'LOL(laugh-out-loud)' 같은 축약어를 쓴다.

이뿐인가? 두 시간짜리 영화가 길다고 1.5배속, 2배속으로 빠르게 돌려 본다. TV 미니시리즈 드라마는 16부작이 10~12부작으로 줄었고, 심지어 유튜브에서 10~20분 축약판으로 전편 감상을 대신하는 사람도 많다. 인터넷에서도 텍스트 중심 콘텐츠에서 영상 콘텐츠로 대세가 바뀌더니, 이제는 그것도 길다고 30초~1분짜리 쇼트폼 동영상이 인기다. 뭐든지 줄이고 압축해서 사는 세상이라고 할 만하다. 시간은 한정돼 있는데 매일 쏟아지는 거대한 정보의 바다에서 헤엄치다 보니 자연스러운 적응 방식인 셈이다.

이런 지름길 본능은 최소노력 법칙principle of least effort에 기인한다. 최소노력 법칙은 이탈리아 역사가 굴리엘모 페레로Guglielmo Ferrero가 1894년 처음 언급한 개념으로, 사람은 노력이나 저항이 가장 적은 경로(방법, 수단)를 찾는다는 경험법칙이다. 경제학에서 말하는 '최소 비용, 최대 효과'와 같은 의미다. 사람은 물론 동물, 기계, 시스템도 마찬가지다. 생물의 진화부터가 지름길을 찾는 과정이었고, 기업 마케팅 기법, 웹사이트, 실시간 내비 등도 최소노력 법칙을 바탕으로 설계된다.

인간은 천성적으로 게으르고 싶은 속성을 장착하고 있다. 예전에 한 신용카드사 광고에서 배우 유해진이 진지하지만 능청스러운 표정으로 한 말이 여기에 딱 들어맞는다. "아무것도 안 하고 싶다. 이미 아무것도 안 하고 있지만 더 격렬하게 아무것도 안 하고 싶다." 팝 가수

브루노 마스^{Bruno Mars}의 데뷔 앨범에 수록된 〈레이지 송^{Lazy song}〉에도 비슷한 가사가 있다. "난 오늘 아무것도 하고 싶지 않다. (…) 왜냐하면 맹세코 오늘 아무것도 안 할 거니까." 너무 바쁜 현대인에게 '귀차니즘'은 자연스레 입에 딱 붙는 말이 됐다. 불멍, 물멍도 모자라 멍때리기 대회까지 열리는 세상이다.

한 오픈 백과사전에는 귀차니즘에 대해 흥미로운 설명이 있다. 인류는 귀차니즘 때문에 망할 것이라는 우스갯소리도 있지만, 반대로 인류는 귀차니즘을 해결하기 위해 생활을 윤택하게 만드는 기술을 개발하고 발전시키는 모습을 보인다는 것이다. 개인에게는 귀차니즘이 부정적 결과를 낳지만, 전체적으로 보면 기술 혁신을 이끄는 긍정적 효과도 있다는 이야기다. 라면 끓이는 게 귀찮아 나온 물건이 컵라면이고, 음식 재료를 다듬고 조리하는 일이 번거로운 이들을 위해 나온 상품이 밀키트다. 교통수단과 통신수단의 발달 과정을 보면 최소노력 법칙을 구현해 온 역사라고 해도 과언이 아니다.

최소노력 법칙이 긍정적 효과를 발휘한 사례로 아마존의 '원클릭' 간편 결제 시스템을 들 수 있다. 아마존은 1999년 특허를 내며 도입한 원클릭 덕에 경쟁사들과 초격차를 벌릴 수 있었다. 최소노력 법칙을 잘 이해한 제프 베이조스는 원클릭 개발 당시 직원들에게 '고객이 최소한의 노력으로 상품을 주문할 수 있게, 클릭 한 번으로 가능하게 해야 한다'고 강조했다. 원클릭은 결제과정에서 끊임없이 소비자의 분노를 유발하던 액티브X를 없애버렸다. 2017년 원클릭의 특허가 만료되면서 지금은 온라인 쇼핑몰들이 거의 다 원클릭을 도입했다. 귀차니즘이 세상을 바꾼 것이다.

뇌의 최소노력 법칙

• ✦ •

사람은 몸 쓰기만 귀찮아하는 게 아니다. 뇌야말로 귀차니즘이 깊숙이 장착돼 있다. 사람은 몸의 피로보다 골치 아프고 머리 쓰는 일을 더기피한다. 이런 뇌의 최소노력 법칙을 심리학에서는 인지적 구두쇠cognitive miser라고 한다. 인지적 구두쇠 이론은 1984년 미국 심리학자 수전 피스크Susan Fiske와 셸리 테일러Shelley Taylor가 처음 발표했다. 사람이두뇌를 쓸 때 최대한 에너지를 적게 소모하면서 가급적 간단한 방식으로 문제를 해결하려고 한다는 것이다. 돈을 아끼는 구두쇠처럼 인지활동, 즉 생각하는 행위에 짠돌이가 된다는 의미다. 행동경제학 창시자 중 한 명인 대니얼 카너먼은 "인간에게 사고란 고양이가 수영하는것과 같다. 할 수는 있지만 하고 싶지 않은 것이다"라고 했다.

사람이 인지적 구두쇠가 될 수밖에 없는 것은 생각을 덜 하는 게 생존에 유리하기 때문이다. 두뇌활동은 엄청난 에너지를 소모하는 신경네트워크의 화학적 활동이다. 뇌는 사람 몸무게의 2퍼센트 남짓(성인남성 평균 1,400g)인데 인체가 쓰는 총에너지의 약 20퍼센트를 소모한다. '기름 먹는 하마'이자 연비 낮은 자동차인 셈이다.

신체의 체력에 한계가 있듯이 두뇌 활용에도 한계가 있다. 따라서 세상의 모든 일에 다 신경 쓰면서 살기는 불가능하다. 머리를 많이 쓰면 금방 피곤해지고, 이런 상태가 계속되면 번 아웃으로 이어진다. 독일 심리학자 로이 바우마이스터Roy Baumeister는 번 아웃을 자아 고갈ego depletion 이론으로 설명했다. 사람이 자제력을 유지하는 것은 힘들고 피곤한 일이며, 억지로 무언가를 하고 나면 다음 도전이 닥쳤을 때 자제력이 약해지고 피해 가려 한다는 것이다.

결국 사람은 신체든 두뇌든 '최소 비용, 최대 효과'를 추구한다. 정확하게 판단하고 선택하려면 모든 정보를 수집하고 추론해 결정을 내려야 하지만 간단치 않으니 쉬운 길부터 찾는 것이다. 사람들은 일상의 많은 부분에서 익숙한 방향으로 행동한다. 깊은 생각 없이 습관, 과거의 경험, 인상 등에 기대어 판단하는 이유다. 습관은 두뇌를 쓸 필요가 없고, 과거 경험은 그 일이 위험한지 따질 필요를 줄여 준다. 처음 만난 사람에 대해서는 첫인상과 겉모습으로 대략 특성과 성향을 파악한다. 사람을 알려면 오랜 시간과 노력이 필요하지만 그러기가 귀찮기 때문이다. 단골 음식점에만 가고, 늘 앉던 자리에 앉고, 전에 했던 방식대로 하는 경로의존성도 인지적 구두쇠의 특징이다.

대니얼 카너먼은 『생각에 관한 생각』에서 두뇌가 빠르고 쉽게 판단하는 시스템 1과 깊이 인지하고 숙고하는 시스템 2로 구성돼 있다고 설명했다. 시스템 1은 휴리스틱heuristic이라 불리는 직관이자 어림셈법이고, 시스템 2는 알고리즘algorithm이라 불리는 이성이자 논리적 추론

방식이다. 시스템 1은 거의 힘들이지 않고 자동적으로 빠르게 작동하지만, 시스템 2는 복잡한 계산처럼 느리고 복잡하게 작동한다. 예컨대 밤중에 다리가 넷이고 눈이 번득이며 털이 북슬북슬한 동물을 만났다면, 그게 무엇인지 따져 보기 전에 뇌에서 시스템 1이 작동해 도망치라고 명령한다.

반면에 시스템 2가 작동할 때는 느리지만 정확히 생각해야 답을 알 수 있는 경우다. 카너먼은 이와 관련해 재미있는 문제를 냈다. '방망이와 공을 합친 가격은 1달러 10센트다. 방망이는 공보다 1달러 더 비싸다. 그렇다면 공의 가격은 얼마인가?' 금방 머리에 떠오른 답은 10센트다. 그러나 틀렸다. 공이 10센트라면 방망이는 1달러 비싸니까 1달러 10센트가 돼 합계가 1달러 20센트다. 정답은 5센트다. 직관과 이성은 이렇게 다르다.

주가가 크게 올라도 손해 보는 사람의 특징

• ✦ •

생각하기 귀찮아하는 인간의 속성은 고정관념, 편견, 선입견을 만들어 낸다. 특정 국가, 인종, 종교, 나이, 직업의 사람들을 지레짐작하고 일반화해 버린다. 누구나 자신은 합리적이고 이성적이라고 생각하지만, 자신도 모르는 사이에 잘못됐을지도 모를 인상과 선입견으로 상대방을 재단한다. 이는 자신이 남들에게는 독립된 개인으로 인정받기를 원하면서, 정작 자신은 타인을 전체로 뭉뚱그려 판단하는 이율배반적 행동으로 나타난다.

인지적 구두쇠로 인해 사람들은 쉽게 집단심리에 휩쓸리고, 다수에 순응하고, 다른 사람들에게 동조한다. 어떤 생각이나 행위의 옳고 그름을 따지지 않고 부화뇌동하는 것이다. 그 원인은 사람들이 머리 쓰는 데 게으른 탓이다. 논리적으로 생각하기보다는 분위기를 봐서 대세를 따르는 편이 훨씬 쉽기 때문이다. 따라서 스스로 생각하는 대신 남들의 판단을 추종해 군집행동을 한다. 오늘날 주식시장의 쏠림이나 정치적 양극화의 원인이기도 하다.

주식시장의 거품이 한껏 달아오를 때는 모두가 부자가 될 것 같은 망상에 빠진다. 하지만 그런 일은 결코 일어나지 않는다. 주가가 많이 오른 종목일수록 누군가 갑자기 매도해 수익을 실현하는 순간, 모래성이 무너지듯 흘러내린다. 뒤늦게 뛰어든 사람들이 고스란히 덤터기를 쓴다.

과거 코스닥의 한 종목이 최저가 대비 주가가 약 70배 오른 적이 있다. 중간에 매매가 활발해 무수한 손바뀜이 일어났다. 초기에 10~20퍼센트 수익에 만족한 사람도 있지만, 투자금의 두세 배를 번 사람이 수두룩하고 많게는 열 배 넘게 번 경우도 있었다. 하지만 주가가 그렇게 크게 올랐는데도 의외로 손해 본 사람도 적지 않았다. 주가가 오르는 양상은 식물이 자라는 과정과 비슷하다. 매일 상승하지 않는다. 한 번 올랐다가 조정을 받고 다시 오르고를 반복하며 천천히 오른다. 이런 흐름을 거꾸로 타서, 급등할 때 덩달아 샀다가 주가가 조정을 받을 때 못 견디고 파는 식으로 투자했다면 아무리 큰 시세가 난 종목이라도 손해를 볼 수 있다. 생각하기가 아닌 따라 하기가 위험한 이유다.

'너만 알고 있어!'

• ✦ •

인간의 게으른 본성은 서면 앉고 싶고, 앉으면 눕고 싶게 만든다. '가까운 길 놔두고 왜 먼 길로 돌아가느냐'는 지름길 본능은 투자에서도 어김없이 발휘된다. 시장을 관찰하고 종목을 분석해 투자대상을 고르기란 여간 힘든 일이 아니다. 차트 분석으로 접근하는 것도 별로 도움이 안 된다.

그렇다 보니 투자자들이 가장 솔깃해하는 것은 뭔가 알 것 같은 사람들이 귀띔해 주는 한마디다. "○○전자가 이젠 오를 거래" "코스닥의 ◇◇테크가 작전 들어간대" "주식 잘하는 친구가 추천해 준 종목이야" 같은 말에 귀가 쫑긋한다. 골치 아프게 분석하고 찾아보는 대신 누군가 귀띔해 준 종목에 편승해 단기간에 수익을 내고 싶은 것이다. 하지만 이런 식으로 했다가 수익은커녕 빠져나오지 못하는 경우가 다반사다. 여태껏 원칙과 근거가 없는 투자로 성공한 사례를 보지 못했다. 심지어 사람들은 아내의 충고는 안 들려도 지나가다 들은 이야기는 몰래들은 비밀 정보인 양 따라 한다.

국내 최초의 주식 관련 영화라는 〈작전〉은 주식 투자자들의 심리와 주가 조작이 어떤 구도로 이뤄지는지를 잘 보여 준다. 한 사람이 다른 사람에게 알려 준 작전주에 관한 비밀이 불과 몇 분 만에 수백 명에게 순식간에 퍼져 나가는 장면이 나온다. "너만 알고 있어"라며 귓속말을 했다면 모두가 알게 되는 것은 시간문제다. 은희경의 소설『새의 선물』에는 이런 구절이 나온다. "비밀이란 심술궂어서 자기를 절대 보이기 싫어하는 것만큼이나 누군가와 공유되기를 간청하는 속성이 있다." '너만 알고 있어'라는 말에는 폐쇄성과 공개성의 양면이 있다는 이야기다. 마크 트웨인이 말했다는 "진실이 신발을 신는 동안 거짓은 지구를 반 바퀴 돈다"라는 문장에서 '거짓'을 '소문'으로 바꿔도 뜻이 잘 통한다. 다만 소문은 지구 반 바퀴가 아니라 '일곱 바퀴 반(빛의 속도로) 돈다'고 해야 할 것 같다.

오늘날 재테크 투자는 언제 어디서나 가능한 행위가 됐다. 스마트폰에서 클릭 한 번으로 세계의 주식과 채권, 외화, 가상자산, 그림, 부동산 등 모든 것을 사고팔 수 있다. 이 역시 귀차니스트를 위해 부단히 '원클릭 시스템'을 추구해 온 결과다. 하지만 방법이 쉬울수록 투자를 결정할 때 고민과 숙고는 줄어든다는 게 함정이다. 시스템 1의 직관대로 질러 버리고 뒤늦게 후회한다. 철학자 버트런드 러셀은 "증거가 없는 상황에서 판단을 유보할 줄 아는 훈련이 안 돼 있는 사람은 독단적인 예언가에게 휘둘리고 만다"라고 갈파했다.

자동차를 구매할 때를 생각해 보라. 수천만 원짜리 자동차를 사면서 익숙한 브랜드나 잘 팔리는 차를 무턱대고 고르는가? 그렇게 하면 무난한 선택은 할 수 있을 것이다. 하지만 주식시장에서는 그런 '무난한 선택'으로는 목표한 수익을 얻기 어렵다. 자동차를 살 때 가격, 연비, 디자인, 성능, 승차감, AS, 소비자 평판 등을 두루 꼼꼼히 따져 보고 사는 사람들도 있다. 하물며 열심히 모은 소중한 종잣돈을 주식투자에 쏟아 부으면서 생각하기 귀찮아서 '덩달이', '따라쟁이'가 될 수야 없지 않은가. 그럴 바에는 차라리 은행 예금에 묻어 두는 편이 훨씬 낫다. 적어도 손해는 안 볼 테니까. 그래도 투자를 하고 싶다면 앙드레 코스톨라니의 조언대로 하라. "국제적 우량종목 대여섯 개를 산 뒤 약국에 가서 수면제를 사서 먹고 푹 자 두라."

제3부

인생의 지혜,
투자의 지혜

인생을 지혜롭게 사는 것은 모두의 소망이다. 하지만 우리의 삶은 숱한 실수의 연발과 시행착오의 연속이다. 어떻게 사는 것이 최선일지 늘 고민스럽다. 이런 고민은 우리만 한 게 아니다. 앞서 세상을 살다 간 옛사람들도 똑같이 고민했다. 그렇기에 선조들의 쌓이고 쌓인 경험과 지혜는 현대인이 삶의 지혜로 삼기에 부족함이 전혀 없다. 오히려 더 깊이 새기고 따라야 할 황금률이다.

오래전부터 전해 내려오는 속담과 격언은 인류의 암묵적 지혜가 녹아 있는 보물창고다. 한국뿐 아니라 세계 각국의 속담을 보면 무엇 하나 버릴 것 없는 삶의 진실 그 자체다. 또한 신화와 전설에는 인간의 끝없는 탐욕에 대한 은유가 많다. 산의 정상은 하나지만 정상에 오르는 길은 여럿이듯, 세상 돌아가는 이치는 현대 과학뿐 아니라 옛 지혜에서도 발견된다.

투자도 인생의 일부다. 그렇기에 삶과 동떨어져 완전 별개의 원리가 작동하는 영역이 아니다. 사람의 숱한 심리 오류와 편향이 영향을 미치기에 지식을 넘어 지혜가 필요하다. 따라서 인생의 지혜는 투자의 지혜이기도 하다. 앞서 2부에서 돈의 심리학을 살펴봤다면 3부에서는 인간 세상의 변함없는 진실을 파악해 본다.

01

투자의 본질은 이미
옛 지혜에 담겨 있다 ①

하늘 아래 새로운 것은 없다

• ✦ •

인류가 오랜 기간 쌓아 온 경험지식은 속담과 격언, 우화, 신화, 소설 등에 두루 녹아 있다. 이렇게 응축되고 숙성된 인류의 경험은 단순 지식knowledge이 아니라 변치 않는 지혜wisdom라고 해야 적확하다. 인류의 물질문명은 엄청나게 발전했지만 사람의 사고구조, 관계 맺기, 집단 속에서의 행동, 권력과 위계 등은 예나 지금이나 별로 달라진 게 없기 때문이다.

세상 물정을 알아갈수록, 할머니가 어린 손주를 무릎에 눕혀 놓고 들려준 속담과 옛이야기가 세상의 진실을 담고 있음을 새삼 절감하게 된다. 할아버지, 할머니들은 심리학이나 행동경제학을 공부하지 않았어도 인간의 본심과 세상 돌아가는 이치를 누구보다 잘 안다. 오랜 삶 속에서 자연스레 터득한 경험지식이기에 나심 탈레브식의 표현을 쓰자면 '안티프래질anti-fragile'하다. 안티프래질은 깨지기 쉬운 프래질fragile한 것이 아니라 오랜 세월을 견디는 강건함을 가리키는 말이다. 속담, 고전, 종교 같은 것들이 그렇다. 반대로 프래질한 것은 금방 유행이 지나 버리거나 오래 가지 못하는 인공 피조물이다.

근대 산업혁명 이후 세상을 가장 잘 설명하는 것이 경제학이었다. 경제학은 한동안 세상 모든 일에 영향을 미치며 '사회과학의 제왕'이라는 타이틀을 얻기도 했다. 그러나 21세기로 넘어오면서 경제학은 행동경제학에 그 지위를 물려줘야 할 판국이다. 행동경제학이 기존 주류 경제학의 아성을 허물고 있는 데는 분명 이유가 있다. 인간이 돈에 대해 갖는 편향과 망상, 그리고 시장의 변덕과 돌변, 부의 쏠림을 주류 경제학보다 훨씬 잘 설명해 주기 때문이다. 앞서 2부에서 살펴본 대로 인간은 합리적일 때도 있지만 그렇지 못할 때가 훨씬 더 많다.

그래서 1950년대에 주류 경제학의 '합리적 인간' 모델에 강한 의문이 제기됐다. 미국 경제학자 겸 인지과학자 허버트 사이먼Herbert Simon은 인간이 합리적으로 생각하려고 노력하지만 인지능력의 한계로 제한적 합리성bounded rationality을 갖는다고 주장했다. 그의 이론은 모델화하기가 어려워 당시에는 별로 주목받지 못했지만 1970년대에 대니얼 카너먼, 아모스 트버스키, 리처드 탈러 등이 행동경제학이라는 경제학의 신대륙을 개척하는 데 지대한 영향을 미쳤다. 사이먼은 이 연구로 1978년 노벨 경제학상을 받았다. 그는 특이하게도 인공지능과 인지심리학의 기초를 쌓은 공로로 1975년 컴퓨터과학 분야의 노벨상인 튜

링상도 받은 유일한 경제학자였다.

요즘 각광받는 행동경제학이 일반 대중에게는 여전히 낯설고 어려운 분야 같지만 알고 보면 전혀 어렵지 않다. 우리가 살면서 경험하는 무수한 일들 속에서 자연스레 알게 된 개념들이 많아서 현실의 삶에도 잘 들어맞는다. 일종의 경험지식인 셈이다. '내가 왜 이럴까?' '그들은 왜 저럴까?' 하는 의문을 가져 봤다면 그런 개념을 어느 정도 습득했다고 볼 수 있다.

고대에서 월가까지 이어진 여덟 가지 지혜

• ✦ •

부를 추구하고 전보다 잘 살고 싶어 하는 욕구는 인간의 본성이다. 그런 욕구의 변천사가 곧 인류의 경제사라고도 할 수 있다. 인류는 아주 오래전부터 더 나은 삶을 위해 고민해 왔다. 고대 그리스 철학자 아리스토텔레스^{Aristoteles}는 "과거는 오늘의 연속이며, 그 속에서 배우는 것이 중요하다"라고 했고, 로마시대 극작가 푸블리우스 테렌티우스 아페르^{Pübliüs Terentius After}는 "현재 주장되는 것은 과거에 모두 주장됐던 것들이다"라고 설파했다. 2000년 전에도 그렇고, 지금도 마찬가지다. 우리가 목표로 하는 부와 시장의 원리를 파악하는 데는 '이 책만 보면 대박난다'는 식의 얄팍하고 유행을 타는 재테크 서적이 아니라 선현의 지혜가 큰 도움이 된다.

'월가의 현자' 나심 탈레브는 『스킨 인 더 게임』에서 아주 오래전부터 내려오는 인류의 지혜 여덟 가지를 소개했다. 탈레브가 언급한 것들은 성공 투자를 꿈꾼다면 하나하나 음미해 볼 만하다.

첫째, 『이솝우화』의 '여우와 신 포도'다. 배고픈 여우가 먹을 것을 찾다가 포도나무를 발견했다. 여우가 아무리 뛰어올라도 발이 닿지 않아 포도를 따지 못했다. 그러자 여우는 "어차피 너무 시어서 먹을 수도 없는데 뭘…" 하고 중얼거리며 아쉽지 않은 척 가버렸다는 이야기다.

이 우화는 오늘날 심리학에서 말하는 인지부조화cognitive dissonance의 안성맞춤 사례다. 자신의 생각이 자기 행동이나 처지와 어긋날 때 생기는 머릿속의 부조화를 조화롭게 만들기 위해 사람들은 자신의 생각을 바꿔 버린다. '나는 원래 안 그렇다' '내가 그랬을 리 없다'고 자신의 기억을 재조정하는 것이다. 여우는 자기가 도저히 딸 수 없는 포도를 먹지 못할 신 포도로 생각함으로써 자신이 헛수고했음을 부인했다.

인지부조화는 일종의 자기합리화이자 자기방어 기제다. 흔히 쓰는 말로 정신승리다. 중국 작가 루쉰魯迅은 소설 『아Q정전』에서 주인공 아Q가 숱한 구타와 굴욕, 수모를 당하고도 오히려 자기가 이겼다고 자위하는 모습을 두고 '정신승리법'이라고 명명했다. 실제 이기지 못했는데 머릿속에서 자신이 승리했다고 스스로를 기만하는 것이다. 큰돈을 벌겠다고 투자를 했으면 무슨 일이 있어도 수익을 내야 한다. 손대는 종목마다 판판이 깨지면서 '나는 불로소득이 싫다!'고 자기합리화와 정신승리를 할 바에는 아예 시작하지 않는 게 낫다.

둘째, 손실회피 편향loss aversion bias이다. 행동경제학의 핵심 개념인 손실회피는 이익과 손실이 같은 크기라도 손실을 두 배 이상 크게 받아들이는 인간 심리의 맹점 중 하나다. 주류 경제학에서 전제하는 합리적 인간이라면 손실 1만 원이든 이익 1만 원이든 같은 크기로 받아들려야 하지만, 실제로는 그렇지 않다. 로마시대 역사가 티투스 리비우스Titus Livius는 "사람들은 좋은 감정을 나쁜 감정보다 덜 강하게 느낀다"라고 지적했다. 이미 2000년 전에 손실회피 편향이라는 인간의 본성을 간파한 것이다.

셋째, 비아 네가티바Via Negativa다. 라틴어로 '부정의 길'이라는 뜻이다. 무엇이 맞는지를 파악하기보다 무엇이 틀린지를 파악하는 일이 더 쉽다. 따라서 지식은 틀린 것을 소거하는 식으로 개선된다는 원칙이 비아 네가티바다. 불필요한 것을 빼고 본질에 집중하라는 뜻이다. 무언가를 판단할 때 주저리주저리 설명하지 않고 그것에 해당하지 않는 부분을 제거하는 접근법이다. 기원전 2세기 로마의 시인 퀸투스 엔니우스Quintus Ennius는 "선함도 좋지만 악함이 없는 것만큼 좋은 건 아니다"라고 했다.

넷째, 시간의 중요성이다. 레반트(서아시아 동지중해 지역을 가리키는 용어. 나심 탈레브가 태어난 레바논이 속해 있다.) 지역에는 '손안의 새 한 마리가 나무 위의 새 열 마리보다 낫다'는 속담이 있다. 이는 시간이 모든 선택의 가치를 바꾼다는 사실을 일깨워 준다. 시간은 모든 것을 변화시킨다. 시간에 대한 이해 없이는 투자는 물론 인생의 많은 것을 놓치게 마련이다. 시간은 기다려 주지 않는다.

다섯째, 집단광기collective madness다. 개인이라면 하지 않을 잘못된 결정을 집단은 서슴없이 저지를 때가 많다. 추리작가 아서 코난 도일Arthur Conan Doyle은 『네 개의 서명』에서 "한 사람은 풀 수 없는 퍼즐 같지만 모아 놓으면 수학적 확실성이 된다"라고 썼다. 개개인이 어떤 행동을 할지 예측하기 힘들지만 집단의 행동은 예측 가능하다는 얘기다. 철학자 니체가 "광기는 개인에게는 드물다. 하지만 집단, 당파, 민족, 시대에서는 그것이 규칙이다"라고 한 말도 같은 맥락에 있다. 폭락하는 주식시장, 불이 난 극장에서 벌어지는 군중의 행동에는 정형화된 패턴이 있어서 수학만큼 확실하게 알 수 있다.

여섯째, 적은 게 많은 것이다Less is more. 많은 게 많아야 할 텐데 오히려 세상사에는 적은 게 더 많은 것이라는 역설이 존재한다. 로마시대 시인 푸블릴리우스 시루스Publilius Syrus는 "(진실을 찾으려는) 논쟁이 지나치면 진실이 사라진다"라고 했다. 복잡하고 어려운 문제일수록 고르디우스의 매듭Gordian Knot*이나 오컴의 면도날Occam's razor**처럼 쾌도난마로

---

* 난해한 문제를 단칼에 해결한다는 의미다. 기원전 800년께 고대국가 프리기아의 왕 고르디우스가 신전 기둥에 소달구지를 매우 복잡한 매듭으로 단단하게 묶어 놓았고, '이 매듭을 푸는 자가 아시아의 왕이 되리라'는 신탁이 전해져 내려왔다. 훗날 알렉산드로스 대왕이 프리기아로 원정을 왔다가 이 이야기를 들었다. 그는 여러 번 시도해도 매듭이 풀리지 않자 칼을 빼 매듭을 잘라 버렸고, 이후 실제로 아시아(인도)를 정복했다.

** 어떤 사실이나 설명들 가운데 논리적으로 가장 단순한 것이 진실일 가능성이 높다는 의미다. 단순성의 원칙, 논리절약의 원칙으로도 불린다. 영국의 소도시 오컴 출신의 수사 겸 논리학자 윌리엄이 신을 설명하면서 불필요한 가정을 삼가야 한다고 주장한 데서 유래했다.

단순화해서 보는 자세가 필요하다.

'Less is more'는 영국 시인 로버트 브라우닝^{Robert Browning}이 시 〈안드레아 델 사르토〉에서 르네상스 시대 화가의 입을 빌려 처음 썼다. 그러나 이 개념은 오래전부터 전해져 왔다. 기원전 6세기 '고대 그리스의 7현賢'으로 불린 스파르타의 정치가 키론^{Chiron}은 "철학자는 간결하게 만든다"라는 말을 남겼다. 교황 프란치스코^{Francisco}는 2015년 현대인의 소비 강박을 우려하면서 "우리는 성경을 비롯한 여러 종교에서 발견되는 고대의 교훈을 받아들여야 한다. 그것은 'less is more'라는 확신이다"라고 언급했다.

일곱째, 과신^{overconfidence}하지 마라. 과신은 자만심과 맹신을 낳고, 확증 편향^{confirmation bias}으로 치닫게 마련이다. 확증 편향은 자기가 믿는 것만 눈에 보이고, 그 반대되는 증거가 분명해도 보지 못하거나 부정하는 심리 오류다. 투자에 나선 사람이라면 무엇이든 과신은 절대 금물이다. 고대 그리스 시인 테오그니스^{Theognis}는 "확신에 모든 것을 잃었고 경계심에 모든 것을 지켜냈다"라는 격언을 남겼다. 과신하면 위험을 간과해 큰 손실과 실패를 초래할 수 있지만, 적절한 경계심을 가지면 위험을 미리 감지해 대비하고 안전을 확보할 수 있다는 의미다.

여덟째, 과욕^{greed}을 부리지 마라. 기원전 1세기 로마의 시인 겸 철학자 루크레티우스^{Lucretius}는 서사시 『사물의 본성에 관하여』에서 끝없는 욕망 때문에 인간은 스스로 파멸할 때까지 높은 곳을 추구한다"고 말했다. 이카루스의 날개, 미다스의 손 같은 신화 속 사례들은 과욕을 경계하라는 교훈을 담고 있다.

승부의 책임, '스킨 인 더 게임'

• ✦ •

탈레브가 오랜 지혜로 가장 중시한 것이 그의 책 제목으로 붙인 'Skin in the game'이다. 유래가 불분명한 이 말은 투자나 리스크 관리 분야에서 오래전부터 쓰여 왔다. 탈레브는 책에서 '자신의 책임skin을 안고 현실문제에 참여game하라'는 뜻으로 사용했다. 여기서 스킨은 홀마다 상금skin을 걸고 그 홀의 승자가 상금을 다 가져가는 골프의 스킨스 게임과도 연관이 있다.

이 말은 자신의 결정을 직접 책임지고, 위험과 보상이 직결되며, 자신의 이익과 손실이 걸려 있어야 신뢰할 수 있다는 의미다. 정치든, 투자든, 사업이든 이익을 얻으려는 사람은 위험도 감수해야 한다는 얘기다.

탈레브는 고대 함무라비 법전을 관통하는 원칙이 '자기 행동에 책임을 지라'는 것이라고 설명한다. 예컨대 진정한 신앙은 헌신을 동반해야 하며, 믿음과 소망만 있는 신앙은 진정한 신앙이 아니라는 것이다. 그런 점에서 스킨 인 더 게임은 인도의 성자로 불리는 마하트마 간디Mahatma Gandhi가 1925년 주간지에 게재한 글에서 언급한 '나라를 망치는 일곱 가지 대죄'와 비슷한 맥락의 개념으로 이해된다.*

투자든 게임이든 직접 참가한 '선수'와 한 발 떨어져서 보는 '관전자'
는 성공과 실패, 이익과 손실을 대하는 태도가 같을 수 없다. 자기 돈
을 걸고 손실도 자신이 감당해야 한다면 함부로 행동하거나 듣기 좋은
소리만 늘어놓지 못한다. 아라비아 속담에 '가려운 곳을 가장 잘 긁을
수 있는 것은 자기 손톱이다'라는 말이 있다. 무언가를 우기고 장담하
는 사람이 있다면 그에게 돈을 걸어 보게 하라. 큰돈이나 자신의 핵심
이익을 걸게 한다면 결코 자만할 수 없다는 것이 탈레브의 지론이다.
그는 엉터리 경제 예측을 내놓고 틀려도 아무 책임을 지지 않는 '가짜
예언자들'을 강력히 비판했다. 자신의 행동에 책임을 지지 않기 때문
이다.

탐욕과 착각을 제어하는 가장 오래된 방법

• ✦ •

속담과 격언은 어느 나라든 기나긴 세월 동안 경험한 삶의 지혜와 역
사, 문화, 관습이 두루 녹아 있는 경험지식이자 삶의 지혜다. 세대와 시
대를 이어 오면서 간결하게 다듬어진 촌철살인의 문구로 세상 이치를

---

* 간디 추모공원의 기념석에 새겨진 일곱 가지 대죄는 ① 원칙 없는 정치, ② 노동 없는 부, ③
양심 없는 쾌락, ④ 인격 없는 지식, ⑤ 도덕성 없는 상업, ⑥ 인간성 없는 과학, ⑦ 희생 없는 종교이
다. 나중에 손자 아룬 간디가 책임 없는 권리를 추가했다.

쉽게 일깨워 준다. 사실 모든 학문이 세상 돌아가는 이치를 연구한다는 점에서 속담, 격언과 본질적으로 다를 게 없다. 재테크를 할 때 자신의 탐욕과 착각을 제어하는 방법으로 알기 쉬운 속담과 격언을 기억해 두면 좋다.

먼저 우리 속담에 '바다는 메워도 사람 욕심은 못 메운다'가 있다. 재화는 한정돼 있는데 욕구는 무한하다는 뜻이다. 미국 경제학자 폴 새뮤얼슨Paul Samuelson은 소유를 욕구로 나눈 것이 행복이란 방정식을 내놓았다. 분모인 욕구가 억제되지 않는 한, 소유가 아무리 늘어도 행복해지기 어렵다. 스스로 행복하다고 느끼지 못한다면 과욕과 탐욕이 싹튼다.

'산토끼 잡으려다 집토끼 놓친다'는 속담은 기회비용으로, '놓친 물고기가 커 보인다'는 매몰비용으로 풀이해 볼 수 있다. 기회비용은 어떤 선택을 함으로써 포기해야 하는 것의 가치이고, 매몰비용은 한 번 지불하면 회수할 수 없는 비용을 뜻한다. 경제학에서는 기회비용을 감안해야 합리적으로 선택할 수 있다고 가르치지만, 사람들의 행동은 그렇지 못하다. 안데르센의 동화 『인어공주』에서 인어는 사람처럼 두 다리를 얻기 위해 아름다운 목소리를 포기한다. 엄청난 기회비용을 치르고 위험한 투자를 감행한 셈이다. 주가 전망이 어두워도 이미 평가손이 큰 종목을 팔지 못하는 것은 매몰비용의 오류에 해당한다. 본전 생각이 간절하고, 팔아서 손실이 확정되는 것을 주저하는 손실회피 심리가 맞물려 있기 때문이다.

다른 나라 속담과 격언에서도 배울 게 많다. 독일 속담에 '행복은 지배해야 하고, 불행은 극복해야 한다'는 말은 반드시 기억해 둘 필요가 있다. 여기서 행복과 불행을 기회와 위험으로 바꿔도 의미가 통한다. 수익이 날 때 행복을 넘어 탐욕으로 치닫지 말아야 하고, 손실이 날 때는 낙담하다 못해 자포자기하지 말아야 할 것이다.

말레이시아 속담에는 '알지 못하면 사랑할 수 없다'는 말이 있다. 유홍준 교수가 『나의 문화유산 답사기』에 쓴 '아는 만큼 보인다'와, 생물학자 최재천 교수가 말한 '알면 사랑하게 된다'를 연상시킨다. 투자를 할 때도 그 대상을 제대로 알지 못하면 주먹구구식 투기나 당첨 확률이 희박한 복권밖에 안 된다. 그렇다고 해서 해당 종목에 자신의 모든 것을 걸 만큼 눈먼 사랑에 빠져선 안 된다.

속담은 민족의 거주 환경과 밀접하다. 중세 해상무역의 지배자였던 베네치아에는 '바다는 멀리 나갈수록 깊어진다'는 속담이 있다. 배를 먼 바다로 몰고 나가야 무역으로 더 큰 이익을 볼 수 있지만, 그런 만큼 해적이나 풍랑을 만나거나 위험에 빠질 수 있음을 비유한 말이다. 고수익에는 고위험이 따른다는 얘기다.

북극 지역에 사는 에스키모에게는 '얼음이 깨지기 전까지는 진정한 친구를 알 수 없다'는 속담이 있다. 그들에게 얼음이 깨진다는 것은 목숨이 위태로운 위기 상황이다. 그런 역경에 처했을 때 누가 도움이 되고 안 되는지 가릴 수 있다는 얘기다. 백야의 나라 핀란드에는 '아침이 오지 않을 만큼 긴 밤은 없다'는 속담이 있다. 아무리 터널이 길어도 끝이 있게 마련이다. 시장을 바라보는 투자자라면 이런 반전을 눈 부릅뜨고 찾아야 한다.

베트남에는 '코끼리를 피하는 것은 수치스러운 일이 아니다'라는 속담이 있다. 주식시장에는 크고 작은 숱한 위기가 온다. 그때마다 피할 것과 감내해야 할 것을 구별하는 혜안이 필요하다. 위기 소리만 나와도 타조처럼 머리를 파묻고 전전긍긍해서는 위기와 함께 오는 절호의 기회를 잡을 수 없다. 우리는 코로나 사태 때 이를 경험했다.

러시아 속담에 '남의 돈에는 날카로운 이빨이 있다'는 말이 있다. 직업을 통하건 투자를 통하건 돈을 버는 것은 결코 쉬운 일이 아니다. 남의 돈을 빌리거나 투자를 받을 때도 마찬가지다. 못 갚으면 엄청난 대가를 치러야 하기에 내 돈보다 더 신중하게 관리해야 한다. '늑대라면 품삯을 아주 조금 받더라도 양치기가 되고 싶어 한다'는 속담도 있다. 우리 속담인 '고양이에게 생선 맡기기'와 유사하다. 정보가 부족한 개인투자자에게 주식투자는 근본적으로 기울어진 운동장이다. 이 속담은 소위 작전세력에 의한 주가 조작, 내부자 거래, 불공정 매매, 허위정보 유포 등 주식시장에 독버섯이 많다는 점도 일깨워 준다.

브라질 속담인 '어리석은 자는 제 비용으로 배우고, 현명한 자는 어리석은 자의 비용으로 배운다'는 말은 투자와 관련지어 생각해 보면 흥미롭다. 유럽 투자가 앙드레 코스톨라니가 언급한 주식시장의 소신파 투자자와 부화뇌동파 투자자를 연상시키기 때문이다. 주식이 대부분 부화뇌동파 수중에 있으면(과매수 시장) 특별한 호재가 있어도 주가에 크게 영향을 안 미치는 대신, 나쁜 소식은 바로 엄청난 영향을 끼친다. 그러나 소신파 투자자들이 주식을 많이 갖고 있으면(과매도 시장) 좋은 소식은 아주 좋은 결과를 낳는 대신 나쁜 소식은 별로 반응을 일으키지 못한다. 이 차이를 어떻게 알 수 있을까? 주식이 세간의 화젯거리가 되면 주가가 천장에 가까워져 손을 털고 빠져나올 때다. 반대로 언론 매체들이 주식에 관해 비관적인 기사를 쏟아내고 시장의 낙관론자가 사라지면 주가가 바닥에 가까워져 거꾸로 살 때다. 주식투자로 성공하려면 당연히 소신파 투자자가 돼야 한다.

그리스 속담에는 '집안에 노인이 없다면 한 사람 빌려 와라'라는 말이 있다. 인생 경험이 많은 노인의 지혜가 그만큼 중요하다는 의미다.* 우리나라 속담에도 '노인 말 그른 데 없고 어린아이 말 거짓 없다'라고 했다. 노인의 인생 경험은 그 자체로 깊은 현장지식이 담긴 암묵지暗默知, 즉 경험지식이다. 글로 배운 형식지形式知와는 전혀 다른 차원의 지혜다.

투자 기법도 정해진 교과서나 커리큘럼이 없다는 점에서 암묵지의 영역이다. 투자 고수들의 경험과 조언을 새기면서 스스로 체득하는 길 외에는 뾰족한 방법이 없다. 그런 점에서 '청년 시절에는 노인처럼

---

* 국내 포털에서 검색해 보면 "한 노인이 숨을 거두는 것은 도서관 하나가 불타 사라지는 것과 같다"는 말이 아프리카 속담으로 소개돼 있다. 이 말은 아프리카 말리 출신 작가 아마두 함파테 바 Amadou Hampâté Bâ가 1962년 유네스코에서 행한 연설에서 나왔다. 아프리카의 교육 환경이 워낙 열악한 상황이라 노인의 경험지식과 구전 문화가 중요한 역할을 한다는 점을 강조한 말이다.

행동하고, 노인 시절에는 청년처럼 행동하라'는 중국 속담도 기억해
둘 만하다.

경제학의 '세테리스 파리부스'

경제학자들이 즐겨 쓰는 라틴어 문구가 있다. 19세기 말 영국 경제학자 앨프리드 마
셜Alfred Marshall이 『경제학원론』에서 미시경제 분석을 위해 도입한 세테리스 파리부
스Ceteris Paribus다. 이 말은 '다른 모든 조건이 동일하다면'이라는 뜻이다. 경제 현상
에 영향을 미치는 변수가 무수히 많아 이를 일일이 고려하면 경제법칙을 세우는 게
불가능하다. 그래서 특정 변수가 다른 변수에 미치는 영향을 분석할 때 나머지 변수
들은 변동이 없다고 가정한다. 경제학자들이 이런 방식으로 수요공급 법칙, 한계효
용 이론 등을 정립했으므로 세테리스 파리부스는 나름대로 쓸모가 있다.

그러나 현실 경제에서는 한 변수를 관찰하는 동안 다른 변수들이 '동작 그만' 상
태에 있지 않다. 모든 변수가 유동적이기 때문에 법칙은 예외투성이고, 예측은
번번이 틀린다. 세테리스 파리부스는 복잡한 현실을 모델화하기 위한 수단으로서
짧은 기간의 경제현상 분석에는 유용할지 몰라도, 현실과 동떨어져 있다는 문제점
을 안고 있어 경제 전체를 조망하는 데 방해가 된다는 근본적인 한계가 있다.

세테리스 파리부스의 근본적 문제점은 첫째, 현실의 복잡성을 무시한다는 점이
다. 경제학자들은 수학적 모델화에 병적으로 집착하고, 수학적으로 증명돼야만 이
론이 된다고 믿는다. 그러나 현실 경제는 복잡하기 이를 데 없다. 수많은 변수들이
상호작용하고, 경제주체들(개인, 기업, 정부)은 정해진 공식대로 행동하지 않는다. 더
구나 세계가 연결되고 네트워크화한 지금, 경제의 복잡성은 더욱 심화하고 있다. 이
런 사실을 외면하고 경제 모델을 단순화하는 데 골몰하니 오늘날 경제학이 현실에
잘 부합하는 게 오히려 이상한 일이 돼 버렸다.

둘째, 정부가 정책을 만들면 개인은 대책을 만든다. 경제정책이 의도한 결과를 가져왔다면 세상은 천국이 돼 있을 것이다. 정책 효과를 아무리 정교하게 예측한다 해도 정치인과 관료가 만드는 정책은 현실에서 예상치 못한 부작용을 낳기 마련이다. 그래서 본래 정책 의도는 온데간데없고, 오히려 부작용을 해결할 추가 정책을 내놔야 하는 상황에 처한다. 이는 또 다른 부작용을 낳는다. 예를 들어 임대차 보호 기간을 2년에서 4년으로 늘린 정책은 세입자의 주거 안정을 위해 시행됐지만 현실에서는 4년치 임대료 인상분이 더해져 전월세 가격 폭등과 임대 매물 부족 사태로 이어졌다. 법규와 정책 수립에 신중을 기해야 하고, 규제로 문제를 해결하려고 해서는 안 되는 이유다.

셋째, 이런 방식으로 경제문제에 접근하는 경제학자들은 주식시장 같은 복잡한 시스템에서 무력하게 마련이다. 주식시장은 경제법칙대로 돌아가는 세계가 아니다. 구성원들이 끊임없이 상호작용하고 그것이 증폭되는 곳이다. 주가를 움직이는 요인은 투자자 심리, 트렌드, 신기술, 국내외 경기, 금리, 통화 유동성, 환율, 기업 실적 등 너무도 다양하다. 다른 모든 조건이 동일하다고 가정하는 방식으로는 도저히 풀 수 없는 수수께끼다. 그래서 경제학자의 연구든, 정부의 경제정책이든, 국회의 입법이든 경제와 사회를 아우른 총체적 관점에서 그 효과와 부작용을 최소화하기 위해 노력해야 한다.

투자의 본질은 이미
옛 지혜에 담겨 있다 ②

그리스·로마의 2000년 유산

• ✦ •

현대 서구문명의 원형은 고대 그리스 로마 시대에 있다. 그리스 로마 시대 사람들이 남긴 지적·물적 유산이 곧 서구문명의 뿌리가 됐기 때문이다. 그리스인은 철학, 논리학, 자연과학과 고대 민주주의를 남겼고, 로마인은 팍스 로마나를 통한 법률과 제도, 건축과 인프라(도로, 수도 등), 언어와 문화 등에서 뚜렷한 모범을 전해 줬다. '근대 역사학의 아버지'로 불리는 19세기 독일 역사가 레오폴트 폰 랑케Leopold von Ranke가 "고대의 모든 역사가 로마라는 호수로 흘러 들어갔고, 근대의 모든 역사가 다시 로마의 역사에서 흘러나왔다"라고 말했을 정도다.

인류 역사시대의 시작은 메소포타미아 지역에서 문자가 발명된 기원전 3000년경이다. 기록이 남아 있는 역사시대의 기간이 약 5,000년 정도인데, 그리스 로마 문명이 이어진 시기가 그 기간의 거의 절반에 걸쳐 있다. 고대 그리스 문명이 태동한 기원전 1100년께부터 동로마 제국(비잔티움제국)이 멸망한 1453년까지 이어 갔으니 그 영향이 지대할 수밖에 없다. 특히 2000년 넘게 존속한 로마는 인류 문명의 기저를 이루는 핵심 중의 핵심이다. 가톨릭 사제이자 바티칸 대법원 변호사인 한동일 교수는 『법으로 읽는 유럽사』에서 "로마는 여전히 고급한 이론부터 저급한 코미디에 이르기까지 우리가 세계를 이해하고 자신에 관해 생각하는 방식을 규정하는 데 도움을 준다"라고 단언했다.

특히 로마의 공식 언어였던 라틴어는 학문과 종교의 언어로 깊숙이 들어와 있다. 동양 고전을 이해하려면 한자를 반드시 알아야 하듯이 서양 고전을 배우려면 라틴어가 필수적이다. 철학자 르네 데카르트Rene Descartes의 '나는 생각한다. 고로 존재한다'는 '코기토 에르고 숨Cogito, ergo sum'이라는 라틴어 관용구를 번역한 말이다. 이마누엘 칸트Immanuel Kant의 '선천적, 선험적先驗的'이라는 철학 개념은 '아 프리오리a priori'라고 한다.

물론 라틴어는 오늘날 일상에서 쓰지 않는 사어死語다. 그러나 영어, 프랑스어, 독일어, 이탈리아어, 스페인어 등 유럽의 거의 모든 언어가 라틴어에 뿌리를 두고 있다. 우리말 개념어가 대부분 한자어이듯, 유럽에서 개념어는 대부분 라틴어에서 왔다. 지금도 가톨릭에서는 라틴어로 미사를 집전한다. 바흐, 헨델, 모차르트 등 위대한 작곡가들의 미사곡과 성가의 가사도 라틴어로 돼 있다.

지성의 전당이라는 대학의 슬로건 중에도 라틴어가 많다. 서울대의 표어는 'Veritas Lux Mea(진리는 나의 빛)'로, '베리타스 룩스 메아'라고 읽는다. 연세대의 슬로건인 요한복음 8장 32절 '진리가 너희를 자유케 하리라Veritas vos Liberabit'는 한글과 라틴어를 함께 표기한다. 예수회가 설립한 서강대는 교훈이 '진리에 순종하라Obedire Veritati'이다. 미국 대학에서는 수석 졸업을 '숨마 쿰 라우데Summa cum laude'라고 한다.

모든 법은 로마로 통한다

• ✦ •

'모든 길은 로마로 통한다'는 말이 있듯이, 오늘날 모든 국가의 법률은 로마법에 기초한다고 해도 과언이 아니다. 로마인은 2,000여 년 전에 이미 현대의 법률에 버금가는 수준의 정교한 법체계를 만들었다. 오늘날 적용되는 형법의 고의와 과실의 구별, 민법의 계약, 재산권, 책임원칙, 송사 절차 등의 뿌리를 로마법에서 찾을 수 있을 정도다.

고대국가들이 '네가 네 죄를 알렸다' 식의 원님 재판에 머물러 있을 때 로마는 거대한 건축 못지않게 법의 기초부터 단단하게 쌓아 올렸다. 거대 제국을 경영하기 위해 무엇보다 만민 평등의 공정한 법률이 필요했기 때문이다. 19세기 독일 법학자 루돌프 폰 예링Rudolf von Jhering은 『로마법의 정신Der Geist des Römischen Rechts』에서 "로마는 첫째 무력으로, 둘째 기독교로, 셋째 법으로 세계를 세 번 지배했다"라고 썼다. 한동일은 "로마가 법으로 세계를 지배할 수 있었던 것은 로마법이 일찍부터 발달한 이유도 있었지만, 법 내용이 시대를 초월해 인류가 추구해야 할 보편적 가치와 이상을 담았기 때문"이라고 설명했다.

로마 시대부터 통용된 라틴어 법언法諺(법과 관련한 지혜를 응축한 속담·격언)은 오늘날에도 널리 쓰인다. 현대 법치주의의 근간이 된 '누구도 법 위에 없다Nemo est supra legem'를 비롯해, 근대 무죄추정 원칙의 최초 버전인 '의심스러울 때는 피고인의 이익으로In dubio pro reo', 민법과 국제법의 대원칙인 신의성실 원칙을 의미하는 '약속은 지켜져야 한다Pacta sunt servanda' 등이 있다. 거부권을 가리키는 비토veto, 외교상 기피인물을 뜻하는 페르소나 논 그라타Persona non grata, '평화를 원하거든 전쟁을 준비하라Si vis pacem, para bellum' 역시 라틴어에서 왔다. 호모 사피엔스Homo sapiens를 비롯한 생물 분류체계도 라틴어를 따른다.

오늘날 일상용어에서도 라틴어는 흔히 발견된다. 언제 어디에나 있다는 뜻의 유비쿼터스Ubiquitous, 최고를 지칭하는 옵티머스Optimus, 배역과 가면을 의미하는 페르소나Persona, 여신 또는 오페라 여주인공을 지칭하는 디바Diva, 사랑을 가리키는 아모르Amor, 물을 뜻하는 아쿠아Aqua 등이 있다.

인생과 투자의 지혜를 담은 경구

• ✦ •

선진 문명이 긴 역사를 지속하면 깊이 숙성된 지혜를 남긴다. 특히 교만, 자만, 허점, 편향 등 인간 본성과 세상의 흥망성쇠에 대한 지식 면에서 지금보다 더 깊이가 있었다. 그런 점에서 인생을 살아가며 음미해 볼 만한 고대의 경구警句들이 많다.

라틴어 3대 경구로 꼽히는 '카르페 디엠, 아모르 파티, 메멘토 모리'는 지금을 충실히 살고, 운명을 받아들이며, 삶의 유한함을 염두에 두고 시간을 허비하지 말라는 교훈을 준다. 고대 그리스의 격언인 '파테 마타 마테마타'는 고통이 성장이 된다는 삶의 진실을 담고 있다. 고대 페르시아 우화에서 유래했다고 전해지는 '이것 또한 지나가리라'는 많은 이들이 인생의 경구로 기억한다. 고대의 지혜는 오늘날에도 인생의 지혜이자 투자의 지혜로 유효하며 그 어떤 재테크 서적보다 도움이 된다.

카르페 디엠Carpe Diem

영화 〈죽은 시인의 사회〉에서 키팅 선생이 학생들에게 알려 준 이 말은 너무도 유명해서 긴 설명이 필요 없다. '오늘을 붙잡아라' 즉 '오늘에 충실하라'는 의미다. 이 경구는 기원전 1세기 로마 시인 호라티우스Horatius의 시 〈송가頌歌〉의 마지막 구절("오늘을 붙잡아라. 내일이라는 말은 최소한만 믿고")에 나온다. 한동일은 『라틴어 수업』에서 카르페 디엠을 "정신적인 쾌락, 즉 충만한 삶과 흐트러지지 않는 영혼의 평화로운 상태, 동양식으로 표현하면 안분지족安分知足에 해당한다"라고 해석했다.

카르페 디엠은 본래 농사에 관한 은유다. 과실을 수확하는 과정은

굉장히 고되고 힘들지만 한 해 동안 땀 흘린 농부에게 추수란 비교할 수 없는 행복이다. 그래서 '즐기다, 누리다'란 의미가 더해져 오늘을 즐기라는 의미가 됐다는 게 한동일의 설명이다. 호라티우스가 살던 시대에 로마의 첫 황제가 된 옥타비아누스가 오랜 내전과 전쟁을 승리로 이끌고 강력한 제정을 구축함으로써 '팍스 로마나(로마에 의한 평화)'가 찾아왔다. 호라티우스는 오랫동안 큰 고통을 겪은 로마 시민들에게 이제는 마음 편히 오늘을 즐기며 살아가라는 의미로 썼던 것이다.

카르페 디엠을 주식투자 관점에서 보면 오늘을 붙잡으라는 말은 기회를 놓치지 말라는 말과 통한다. 급변하는 주식시장에서 투자 기회는 순식간에 지나가 버린다. 순간 포착의 혜안이 없다면 매번 뒷북만 칠 수밖에 없다. 기본 지식을 갖추고 기회를 잡으려는 의지와 노력이 있어야 조금이나마 수익을 기대할 수 있는 곳이 주식시장이다. 그래서 주식투자는 너무 성급해도 안 되지만 너무 굼떠도 안 된다.

단기간에 얼마를 벌었느냐는 중요하지 않다. 누구든 한두 번은 투자 종목에서 이익을 낼 수 있다. 그러나 장기간 이익을 내는 것은 이만저만 어려운 일이 아니다. 투자를 한 번 하고 말 게 아니라면 1년, 5년, 10년 동안 장기적으로 수익을 내는지 스스로 돌아봐야 한다.

주식투자는 일종의 합법적인 도박과도 같다. 포커, 고스톱 같은 노름을 해본 사람은 알 것이다. 도박은 그 과정을 즐기는 수준으로만 해야지, 이를 생활수단으로 삼으면 패가망신한다. 불확실성(무슨 패가 나올지 모르는 상황) 속에 확률에 기대고, 위험을 감수하며 확실한 물건(돈)을 거는 것이 도박이다. 이런 게임에 강한 흥미를 느끼는 사람은 주식투자를 할 때도 몰빵 투자를 하기 쉽지만, 결코 자신의 모든 것을 걸어서는 안 된다.

투자가 아무리 중요해도 인생에는 가족, 일, 친구 등 그보다 더 의미 있고 중요한 것이 많다. 빚 내서 투자해 놓고 밤잠을 설치고, 그로 인한 스트레스로 가정과 일에까지 영향을 미친다면 이는 스스로를 망치는 길이다.

앙드레 코스톨라니가 직접 말한 적은 없지만 그가 설파한 철학의 핵심이 바로 '카르페 디엠'이다. 헝가리 출신 유대인 코스톨라니는 '주식 도사'라고 불렸지만 그 별명을 별로 달가워하지 않았다. 그는 "돈만 생각했다면 오랜 세월과 전쟁, 경제공황 속에서 살아남지 못했을 것"이라고 회고했다. "일단 주식과 사랑에 빠지면 인생의 많은 다른 것을 보지 못한다." 소위 '투자 귀신'*에 사로잡히고 만다는 것이다. 그는 돈이 아니라 독립적인 삶을 추구했다. "물질적 자유는 내가 좋아하지 않는 사람에게, 그리고 특히 나를 좋아하지 않는 모든 사람에게도 괴테를 인용할 수 있는 정신적 자유를 주었다." 카르페 디엠!

---

* 　20세기 유럽 최고의 투자가로 꼽히는 코스톨라니가 언급한 표현으로, 독일어 원어는 '뵈르젠토이펠Börsenteufel'이다. 뵈르제Börse는 주식시장, 토이펠Teufel은 악마 귀신을 뜻한다. 영어로는 Stock Market Devil, Investment Demon 등으로 번역됐다. 투자자의 객관적, 이성적 판단을 흐리는 집단심리, 탐욕, 공포, 망상 등의 심리적 요소를 가리킨다.

아모르 파티 Amore Fati

아모르는 사랑love, 파티는 운명fate이다. 아모르 파티는 직역하면 '운명을 사랑하라'는 뜻이다. 고통, 상실 등으로 현실이 아무리 힘들더라도 당신의 운명을 긍정하고 사랑하라는 것이다.

호메로스Homeros의 『오디세이아』에서 주인공 오디세우스는 고향 이타카(그리스 서부 이오니아 제도의 섬)로 돌아가는 과정에서 숱한 고난과 역경을 겪으면서 부하들에게 "이것도 언젠가 추억이 되리라. 네 운명을 사랑하라"라고 격려했다. 아모르 파티는 독일 철학자 프리드리히 니체의 영원회귀 사상과 연관이 깊다. 인간이 살면서 다가오는 고통, 상실, 슬픔 등의 운명을 조건 없이 긍정하는 삶의 자세를 가리킨다. 모든 게 정해져 있다는 자포자기식 숙명론이 아니라, 자기 운명에 무슨 일이 닥칠지 모르지만 그것을 자기 삶을 책임지고 역경을 극복해 나가는 힘으로 삼을 때 새로운 가능성이 열리고 창조성이 나온다는 것이다. 성공한 사람들의 공통점은 자신의 불우한 운명을 겸허히 받아들이고 길을 모색했다는 점이다. 피할 수 없으면 즐기라는 말과도 통한다. '피할 수 없으면 즐겨라'를 카르페 디엠으로 설명하곤 하지만, 이는 아모르 파티에 더 가깝다.

아모르 파티를 주식투자 관점에서 생각해 보자. 투자는 내가 선택한 것이고, 손익은 내 선택의 결과다. 성공에 자만하지 말아야 하고, 실패 겸허히 수용해야 한다. 주식투자의 손익을 운명이라고 받아들이면 마음이 편하다. 오히려 손실을 입은 경험을 교훈으로 삼아야 실력이 발전하고 수익도 낼 수 있다.

주식시장에서 특정 종목, 섹터의 상승은 워런 버핏이나 일론 머스크 같은 특정 인물이 만들 수 있지만 폭락장에서는 누구도 할 수 있는 일이 없다. 시장을 거스르려고 하지 말고 순응하는 자세도 필요하다. 내 투자 성과는 무수한 다른 사람들에 의해 결정되기 때문이다. 아모르 파티를 외치며 자신의 운명을 긍정적으로 받아들인다면, 주식투자를 할 때도 스스로 노력하고, 공부하고, 감당하고, 이겨내야 한다. 남이 대신해 줄 수 없다. 그렇게 경험이 쌓이면 어느덧 웬만한 상황에서는 쉽게 흔들리지 않는 자신을 발견하게 될 것이다.

메멘토 모리 Memento Mori

메멘토는 기억이고, 모리는 죽음이다. 즉 메멘토 모리는 '죽음을 기억하라'는 뜻이다. 인간의 삶은 유한하기에 누구나 언젠가는 죽는다. 반드시 죽을 것임을 기억하고 지금 당장의 작은 성취나 조그만 승리에 자만하지 말라는 의미를 담은 말이다.

메멘토 모리는 로마시대의 일화에서 유래했다. 전쟁에서 이기고 돌아온 장군이 네 마리 백마가 끄는 화려한 전차를 타고 로마 시내로 입성할 때, 옆에 태운 노예로 하여금 끊임없이 자신의 귀에 이 말을 외치게 했다고 한다. 지금은 모든 것을 다 가진 듯한 영예로운 개선장군이지만 당신은 신이 아닌 인간이고, 언젠가 죽을 테니 우쭐대지 말라고 자기 자신을 일깨운 것이다. 인간은 틈만 나면 남들 앞에서 잘나 보이고 싶어 하는 존재다. 사람을 파멸로 몰고 가는 휴브리스는 '오만, 자만, 교만, 거만'이라는 4형제를 거느리고 다가온다. 17세기 번영을 구가하던 네덜란드에서는 화려한 물건들 사이에 해골을 넣은 '바니타스Vanitas(덧없음, 헛됨)' 장르의 정물화가 유행하기도 했다.

미치 앨봄Mitch Albom의『모리와 함께한 화요일』에는 루게릭병을 앓으면서도 메멘토 모리의 자세로 산 저자의 스승 모리 슈워츠 브랜다이스대 교수의 일화가 나온다. 슈워츠 교수는 이렇게 말했다. "매일 아침 어깨에 작은 새가 있다고 상상하고, 그 새에게 '오늘 생이 끝나느냐?'라고 물어보라. 어떻게 죽어야 할지 알면 어떻게 살지도 배울 수 있다. 죽음을 기억하고 준비하는 것이 현재를 살아갈 수 있는 힘이다." 살아갈 날이 유한하고 정해져 있음을 깨달아야 삶의 소중함을 알고 하루하루 최선을 다하게 된다는 것이다.

스티브 잡스는 2005년 스탠퍼드대 졸업식에서 행한 유명한 연설에서 죽음을 기억하는 것이 삶의 많은 선택에서 중요한 도구 역할을 했음을 강조했다. "나는 33년 동안 매일 아침 거울을 보면서 나 자신에게 물었다. 오늘이 인생의 마지막 날이라면 내가 오늘 하려고 하는 일을 할까? 그리고 아주 여러 날 동안 계속해서 '아니다'라는 답이 나오면 나는 뭔가를 바꿔야 한다는 점을 깨달았다."

로마의 공동묘지 입구에는 '오늘은 나, 내일은 너Hodie mihi, cras tibi'라는 글귀가 새겨져 있다. 메멘토 모리와 마찬가지로, 살아 있는 모든 이에게 죽음을 생각하면서 자신의 삶을 돌아보라는 뜻이다. 우리나라 천주교 대구대교구 사제 묘역 입구에도 이 글귀가 있다. 미국 원주민 나바호족의 죽음에 대한 경구도 기억할 만하다. "네가 세상에 태어날 때 너는 울었지만 세상은 기뻐했으니, 네가 죽을 때 세상은 울어도 너는 기뻐할 수 있는 삶을 살아라."

투자의 관점에서 메멘토 모리도 항상 기억해야 할 경구다. 첫째, 우리가 언젠가 죽듯이 모든 파티도 언젠가는 끝난다. 기업이든, 산업이든, 국가경제든 한없이 성장하는 것은 없다. 지구상의 모든 유기체가 생로병사, 흥망성쇠를 겪듯이 주가도 마찬가지다. 시세가 분출한다고 해도 그것도 언젠가는 시들해진다는 점을 염두에 둬야 한다.

둘째, 내 인생은 내가 사는 것이며, 집단심리에 휩쓸리지 말아야 한다. 남들이 다들 좋다고 하는 것이 반드시 내게도 좋은 것은 아니다. 반대로 남들이 다 망했다고 할 때 오히려 기회가 온다. 인간은 다수에 속해야 편안함을 느끼는 존재지만, 내가 다수에 속해 있을 때가 오히려 위험한 상황은 아닌지 의심해 봐야 한다.

셋째, 겉모습이 아니라 본질에 집중해야 한다. 후회에 휩싸여 과거에 연연하지 말고, 지금 벌어지는 일의 의미에 집중해야 한다.

넷째, 강세장에서 번 수익은 결코 내 실력으로 얻은 것이 아니다. 밀물이 들어오면 모든 것이 수면 위로 떠오른다는 점을 명심하라. 물이 빠졌을 때 바닥의 쓰레기가 드러나듯, 약세장에서 본인의 실력이 드러난다. '교만은 패망의 선봉'이라는 성서 잠언 16장 18절이 딱 들어맞는 곳이 주식시장이다.

파테마타 마테마타^{Pathemata Mathemata}

고대 그리스 사람들이 자주 했던 그리스어 경구로, 직역하면 '고통으로부터 배운다', '경험으로부터 배운다'는 뜻이다. 삶의 고통과 고난을 겪어야 성장한다는 의미로 통용된다. 살아가면서 맞닥뜨리는 투쟁과 도전은 귀중한 교훈을 주고, 개인의 성장에 도움이 된다. 근육이나 뼈를 자주 써야 튼튼해지듯, 인간의 정신과 의지도 고난을 통해 더 강해진다.

파테마타 마테마타는 나심 탈레브가 『안티프래질』에 인용하면서 널리 알려졌다. 탈레브는 외상 후 스트레스 장애^{PTSD, post-traumatic stress disorder}라는 의학용어에 빗대어 파테마타 마테마타를 '외상 후 성장'이라고 설명했다. 이 격언은 고대 그리스에서 널리 통용됐지만 누가 처음 한 말인지는 알 수 없다. 다만 기원전 5세기 극작가 아이스킬로스^{Aeschylus}*의 비극을 관통하는 개념이 '고통을 통한 배움(파테이 마토스^{Pathei mathos})'이고, 당시 그리스인들이 숱한 전쟁을 겪었기에 자연스레 깊이 공감하는 격언이 된 것으로 보인다. 아이스킬로스의 대표작 『오레스테이아 3부작』 가운데 「아가멤논」에는 "그분(제우스)께서는 인간을 지혜

---

* 아이스킬로스(기원전 525~기원전 456)는 아테네 출신의 고대 그리스 극작가이자 현재 작품이 남아 있는 최고^{最古}의 작가다. 소포클레스, 에우리피데스와 함께 3대 비극 작가로 꼽히며, 디오니소스 축제의 연극 경연대회에서 총 열세 번 우승했다. 페르시아 전쟁의 유명한 마라톤 전투(기원전 492), 살라미스 해전(기원전 482)에 참전했다. 발표 작품이 90여 편에 달하지만 비극 일곱 편만 전해진다. 『오레스테이아 3부작』(「아가멤논」, 「제주를 바치는 여인들」, 「자비로운 여신들」), 『사슬에 묶인 프로메테우스』 등이 있다.

로 이끄심에 고뇌를 통하여 지혜를 얻게 하셨으니, 그분께서 세우신 이 법칙은 언제나 유효하도다"(176~178행, 천병희 역)란 구절이 있다.

사람들은 힘들고 고통스러우면 보통 그 상황을 피하거나 외면하려고 하지만, 피한다고 힘든 처지가 달라지지는 않는다. 오히려 고통을 이겨내고 나면 분명히 배우는 것이 있다. 한마디로 '아픈 만큼 성숙해진다.' 실연당했을 때, 계획이 실패했을 때, 큰 손해를 봤을 때는 고통스럽지만 시간이 지나고 나면 달라진 자신을 발견하게 된다. 영어 격언 '고통 없이는 얻는 것도 없다No pain, no gain'도 비슷한 의미다. 인생 자체가 고단한 것이고 고통의 연속이기에 이를 피할 길이 없다. 그러나 경험할수록 여유가 생기는 게 인생이기도 하다.

주식투자는 그 어떤 경제·금융지식보다 실전 경험이 훨씬 더 중요하다. 진짜 주식 고수는 경제학·경영학 박사가 아니라 소위 '산전수전, 공중전까지 다 겪은 사람'이다. 주식투자에는 정해진 법칙이나 공식이 없어 자꾸 실패를 경험해 봐야 제대로 알게 된다. 그래서 주식투자는 그 자체로 파테마타 마테마타의 성격을 띤다. 앙드레 코스톨라니는 "주식 거래에서의 손실(-)은 경험상으로 보면 수익(+)이다. 투자에서 얻은 돈은 고통의 대가로 받은 돈, 즉 고통의 결과다. 처음에는 생각한 것과 다르다가 마지막에 가서야 생각하던 것처럼 된다"라고 했다. 실패를 통해 얻은 경험은 그 자체로 자신에게 값진 자산이고 실력을 키우는 기회가 된다. 다만 절대 원금을 다 날려서는 안 된다. 그러면 더 이상 기회가 없기 때문이다.

19세기 미국 금융가이자 투기꾼으로 악명 높았던 대니얼 드루^{Daniel} Drew는 "주식시장은 경험이 많으면 돈을 얻고 돈이 많으면 경험을 얻는 곳"이라고 재치 있게 표현했다. 주식시장은 단순히 투자하는 곳이 아니라 인간의 심리와 탐욕이 복잡하게 얽힌 곳이기에, 투자해 본 사람이면 이 말을 금방 이해할 것이다. 세이노(필명)는 『세이노의 가르침』에서 "외로움은 언제나 고통을 수반한다. 외로움의 고통을 즐겨라. 그 고통 없이 부자가 되는 테크닉을 나는 모른다"라고 조언했다.

이것 또한 지나가리라 Et hoc transibit

'이것 또한 지나가리라'는 좋은 일이건 나쁜 일이건 시간이 흐르면 다 지난 일이 될 테니 함부로 교만하거나 낙담하지 말라는 깊은 뜻을 담고 있다. 기쁘다고 지나친 흥분은 금물이고, 슬프다고 너무 좌절하는 것 역시 지양하라는 경구다. 몇 단어 안 되는 문장일 뿐인데 양극단의 상황에 모두 어울리는 절묘한 표현이다.

이 경구는 영국의 시인 겸 번역가 에드워드 피츠제럴드^{Edward FitzGerald}가 1852년 '솔로몬의 봉인'이라는 우화에서 언급해 알려졌다. 에이브러햄 링컨 대통령이 1859년 연설에서 동방 군주의 일화라며 이 문장을 언급한 적도 있다. 피츠제럴드가 소개한 우화에 따르면, 동방의 왕(술탄)이 솔로몬 왕에게 좋을 때나 나쁠 때나 항상 참인 문장을 요청하자 솔로몬이 '이것 역시 지나갈 것이다'라고 답했다고 한다. 다른 버전에서는, 다윗 왕이 반지 세공사를 불러 항상 자만을 경계하면서 좌절

할 때는 용기를 주는 문구를 새겨 넣으라고 지시하자 세공사가 고민 끝에 다윗의 아들 솔로몬 왕자를 찾아가 이 문구를 받았다고 한다.

하지만 이 우화는 솔로몬이나 다윗이 직접 겪은 일화가 아닐뿐더러 성서와도 무관하다고 한다. 오래전부터 민간에 전승되어 오다 보니 조금씩 다른 버전의 이야기가 여럿 있다. 유대교의 성경 해석 방법인 '미드라시'에도 비슷한 개념으로 세상만사가 변한다는 내용이 있다고 한다. 불교의 '제행무상諸行無常(모든 것이 변한다)', 중국 사자성어 '물극필반 物極必反(사물이나 형세가 극에 달하면 반드시 반전한다)'과도 통한다.

학자들은 '이것 또한 지나가리라'의 원조가 고대 페르시아에서 생겨 났다고 추정하고 있다. 오래전부터 수피(이슬람 신비주의) 시인들의 작품 에 비슷한 문구가 종종 등장했고, 번역가인 피츠제럴드가 이를 소개했 다고 보고 있다. 내용은 다음과 같다. 페르시아의 한 강력한 군주가 현 자들을 모아 놓고 슬플 때 자신을 행복하게 해줄 문구를 담은 반지를 부탁했다. 현자들이 숙고에 숙고 끝에 '이것 또한 지나가리라'라는 문 구를 새긴 단순한 반지를 건넸는데 군주가 매우 기뻐했다고 한다.

짧지만 울림이 큰 이 말은 마음속에 새길수록 더욱 깊이가 느껴진 다. 투자자라면 늘 명심해야 할 경구이기도 하다. 주식시장은 터뷸런 스처럼 급등락을 거듭하고, 지독한 악재가 끝났나 싶으면 더 지독한 악재가 터지는 곳이다. 세계적인 인플레이션 걱정이 좀 잦아드나 싶 더니 트럼프 2기 행정부의 관세 폭탄으로 경제와 주식시장이 한동안 시름에 잠겼다. 그러나 세상의 모든 일에는 다 양면성이 있다. 빛이 있으면 어둠이 있고, 밀물이 있으면 썰물이 있고, 좋을 때가 있으면 나쁠 때도 있는 법이다. 강세장bull market이 한없이 계속될 리 없듯이, 약세장 bear market이 영원히 가지도 않는다. 탐욕의 시간도, 공포의 순간도 다 지나가게 마련이다.

주식투자에서 가장 필요한 요소는 정보나 금융지식이 아니라 시장에서 오래 버틸 수 있는 인내와 끈기다. 아울러 남들의 말에 쉽게 휘둘리지 않는 주체성과, 자신이 선택한 종목을 중고등학생에게도 쉽게 설명할 수 있을 정도의 이해와 자신감이 필요하다. 하지만 인내와 끈기는 자칫 옹고집이 되고, 자신감과 주체성이 지나치면 독선으로 빠질 수도 있다. 그럴 때마다 자신과 시장을 장기적 관점에서 객관적으로 바라볼 수 있어야 한다. 이것 또한 지나가리라 믿으면서.

03

투자에는
하차 안내방송이 없다

세 개의 반지

• ✦ •

요즘은 반지의 용도가 결혼반지, 돌반지 정도지만 옛날에는 매우 중요한 징표이자 장신구였다. 기원전 4000년 이래 수메르, 이집트, 그리스, 로마 등에서 반지는 도장과 같은 인장印章 역할을 했다. 유럽에서는 일찍이 신비한 힘을 가진 부적이나 왕권의 상징으로 인식돼 왔다. 특히 기독교 문화에서는 삼위일체(성부·성자·성령)를 상징하며 하느님과의 계약을 나타내는 징표이기도 하다. 교황이 끼는 반지는 초대 교황 베드로가 본래 어부여서 '어부의 반지'라고 불리는데, 바티칸의 옥새 역할을 한다.

인류 역사에서 이렇게 중시돼 온 반지는 숱한 신화와 전설, 소설의 모티프가 됐다. 반지 하면 먼저 떠오르는 것이 J. R. R. 톨킨J.R.R. Tolkien 의 소설 『반지의 제왕』이다. 암흑의 군주 사우론의 절대반지를 파괴하는 임무를 맡은 호빗족 프로도를 비롯한 반지원정대, 탐욕과 집착의 상징인 골룸, 마법사 간달프, 왕이 되는 아라곤, 요정(엘프)족 용사 레골라스 등이 펼치는 장대한 스토리는 영화로도 만들어져 세계적으로 대히트했다.

괴물 골룸은 '내 보물My precious!'을 외치며 절대반지에 극도로 집착한다. 선량한 프로도조차 마지막 순간에 임무를 망각하고 손에 낀 절대반지를 용암 속에 던져 넣기를 망설인다. 모두가 절대반지의 유혹에 홀렸고, 아무도 없애지 못한다. 결국 프로도와 골룸이 화산 용암 앞에서 서로 반지를 가지려고 다투다 얼떨결에 떨어뜨려 파괴됐을 뿐이다. 프로도와 골룸의 모습은 선과 악, 인간의 불완전성과 양면성에 대한 상징처럼 느껴진다. 절대반지가 없을 때는 사납던 골룸이 얌전한 프로도가 되고, 절대반지 앞에서는 선량한 프로도가 탐욕스런 골룸으로 변한다.

이런 대작을 쓴 톨킨의 솜씨가 정말 놀랍지만, 반지라는 모티프는 북유럽 게르만족의 전설 〈니벨룽의 노래〉에서 가져왔다. 〈니벨룽의 노래〉는 5~6세기부터 구전으로 전승돼 오다 12세기에 대서사시로 정리됐다. 이를 바그너가 각색한 작품이 오페라 〈니벨룽의 반지〉다. 황금반지를 둘러싼 권력과 사랑의 장대한 서사시다.

소인족 니벨룽족의 수장 알베리히가 라인강 밑바닥에서 세 처녀가 지키고 있던 황금을 훔쳤다. 그는 이 황금으로 반지를 만들면 세상을 지배할 힘을 갖게 된다는 사실을 알고 나서 황금반지를 만든다. 그러나 불의 신에게 황금반지를 빼앗기자 알베리히는 '반지를 가진 자는 파멸한다'는 저주를 건다. 훗날 영웅 지크프리트가 반지를 지키던 용을 죽이고 황금반지를 손에 넣은 뒤 부르군트족 군터 왕의 누이동생 크림힐트와 결혼한다. 그러나 한때 지크프리트와 결혼을 생각했던 아이슬란드 여왕 브륀힐트의 복수심과 기사 하겐의 배신으로 지크프리트는 죽고 만다. 그러자 크림힐트는 훈족의 왕 에첼과 결혼해 지크프리트의 복수를 계획한다. 결국 훈족과 부르군트족 간의 혈투 끝에 두 민족이 모두 멸망하고 만다. 알베리히의 저주대로 반지 탓에 모두 파멸한 것이다.

하지만 니벨룽의 반지도 최초의 반지 스토리가 아니다. 황금반지 모티프는 고대 그리스까지 거슬러 올라간다. 플라톤Platon의 『국가론』에 나오는 '기게스의 반지'가 절대반지와 황금반지의 원형原型이다. 플라톤 역시 전설에서 따 왔으므로 그전부터 절대반지 이야기가 존재했음을 알 수 있다.

전설에 따르면 기게스는 리디아의 왕 칸다울레스를 섬기는 목동이다. 어느 날 갑자기 지진이 일어난 후 동굴이 생겼다. 기게스가 호기심에 동굴로 들어가 보니 거인이 죽어 있는데 손가락에 금반지가 끼워져 있었다. 기게스가 반지를 들고 나와 손가락에 끼고 이리저리 돌리다 우연히 반지를 한쪽으로 돌리면 자신의 모습이 사라지고 반대로 돌리면 다시 나타난다는 사실을 알게 된다. 투명인간이 되는 능력을 얻은 기게스는 마법의 반지를 끼고 왕궁에 들어가 왕비를 겁탈하고 왕을 살해한 뒤 리디아의 왕이 된다.

이렇게 세 개의 반지는 절대 권력을 둘러싼 다툼, 자신을 보이지 않게 하는 힘, 반지를 거머쥔 사람의 파멸을 상징한다. 반지를 둘러싼 이야기는 권력욕과 재물욕은 인간의 본성이고, 이런 탐욕이 과하면 반드시 대가를 치른다는 교훈을 전한다.

최초의 투기꾼

· ✦ ·

역사상 처음으로 투기했다고 기록된 사람은 목숨을 건 투기를 한 이집트의 요셉이다. 유능하고 수완이 좋은 요셉은 꿈에서 본 7년 풍년과 7년 흉년의 결과를 곧바로 깨달았다. 그는 풍년에 남아도는 곡식을 대량으로 저장한 뒤 흉년이 이어지자 비싼 값에 되팔았다. 그가 이미 4,000년 전에 과잉 생산물을 저장하여 미래에 있을 결손을 충족하려한 계획경제의 아버지였는지, 또는 상품을 사놓았다가 훗날 더 비싼 값으로 되판 투기꾼이었는지에 대해서는 지금까지 의견이 분분하다.

이는 앙드레 코스톨라니의 『돈, 뜨겁게 사랑하고 차갑게 다루어라』에 나오는 내용이다. 성서의 창세기 인물 요셉은 아버지 야곱의 총애를 받는 열한 번째 아들이었다. 그러나 요셉을 질투한 이복형들에 의해 이집트에 노예로 팔려 갔다. 요셉은 노예였지만 비상한 두뇌와 수완으로 파라오가 꾼 불안한 꿈을 해몽해 주고 이집트의 이인자 자리에까지 올랐다. 파라오에게 전권을 위임받은 요셉은 7년의 풍년기에 대대적으로 식량을 비축하고 7년의 흉년기에 곡식을 풀어 이집트를 기아에서 모면시켰다. 이런 요셉의 행적을 코스톨라니는 인류 기록에 나오는 최초의 투기로 본 것이다.

물론 요셉의 식량 비축을 문자로 기록된 최초의 투기로 보는 것은 무리한 시각이다. 자기 이익을 챙긴 게 아니라 재난으로부터 나라와 백성을 구하기 위해 취한 조치였기 때문이다. 이보다는 조선시대에 박지원의 『허생전』에 나오는 매점매석이 좀 더 투기에 가까울 것이다.

어쨌든 코스톨라니가 언급하고 싶었던 점은, 탐욕과 투기가 증권거래소가 등장한 이후에 생겨난 금융 현상이 아니라 훨씬 전부터 존재했다는 사실이다. 사람은 교환본능을 갖고 있고, 거래가 이뤄지는 곳이라면 언제 어디서든 더 큰 이익을 얻기 위한 투기가 생겨날 수 있다는 얘기다. "인생은 투기이고, 투기는 인간과 함께 탄생했다"라는 19세기 미국 상인 케네^{Kane}의 말이 웅변하는 대로다.

투기의 역사를 정리한 에드워드 챈슬러^{Edward Chancellor}는 『금융투기의 역사』에서 인류 역사상 최초의 투기가 기원전 2세기 로마에서 일어났다고 본다. 당시 로마는 오늘날 뉴욕 맨해튼처럼 세계 각지의 돈이 집중되는 금융 중심지였다. 모든 길이 로마로 통하듯, 정교한 체계를 갖춘 로마법 아래 시장이 번성했다. 신용 개념이 형성되고, 외환거래가 등장하고, 환어음으로 국경 너머까지 자금 결제가 가능해지고, 부의 과시와 도박이 일상화됐다. 이런 배경 아래 조세 징수 청부업자들의 조직인 '푸블리카니Publicani'는 주식회사의 주식과 비슷한 파르테스partes 와 채권을 사고팔았다. 파르테스는 가격이 변동하므로 오늘날 투기와 비슷한 일도 충분히 벌어질 수 있었다.

로마의 철학자이자 정치가 키케로Cicero는 몇 차례 모험을 시도해 상당한 부를 축적했고 그의 명성이 로마에 투자 붐을 일으킬 정도였다. 그의 투자 강연은 원로원과 귀족들에게 인기가 높았다. 키케로는 "부실한 푸블리카니의 주식을 사는 것은 보수적인 사람이라면 피하는 도박과 같다"라고 했다. 오늘날 가치투자 고수가 하는 강연 내용 같지 않은가?

로마가 제정시대에 들어서면서 중앙집권이 강화돼 푸블리카니가 위축됐고, 종교가 득세한 중세에는 고리대금업과 이윤 추구를 부도덕한 행위로 금기시해 기록될 만한 투기 현상이 별로 없었다. 그러나 3세기 로마에서 통화량 증가로 인한 인플레이션과 금융위기로 대혼란을 겪은 사실을 보면, 인간의 투기 본능이 사라진 것은 전혀 아니었다. 중세에도 베네치아, 제노바 등 이탈리아 반도의 도시국가들에서 징세 업무를 담당한 몬티monti라는 회사들이 로마의 푸블리카니와 같은 역할을 했다. 근대에 주식회사와 증권거래소가 생기기 전부터 수익을 추구하는 행위와 여기서 파생되는 투기가 만연해 있었다고 보는 게 맞을 것이다.

투기의 역사는 각운을 맞춘다

•✦•

근대에 일어난 투기 사건들을 보면 오늘날 버블(거품)이라 불리는 현상과 전개과정이 너무도 비슷하다. 가장 극적인 사건은 1630년대 네덜란드의 튤립 투기다. 당시 해상무역을 주도하며 유럽 최고 부국으로 떠오른 네덜란드에서는 오스만 제국에서 들여온 튤립이 투자대상으로 각광받았다. 너도나도 튤립을 사겠다고 달려들면서 최상급인 황제 튤립은 당시 암스테르담 시내의 집 한 채 값을 호가했다. 평범한 튤립 한 뿌리의 가격이 노동자의 5년 치 임금 수준까지 치솟았다. 1636년에는 튤립 선물거래까지 등장해 튤립이 싹도 트기 전에 거래가 성사될 정도였다.

하지만 거품의 붕괴는 어떤 예고나 징후도 없이 갑자기 시작됐다. 1637년 2월 3일, 특별한 이유 없이 갑자기 튤립 가격이 폭락하면서 사겠다는 사람이 사라졌고, 대금으로 결제한 어음이 줄줄이 부도가 나면서 시장이 얼어붙었다. 1년간의 대혼란 끝에 네덜란드 정부가 매매가격의 3.5퍼센트만 지급하는 극단적 조치를 취한 후에야 사태가 진정됐다. 투자 원금이 100만 원이라면 겨우 3만 5,000원만 건진 셈이다.

튤립 투기는 뼈저린 교훈을 남겼다. 그 어떤 투자대상도 한없이 오르는 경우는 없다. 하지만 인간은 망각의 동물이다. 강국으로 부상한 영국과 프랑스에서 쌍둥이 같은 투기 사건이 벌어졌다. 튤립 투기가 발생한 지 한 세기도 지나지 않은 1720년대에 일어난 영국의 사우스시 버블과 프랑스의 미시시피 버블이 그것이다. 오늘날 이 두 사건과 튤립 투기는 유럽의 3대 버블로 불린다.

1711년 설립된 영국의 사우스시 컴퍼니는 주로 남아메리카의 스페인 식민지와 무역을 하는 회사였다. 사우스시는 남미와 그 주변 바다를 지칭한다. 이 회사는 영국 정부 부채를 인수하는 조건으로 남미 무역 독점권을 얻어 급성장했다. 이 과정에서 주가가 비이성적으로 급등해 1720년에는 열 배 가까이 뛰었다. 그러나 먼저 주식을 산 사람들이 차익을 실현하고, 회사가 남미 무역에서 별 수익을 내지 못하면서 주가가 급락하자 순식간에 거품이 꺼져 버리고 말았다. 버블 붕괴 직전인 1720년 4월 물리학자 아이작 뉴턴Issac Newton은 사우스시 주식을 팔아 100퍼센트 수익을 냈다. 그리고는 빚까지 내서 6월에 전 재산을 투자했다가 8월부터 거품이 꺼지면서 2만 파운드의 손실을 봤다. 이 금액은 지금 돈으로 약 100억 원에 해당한다. 이 사건을 겪은 후 뉴턴은 유명한 말을 남겼다. "나는 천체의 움직임은 계산할 수 있어도 사람들의 광기는 계산할 수 없다."

미시시피 버블도 거의 비슷한 구조다. 프랑스가 18세기 초 북아메리카 개발을 위해 세운 미시시피 회사는 별 실적을 내지 못했지만 1717년 스코틀랜드 출신 사업가 존 로John Law가 경영권과 함께 북미의 프랑스령 루이지애나 지역(미시시피강 유역)의 개발권을 갖게 되면서 주식 붐이 일어 주가가 30배가량 폭등했다. 그러나 존 로가 펼치는 금광 사업에 대한 의구심이 커지고 큰손 투자자의 주식 매각 소문이 돌면서 순식간에 투매 사태로 치달았다.

그 후에도 1790년 영국의 수에즈 운하 건설에 따른 운하 투기, 1820년 영국의 채권 투기와 남미 광산 붐에 편승한 거품, 1945년 미국의 철도 건설 붐에 따른 철도 투기, 1929년 대공황, 1990년대 말 닷컴 버블, 2008년 서브프라임 모기지 사태 등이 이어졌다. 대형 투기 붐과 거품 붕괴의 주기가 점점 짧아지는 모양새다.

다양한 사례에서 거품이 생기고 붕괴하는 과정은 대부분 비슷한 구조로 흘러간다. 신기술, 독점권, 투자자들의 환상이 겹치면 비이성적으로 주가가 폭등하고, 누군가가 주식을 팔기 시작하면 걷잡을 수 없이 무너진다. 세상일이 자꾸 되풀이되는 것은 언제든 탐욕과 투기에 빠져들 수 있는 인간 본성이 변하지 않기 때문이다. 경제위기가 벌어질 때마다 탐욕을 원인으로 지목하고 탐욕의 뿌리를 제거하면 경제위기가 사라질 것이라는 생각에 대해 나심 탈레브는 그렇지 않다고 단언했다. 그는 『안티프래질』에서 "탐욕은 인간의 역사와 함께 존재했다. 탐욕 방지 시스템을 구축하는 것만큼이나 쉽게 인간을 변화시킬 수는 없다"라고 꼬집었다.

그래서 주식시장을 바라볼 때는 마크 트웨인의 말을 되새겨 볼 만하다. "역사는 그대로 반복되지 않지만 그 운율은 반복된다." 투기 거품이 생기고 붕괴되는 과정은 똑같지는 않아도 비슷한 패턴으로 전개돼 왔고 앞으로도 그러할 것이다.

투자에는 하차 안내방송이 없다

• ✦ •

주식투자는 과학이 아니다. 주식시장에는 아메바나 모닥불처럼 정형화된 모습이 없다. 과학법칙이나 수학 공식이 먹히는 영역이 아니다. 구름이나 파도, 흐르는 강물, 바람에 흔들리는 나뭇가지 틈 사이로 보이는 하늘에 이르기까지, 자연에는 정지 화면이 없다. 주식시장이 그렇다.

주식시장은 이성과 감정이 뒤섞인 기분과 심리에 좌우되는 수백만 명이 서로 제각기 다른 생각을 하며 활동하는 곳이다. 폭락장에 다들 하얗게 질려도 그 와중에 주식을 사는 사람이 있고, 폭등장에 다들 흥분할 때 냉정하게 파는 사람도 있다. 같은 자리에서 서로 다른 꿈을 꾸는 동상이몽同床異夢과 다른 자리에서 서로 같은 꿈을 꾸는 이상동몽異床同夢이 공존하는 곳이다. 특정 섹터나 테마주가 급등할 때면 그런 추세에 추종하는 사람이 눈덩이처럼 불어나 큰 시세를 형성하기도 한다. 반면에 폭락할 때는 불 난 극장의 관객들처럼 서로 빠져나가려고 아우성친다.

주식은 사는 것도 어렵지만 파는 것은 더 어렵다. 주가가 내리면 더 내릴 것 같아 못 사고, 오르면 더 오를 것 같아 못 판다. 주가 그래프가 그럴듯해 보이거나, 낙폭이 커서 이제는 반등할 때가 된 것 같거나, 호재성 뉴스가 나오면 개미 투자자들이 대거 사려고 달려든다. 문제는 바로 그 순간의 시세가 그들의 바람과는 정반대로 간다는 점이다. 시장의 역학이 그럴 수밖에 없기 때문이다. 소수지만 투자 규모가 큰 외국인, 기관, 큰손 들에게서 다수지만 각자 투자 규모가 작은 개미 투자자에게로 주식이 이전될수록 오를 확률보다 떨어질 확률이 훨씬 더 커진다. 개미 투자자는 진득하게 기다리지 못하고, 손실을 극도로 혐오해 팔아야 할 때 팔지 못한다.

주식 매도 시기는 인간의 능력으로 알기 힘든 신의 영역에 속한 일이다. 사람은 돈을 더 벌고 싶은 욕심과 주가가 내리면 어떡하나 하는 불안감 사이에서 헤맨다. 오죽하면 '사는 것은 기술, 파는 것은 예술'이라는 주식 격언이 있으랴.

빨리 돈을 벌고 싶은 욕심에 소위 작전주를 기웃거리는 사람들도 있다. 그들은 소위 작전세력의 움직임에 편승했다가 주가가 내리기 전에 빠져나오면 된다고 생각한다. 하지만 이는 혼자만의 착각이자 위험한 줄타기일 뿐이다. 주식시장의 '세력'에게 자비는 없다. 개미투자자가 달려드는 현상은 그들에게 강한 매도 신호다.

주가가 오르는 과정은 마치 식물의 새싹이 자라는 것과 같다. 하루하루 보면 별로 달라진 게 없는데 며칠 지난 후 다시 보면 쑥쑥 자라 있다. 주가 상승기에는 오르는 듯 마는 듯 아주 조금씩 상승한다. 그러다가 간혹 조정을 보이며 뒷걸음질할 때도 있다. 잘 올라가던 주가가 20~30퍼센트씩 이유 없이 내리고, 그 조정과정이 한두 달 넘게 갈 때도 있다. 속칭 '개미 털기'다. 아직 시세를 못 만들었는데 개미 투자자가 달라붙으면 그들을 떨구기 위해 '세력'이 일부러 주가를 끌어내린다. 조급한 개미 투자자들은 20~30퍼센트 이상 손실을 보면 제정신을 유지하기 어렵다. 결국 그들이 더 이상 못 견디고 팔고 나면 야속하게도 그때부터 주가가 다시 반등한다. 이는 경제이론으로 설명할 수 없는 심리 게임이다.

반면에 주가가 하락할 때는 롤러코스터처럼 떨어진다. 하루 1퍼센트 미만으로 야금야금 오르던 주가가 한방에 30퍼센트(하한가) 이상 떨어질 수도 있다. 하락장에서 개인이 할 수 있는 일은 아무것도 없다. 그래서 주식시장은 승차보다 하차가 어렵다고 한다. 주식시장이라는 버스는 아무 데서나 승객을 태우지만, 언제 내리라는 하차 안내방송을 해주지 않는다. 버스에 탑승해 꾸벅꾸벅 졸다가는 막차 끊긴 밤늦은 시간에 종점까지 가게 된다.

04

차트 분석은
왜 실패할 수밖에 없는가

고쿠라의 행운

삶에서 우연이란 우리를 감싸는 공기와도 같다. 분명 있기는 한데 없는 것 같고, 의식하지 않으면 느끼지 못한다. 그런 우연이 얼마나 엄청난 차이를 가져오는지 절감하게 하는 사례가 있다. 바로 고쿠라의 행운luck of Kokura이다.

미국은 제2차 세계대전 당시 원자탄 투하 후보지로 군수공장이 많은 교토를 선정하고 히로시마, 요코하마, 고쿠라를 예비후보지로 선정했다. 그러나 원폭 투하지 선정 책임자가 된 헨리 스팀슨Henry Stimson 전쟁부 장관이 강력히 주장해 교토는 제외됐다. 교토는 신라의 경주처럼 일본의 천년 고도古都이자 문화유산의 전시장이다. 교토가 파괴될 경우 일본인의 강한 반발을 피할 수 없다는 것이 그 이유였다. 당시에는 드러나지 않았지만, 교토는 스팀슨 부부가 20여 년 전 신혼여행을 다녀오며 개인적으로 애착을 가진 도시이기도 했다. 미국 정부는 고심 끝에 교토를 제외하고 나가사키를 예비후보지로 추가했다.

1945년 8월 6일, 첫 번째 원자폭탄이 1차 후보지 히로시마에 떨어졌다. 사흘 뒤인 8월 9일, 두 번째 폭탄은 일본 내 최대 무기고가 있는 규슈섬 북단의 고쿠라에 투하하기로 예정돼 있었다. 그러나 폭격기가 고쿠라로 다가갔을 때 구름이 너무 짙어 목표물을 찾기가 어려웠다. 조종사들은 반드시 목표를 확인한 후 투하하라는 명령을 받은 터였다. 연료가 바닥나 가자 조종사들은 고쿠라에서 멀지 않은 규슈섬 서쪽 나가사키로 방향을 틀었다.

고쿠라 시민들은 자신들도 모르는 사이에 죽음의 재난을 피해 갔고, 나가사키에서는 인구의 3분의 1인 8만 명이 사망했다. 이 중에는 조선인도 1만 명이나 포함돼 있었다. 만약 폭탄이 예정대로 고쿠라에 떨어졌다면 나가사키 시민에게는 아무 일도 없었을 것이다. 일본에서는 누군가가 자기도 모르는 사이에 재앙을 피한 경우를 '고쿠라의 행운'이라고 하고, 반대의 경우를 '나가사키의 재앙'이라고 부른다고 한다.

고쿠라는 오늘날 기타큐슈에 속한 소도시다. 후쿠오카에서 신칸센으로 15분 거리에 있다. 유명 애니메이션 〈은하철도 999〉의 고향으로 그 구조물이 고쿠라역에 설치돼 있어 관광객이 많이 찾는다. 국제정치학자 브라이언 클라스Brian Klaas는 저서 『어떤 일은 그냥 벌어진다』에서 '고쿠라의 행운'을 소개했다. 클라스는 "우리는 세계를 이해하고, 예측하고, 통제할 수 있다고 상상하기를 좋아하지만 실제로는 우연(임의

적 요인)이 거의 무한에 가깝도록 이어진 조합을 통해서만 원폭 투하로 인한 결과를 설명할 수 있다"라고 지적했다.

만약 스팀슨 장관 부부가 교토로 신혼여행을 가지 않았더라면, 고 쿠라에 구름이 잔뜩 끼지 않았더라면, 히틀러의 나치독일이 유대인을 박해하지 않았더라면, 과학자들이 대거 미국으로 망명하지 않았더라면…. 뚜렷한 원인과 결과가 있어서가 아니라 우연에 우연이 겹쳐 결과가 크게 달라진다는 이야기다. 클라스는 미국 작가 토머스 핀천Thomas Pynchon의 대표작 소설 『브이』에서 이런 구절을 인용했다. "삶의 유일한 교훈은, 그렇다고 인정하면 제정신을 유지할 수 없을 만큼 우연이 많다는 것이다."

삶에 일어나는 일들 중 우리가 아는 것은 극히 일부다

• ✦ •

스위스 작가 파스칼 메르시어Pascal Mercier의 소설 『리스본행 야간열차』는 좋은 작품이 그렇듯, 자신을 관조하고 인생에 대해 깊이 생각하게 만든다. 이 소설은 2014년 동명의 영화로도 만들어졌다. 주인공 그레고리우스 작가 메르시어가 자신을 그린 듯하다.

스위스 베른에서 고등학교 고전문학 교사로 일하는 그레고리우스는 늘 똑같은 일상을 사는 중년 남자다. 비 내리던 어느 날, 이른 출근 길에 그레고리우스는 다리에서 뛰어내리려는 여자를 구해 준다. 포르투갈 말을 쓰는 여자는 홀연히 사라지고, 그가 두고 간 빨간 코트 속에는 출발 시간이 임박한 포르투갈 리스본행 열차표와 작가 아마데우의 책이 있다. 코트를 돌려주려고 서둘러 기차역으로 가지만 여자는 보이지 않는다. 망설이던 그레고리우스는 마치 홀린 듯 리스본행 야간열차에 오른다. 그는 리스본 거리를 헤매다 자전거와 부딪혀 안경이 깨져 새 안경을 맞춰 쓰고 아마데우를 아는 사람들을 찾아 나선다.

그레고리우스가 특별할 것 없는 어느 출근길에 자살을 시도하는 여자를 만난 것도 우연이고, 여자의 코트에 들어 있는 아마데우의 책을 보게 된 것도 우연이며, 이 책에 매혹돼 열차에 무작정 올라탄 것도 우연이다. 아마데우의 흔적을 좇아 리스본 거리를 헤맨 것도, 자전거와 부딪혀 안경이 깨진 것도, 안과에 갔다가 아마데우를 아는 의사를 만난 것도 모두 의도하지 않은 우연한 사건이다. 사전에 정해진 것은 아무것도 없다. 어떤 계획도 세우지 않았지만 그렇게 그레고리우스의 시간은 흘러간다. 우리가 경험하는 일이 대부분 그렇다.

그레고리우스가 아마데우의 책에서 가장 인상 깊었던 구절은 "우리 인생의 진정한 감독은 우연이다"였다. 그 우연에는 "잔인함과 자비심과 마음을 사로잡는 매력으로 가득한 감독"이란 수식어가 달려 있다. 소설 속에서 아마데우는 그 이유를 이렇게 설명한다. "꼭 요란한 사건만이 인생의 방향을 바꾸는 결정적 순간이 되는 건 아니다. 실제로 운명이 결정되는 드라마틱한 순간은 믿을 수 없을 만큼 사소할 수 있다."

이 말이 잘 와닿지 않을 수도 있다. 세상은 얼마든지 의지로 바꿀 수 있다고 믿을 수도 있다. 그러나 한번 생각해 보라. 학창 시절 친구들은 단지 같은 학교를 다닌 것 외에 달리 무슨 인연이 있었을까? 어쩌다 마주친 이성에게 첫눈에 반한 것은 의도해서 벌어진 일인가? 시험 보기 직전에 우연히 펼쳐 본 내용이 시험 문제로 나왔을 때는 또 어떤가? 의도하든 의도하지 않았든 우리 삶에는 아주 많은 일들이 일어나며, 우리는 그중 극히 일부밖에 알지 못한다.

한두 번은 우연, 세 번이면 패턴

• ✦ •

우리는 삶에서 우연을 과소평가한다. 어떤 큰 사건은 여러 가지 우연이 겹쳐 그냥 일어나기도 한다. 반드시 특정한 원인이 있어서 어떤 결과가 나타나는 것은 아니다. 스위스 베른에 살던 그레고리우스가 갑자기 포르투갈 리스본 거리를 헤매거나, 1945년 8월 어느 날 나가사키와 고쿠라의 운명이 극적으로 갈리는 일이 벌어질 수 있다.

그런데도 사람들은 어떤 큰 사건이 벌어지면 반드시 그럴 만한 원인이 있다고 생각한다. 인과관계causality와 상관관계correlation*를 찾으면

---

* 　인과관계는 두 변수가 원인과 결과가 되는 관계다. 한 변수의 변화가 다른 변수의 변화를 직접적으로 일으키는 것으로, 원인이 결과보다 시간적으로 앞서고, 원인이 없으면 결과도 생기지 않는다. 예를 들어 운동을 하면 체중이 감소한다. 반면에 상관관계는 두 변수가 원인과 결과는 아니지

서 결국 그 사건은 우연이 아니라 어떤 의도로 인해 벌어졌거나 필연적으로 일어난 것이라고 생각한다. 논리적으로 납득할 만한 이유가 있어야 한다고 믿는 것이다. 때로는 작은 일(우연)이 쌓이고 또 쌓이면 그렇게 될 수밖에 없는 필연처럼 느껴지기도 한다.

영국 작가 이언 플레밍Ian Fleming의 소설 『골드핑거Goldfinger』에서 악당 오릭 골드핑거는 이렇게 말한다. "미스터 본드, 시카고에는 이런 말이 있지. 한 번은 우연이고, 두 번은 우연의 일치다. 세 번이 겹치면 적대적 행동이다." 시카고 갱들이 거친 삶 속에서 우연을 받아들이는 방식이다. 한 번은 우연으로 여기지만, 두 번이면 고개를 갸우뚱하며 이례적인 우연의 일치로 본다. 그러나 세 번이 되면 분명 의도나 계획이 있다고 생각한다는 얘기다.

골드핑거의 말을 약간 변형하면, 우리는 '한 번은 우연, 두 번은 우연의 일치, 세 번은 패턴'으로 본다. 이는 인간이 사건을 받아들일 때의 공통된 심리 특성이다. 사건이 반복되면 의식적으로 정형화된 패턴을 인식하고 의미를 부여하는 것이다.

만 서로 관련돼 함께 변화하는 관계다. 예컨대 아이스크림 판매량이 늘 때 익사 사고도 늘어나는데, 서로 원인과 결과가 되는 관계는 아니지만 더운 여름철의 현상이라는 공통점이 있기에 상관관계가 있다고 할 수 있다. 상관관계에는 제3의 변수(여름철)가 작용하지만 인과관계에는 제3의 변수가 작용하지 않는다.

로또 평행이론

• ✦ •

우연한 사건 속에서 패턴을 찾으려는 심리가 두드러지게 나타나는 게 로또다. 로또 1등에 당첨될 확률은 번개 맞기보다 어렵다는 814만 5,060분의 1이다. 더구나 기계를 통해 무작위로 추첨해 당첨되는 것은 완전히 우연한 일로 봐야 맞다. 하지만 뭔가 이상한 패턴이 보인다고 의심하는 사람들이 적지 않다. 로또 번호를 찍어 준다는 사이트들이 성업하는 배경이다.

이런 의심에서 나온 게 이른바 '로또 평행이론'이다. 평행이론이란 시차를 두고 다른 사람에게 같은 일이 일어나는 현상을 가리키는데, 로또 추첨이 그렇다는 것이다. 실제로 1등 당첨 번호가 다른 회차의 1등 번호와 기묘하게 일치한 경우가 두 번 있었다. 로또 640회(2015년 3월 7일) 1등이 14, 15, 18, 21, 26, 35였는데, 11년 전인 64회(2004년 2월 21일)의 1등 번호와 5개가 일치하고 마지막 숫자(36)의 한 자리만 달랐다. 석 달 뒤 추첨한 654회(2015년 6월 13일)에서도 1등 번호(16, 21, 26, 31, 36, 43)가 4년 전 472회(2011년 12월 17일)의 1등 번호와 숫자 하나(21 대신 26)만 달랐다.

같은 해에 이런 일이 두 번이나 생기자 '수상하다', '우연이라기에는 믿기 어렵다'는 반응이 많았다. 그러나 확률상 1등 번호 6개 중 5개가 다른 회차와 같을 확률은 약 2퍼센트라고 한다. 아주 낮은 확률이지만 불가능한 일은 아니다.

로또 구매자들이 더 희한하게 생각하는 것은 당첨 번호가 특정 번호대에 몰려서 나오고 다수의 당첨자가 있는 경우다. 2025년 3월 8일 추첨한 1162회 로또 1등 번호는 6개 숫자가 모두 20번대(20, 21, 22, 25, 28, 29)에서 나왔다. 더 놀라운 것은 36명의 1등 당첨자 중 수동으로 번호를 선택한 사람이 23명이었다는 점이다. 20번대에서만 6개를 고른 사람이 23명이나 되었으니, 조작이 아니면 납득하기 어렵다는 반응이 많았다. 그보다 넉 달 전인 1152회(2024년 12월28일)에서는 1등 번호가 모두 30번대(30, 31, 32, 35, 36, 37)였고, 1등 당첨자 35명 중 수동 번호 당첨자가 22명이었다.

　　이렇다 보니 다음에는 당첨 번호가 10번대에 몰려 나오는 게 아니냐는 볼멘소리가 많았다. 그러나 확률을 이해한다면 어떤 일이든 일어날 수 있다고 받아들여야 한다. 1등 번호로 1~6이나 40~45번이 나올 수도 있다. 유감스럽게도 인간은 확률을 이해하는 데 애로가 많다. 이론적 확률과 실제 현실에서의 확률이 일치하지 않을 때 의심하고 착각한다. 동전의 앞면이 나올 확률이 2분의 1인데 열 번 던져서 열 번 다 앞면이 나왔다면 무슨 생각이 들까? 뭔가 알 수 없는 기운이 작용했거나, 자신에게 특별한 일이 벌어졌다고 생각하는 게 보통이다. 무수히 많이 동전을 던져 보면 확률은 2분의 1에 수렴할 것이다. 하지만 우리는 몇 번만 해 보고 이론적 확률에 어긋나면 다른 이유를 찾는다.

주가는 정말 예측할 수 있을까?

• ✦ •

제1차 세계대전 당시 전쟁터 병사들 사이에서는 포탄이 한 번 떨어진 곳에는 다시 떨어지지 않는다는 속설이 있었다. 그래서 1차 세계대전 이 배경인 전쟁영화를 보면 병사들이 포탄 자국으로 파인 웅덩이 속으로 피하는 장면이 나온다. 하지만 나중에 포탄이 떨어진 곳을 분석해 보니 포탄은 무작위로 떨어졌을 뿐, 특정한 패턴은 없다고 밝혀졌다. 얼핏 생각해 봐도 포탄이 떨어진 곳에 또 떨어지기보다는 안 떨어진 곳에 떨어질 확률이 월등히 높다.

이렇듯 사람들은 우연 속에서 논리와 패턴을 찾고 싶어 한다. 주식 투자자도 마찬가지다. 주가 그래프를 보면 주가 움직임에 특정한 패턴이 있는 것처럼 보인다. 차트 분석가들이 주장하는 이론이다. 하지만 그것은 패턴이 아니라 '패턴처럼 보이는 것'일 뿐이다. 투자자들의 심리와 주식시장의 물리적 운동법칙에 따라 주가 흐름이 과거와 비슷하게 반복되는 경우가 많지만 똑같이 전개되지는 않는다. 주가 차트는 과거부터 오늘 이 시점까지의 주가를 잘 알려 주지만, 당장 1분 뒤의 주가는 예측해 줄 수 없다. 주가 차트에서 발견되는 패턴이란 것도 북한산의 커다란 바위가 코끼리처럼 보이는 경우나 다름없다.

나심 탈레브는 『행운에 속지 마라』에서 우연을 우연으로 받아들이지 못하는 인지 오류에 대해 이렇게 말했다. "인생이란 모험영화 같아서 앞으로 일어날 큰 사건을 미리 알 수 있다고 생각한다. 아무리 역사를 중시하더라도 현재를 대하는 태도는 그다지 달라지지 않는다. 지나고 나면 항상 명확해 보이는 법이다. 과거를 '예측'하는 데 능숙한 사람들은 자신을 미래 예측에도 능숙한 사람으로 착각한다." 사후확신 편향이 워낙 강렬해서 지나고 보면 자기가 다 알고 있었던 것처럼 느낀다는 얘기다.

인생을 영화에 비유한다면, 그 영화의 감독은 '우연'이다. 우리가 통제한다고 믿는 수많은 일이 실은 우연의 연속이다. 의식했든 의식하지 못했든 우연은 매일 새로운 삶을 살게 하는 요인이다.

우연은 일상용어로 표현하면 운運, luck이고, 과학용어로 표현하면 확률確率, probability이다. 확률은 어떤 일이 일어날 가능성이나 개연성을 뜻한다. 인생이든 주식투자든 실력에 운을 더하는 게 아니라 곱해야 성공이 찾아온다. 실력이 아무리 좋아도 운이 제로이면 성공 가능성도 제로가 된다. 포커 대회에서 우승한 심리학자 마리아 코니코바Maia Konikova가 『블러프』에서 언급한 대로 '운이 우리를 에워싼다. 운이 내 편일 때나 보이지 않을 때는 무시하면서, 일이 잘 풀리지 않은 때만 운을 인지한다.'

아주 희박한 확률을 보면 우리는 기이함을 느낀다. 통계학자 겸 유전학자 로널드 피셔Ronald Fisher는 '100만 분의 1 확률에 해당하는 일은 더도 덜도 없이 그만큼 발생할 것이다. 그러나 우리는 그 일이 우리에게 일어난다는 것에 놀란다'라고 했다. 하지만 생각해 보라. 지구 인구가 80억 명이다. 확률이 100만 분의 1 사건이라도 80억 명에 대입해 보면 적어도 8,000명에게 그런 사건이 일어날 수 있다는 얘기다.

05

인간은 계획하지만
신은 비웃는다

핵주먹 타이슨의 명언

• ✦ •

"누구나 그럴싸한 계획이 있다. 한 방 얻어맞기 전까지는."

'핵주먹' '아이언 맨'으로 불리며 1980년대 프로복싱 헤비급 챔피언으로 군림했던 마이크 타이슨Mike Tyson이 한 말이다. 도전자들도 나름의 전략을 세우고 타이슨을 상대했겠지만 첫 라운드부터 강편치를 맞고 나면 아무 소용이 없었다. 키 178센티미터의 타이슨은 헤비급치고는 작은 편이었지만 강한 체력과 맷집, 순발력, 가공할 편치력을 가졌다. 상대에 맞춘 유연한 전략으로 프로 데뷔 후 첫 패배를 맞기 전까지 37연승, 1라운드 KO승 17회라는 엄청난 전적을 기록했다. 그런 타이슨의 말이었기에 더욱 무게가 실렸고 많은 이들의 공감을 얻었다.

하지만 이 말은 타이슨이 처음 한 게 아니다. 19세기 프로이센과 독일제국 군대의 원수 헬무트 폰 몰트케Helmuth von Moltke 백작이 원조다. 몰트케는 "아무리 훌륭한 전투 계획이라도 첫 총성이 울리는 순간 쓸모 없어진다"라고 했다. 생사가 걸린 전투 현장에서는 전황이 워낙 변화무쌍해 사전에 짠 어떤 계획도 무용지물이 된다는 점을 강조한 것이다. 이 말을 인용해 잭 웰치Jack Welch 제너럴일렉트릭 회장이 "현실을 직시하라. 언제라도 실행계획서를 고쳐 쓸 수 있게 준비하라"라고 했고, 타이슨은 복싱 선수답게 이를 각색한 것이다.

몰트케 원수는 전쟁에 작전이란 개념을 도입하고 근대식 참모본부를 정립한 군인으로 세계 전쟁사에서 빼놓을 수 없는 인물이다. 프로이센 프랑스 전쟁을 승리로 이끌면서 몰트케식 작전적 사고는 이후 두 차례의 세계대전에서 필수 요소가 됐다. 그전까지의 전쟁은 양 진영이 횡대로 늘어서 서로 다가가며 마구 총을 쏴대는 식이어서 작전이랄 게 별로 없었다.

사느냐 죽느냐가 달린 전쟁은 기회와 위험의 양면성을 띤 투자에도 많은 인사이트를 준다. 몰트케는 전쟁에서 승리하기 위한 필수 요소로 '4G'를 꼽았다. 4G는 독일어 G로 시작하는 네 단어, 즉 '돈Geld, 생각 Gedanken, 인내심Geduld, 운Gluck'을 가리킨다. 단순히 병력 숫자나 무기의 우위로 전쟁에서 이기는 게 아니란 이야기다. 앙드레 코스톨라니는 "먼저 생각한 후 주식투자를 해야 하고, 상상력이 있어야 한다"라고 강조하며 몰트케의 4G를 인용하면서, 여기에다 '신념Glaube'을 추가해 5G를 제안했다. 자신의 생각을 믿는 굳은 의지도 필요하다는 것이다.

타이슨은 숱한 승부를 경험하면서 여러 가지 명언을 남겼다. 몇 가지만 소개하면 이렇다. "싸움 상대가 모두 적은 아니듯, 나를 돕는 이들이 모두 친구는 아니다." "위대함이란 다른 이들에게 자신을 주장하는 것이 아니라 다른 사람들로부터 인정받게 되는 것이다." 특히 두려움에 관한 언급이 눈길을 끈다. "두려움은 불과 같다. 활용 방법을 안다면 유용한 무기가 되겠지만, 그렇지 못하면 당신을 불태워 버릴 것이다." 두려움의 노예가 될 것인가, 두려움의 친구가 될 것인가에 따라 결과는 천양지차다. 투자의 성패도 탐욕과 공포를 어떻게 적절히 제어하느냐에 달려 있다는 점에서 깊이 음미해 볼 만한 말이다.

투자할 때 치러야 하는 대가

• ✦ •

어떤 성공이든 열매는 달다. 하지만 그 열매를 얻기까지 치러야 할 대가가 있다. 주식, 코인, 부동산 등 투자로 성공한 사람을 보면 성공하는 게 쉬워 보인다. 그냥 쌀 때 사서 비쌀 때 팔면 된다. 하지만 언제가 쌀 때이고 언제가 비쌀 때인지 누가 알겠는가? 오르면 더 오를 것 같고, 내리면 더 내릴 것 같은 게 시장가격이다.

큰돈을 들여 산 종목이 갑자기 30퍼센트쯤 떨어졌을 때 태연하게 버틸 수 있는 사람이 얼마나 될까? 그럴 때 느끼는 두려움, 조바심, 후회, 무기력 같은 감정은 성공을 위해 반드시 치러야 할 대가다. 주식 전문가라는 사람들은 '주가는 장기적으로 우상향하므로 우량주를 장기 보유하라'고 조언한다. 하지만 매일 시시각각 오르내리는 주가를 보면서 소모하는 감정노동은 결코 적지 않다. 그 기간이 5년, 10년 장기라면 더욱 그렇다. 막 투자를 시작하면서 금방 대박 날 것만 같은 상상은 환상을 넘어 망상에 가깝다. 대박이 있으면 쪽박도 있는 법이다.

모건 하우절은 『돈의 심리학』에서 "돈의 신은 대가를 치르지 않고 이득을 취하려는 자들을 좋게 보지 않는다"라고 했다. 나심 탈레브도 『행운에 속지 마라』에서 "패자는 자취를 감추고 사람들은 승자만 보기에 확률을 보는 관점이 왜곡된다"라고 지적했다. 심리학에서 말하는 통제력 착각illusion of control도 같은 맥락이다. 자신은 특출나고 자기가 하면 잘할 것 같은 심리 오류다. 자금도, 경험도, 지식과 정보도 부족한 개인투자자들이 펀드, ETF 같은 간접투자보다 기를 쓰고 직접투자를 하는 이유다.

네메시스를 부르는 휴브리스

• ✦ •

"경제는 그리스 신화 속 두 여신인 휴브리스Hubris와 네메시스Nemesis가 우리 정신을 차지하기 위해 끝없이 벌이는 싸움을 통해 추동하는 인간의 영혼에서 출발한다." 영국 경제학자 피파 맘그렌Pippa Malmgren의 저서 『시그널』에서 눈길을 끄는 구절이다. 고대 그리스 신화에 나오는 '오만의 여신' 휴브리스*와 '응징의 여신' 네메시스를 소환했다. 휴브리스는 인간의 자멸을 부르는 '오만, 자만, 교만, 거만'이라는 4형제를 상징한다.

휴브리스는 필연적으로 '응징의 여신' 네메시스를 부른다. 지나치게 오만에 빠진 사람은 치명적인 처벌을 받게 돼 있다. 휴브리스와 네메시스를 보여 주는 대표적인 사례가 그리스 신화에 즐비하다. 운명을 거역한 오이디푸스, 하늘을 날겠다는 이카로스, 신들을 시험한 탄탈로스, 베를 짜고 수를 놓는 솜씨가 아테나 여신 못지않다며 신과 내기를 한 아라크네 등이 다 파멸적 종말을 맞았다.

오만해진 인간이 자신의 한계를 넘어 신과 대등한 위치에 서려고 할 때 신들은 절대 가만두지 않는다. 오이디푸스는 아버지인 줄 모르고 왕을 죽이고 어머니인 왕비와 결혼하는 패륜을 저지르고 파멸했다. 이카로스는 하늘을 날다 날개를 이어 붙인 밀랍이 녹아 떨어져 죽었다. 탄탈로스는 코앞에 물이 있어도 마실 수 없는 형벌을 받은 데다 5대에 걸쳐 형제간에 죽고 죽이는 골육상쟁을 벌였고, 아라크네는 영원히 실을 짜는 거미가 됐다.

신화 속 휴브리스와 네메시스는 인간이 살아가면서 겪는 온갖 부침을 상징한다. 투자도 그렇다. 잘될 때는 휴브리스가 탐욕이란 친구와

---

* 　번역본에는 휴브리스라고 표기돼 있지만 오만의 여신은 휴브리스를 신격화한 히브리스
Hybris라고 표기해야 정확하다.

함께 찾아와 자만에 빠진 인간을 더욱 오만하게 만든다. 그러면 어김없이 네메시스의 응징이 이어진다. 투자로 어쩌다 돈을 좀 벌면 자신이 대단한 실력을 가졌다고 착각하지만, 더 크게 덤볐다가 낭패를 보는 것은 시간문제다.

2020년 초 코로나19 사태로 폭락했던 코스피가 급반등하자 너도나도 주식투자에 뛰어들어 국내 주식 투자자가 1,500만 명을 넘어섰다. "밀물이 들어오면 모든 배가 떠오른다"라는 존 F. 케네디 대통령의 말처럼, 모든 자산의 가격이 오르던 시기였기에 웬만하면 다들 수익이 났다. 사람들은 자신의 투자 실력을 과대평가했고, "돈 벌기 참 쉽죠?"라는 말이 유행하기도 했다. 하지만 세상사가 맘대로 되던가? 인플레이션이 부각되고 미국 연방준비제도 FRB가 기준금리를 제로(연 0~0.25%)에서 연 5.0~5.25퍼센트로 순식간에 올리자 주식계좌마다 곡소리가 났다. 손실이 워낙 커 팔지도 못하는 '비자발적 장기 투자자'가 즐비했다.

계획오류와 호프스태터 법칙

• ✦ •

세상은 우리가 생각하는 것보다 훨씬 더 복잡하다. 아무리 조심하고 철저히 예측해도 미처 살피지 못하고 지나가는 것들이 많다. 이를 설명하는 것이 심리학이나 행동경제학에서 말하는 계획오류planning fallacy

다. 계획오류란 사람들이 어떤 일이든 계획을 세울 때 소요시간, 비용, 노력 등을 과소평가하는 경향을 가리킨다.

예를 들어 평소 걸리는 시간을 감안해 약속 장소에 딱 맞춰 나갔는데 길이 막혀 낭패를 본다. 학창 시절 방학 때마다 공부 계획을 거창하게 세우지만 제대로 지킨 적이 거의 없다. 음식점을 창업하면 10명 중 5~6명꼴로 3년 안에 폐업하는 것도 마찬가지다. 3년도 못 버틸 줄 알았더라면 아예 개업하지 않았겠지만, 다들 자기는 잘될 줄 알았다고 말한다. 그렇게 해마다 수만 개의 점포가 새로 문을 열고 그 비슷한 숫자만큼 문을 닫는다.

호주 시드니에 있는 오페라하우스는 관광명소로 손꼽히지만, 실은 계획오류의 표본이다. 호주 정부는 1957년 국제 공모를 통해 뽑은 덴마크 건축가의 설계안을 토대로 멋진 랜드마크를 짓겠다는 계획을 야심차게 발표했다. 착공 당시만 해도 총 공사비 700만 달러에 6년이면 완공할 것으로 예상했다. 그러나 시작부터 삐걱대더니 온갖 예상치 못한 문제가 쏟아졌다. 그로 인해 공사기간은 고무줄처럼 늘어났고 밑 빠진 독에 물 붓듯 공사비는 천정부지로 치솟았다.

우여곡절 끝에 16년이 지난 1973년에야 오페라하우스가 완공됐다. 공사비는 당초 계획의 열네 배인 1억 달러가 들었다. 우리나라 국책사업인 새만금 방조제, 인천공항, KTX 등도 공사기간이 계획보다 몇 년씩 지연됐을 뿐만 아니라 공사비도 두세 배 더 들었다. 이런 사례들을 보면 계획오류는 인간의 숙명인 것 같다.

나심 탈레브는『안티프래질』에서 심리학자들이 설명하는 계획오류는 인간이기 때문에 저지를 수밖에 없는 심리적 문제가 아니라고 지적했다. 계획오류가 생기는 것은 인간의 낙관 편향이나 예측력 부족 탓이 아니라, 우리가 사는 세계가 인간 능력으로는 상상할 수 없을 만큼 복잡한 시스템이라는 데서 비롯된다는 것이다. 탈레브는 150년 전에 추진했던 대규모 프로젝트들이 계획대로 제때 완공됐다는 점을 근거로 들었다. 그 시절과 달리 지금은 세계화됐고, 공급체계가 더욱 복잡해졌으며, 건축에 필수적인 요소들이 서로 긴밀한 상호의존성을 갖게 됐다. 따라서 어느 한 곳에서만 삐끗해도 전체 계획이 틀어질 수 있다. 미국은 이라크 전쟁 비용을 처음에 300억~600억 달러 정도로 잡았지만 실제로는 모든 간접비용까지 고려해 2조 달러가 넘었다고 한다.

인지과학자 더글러스 호프스태터Douglas Hofstadter도 탈레브와 비슷한 견해를 밝혔다. 어떤 일이든 사전에 짐작하기 힘든 복잡성 탓에 완성까지 걸리는 시간을 정확히 예측하는 것은 불가능하다고 보았다. 인간의 인지 오류라기보다는 시스템의 복잡성이 크기 때문이라는 것이다. 그의 이름을 따서 이를 호프스태터 법칙Hofstadter's law이라고 부른다. 그렇다면 으레 지연되는 경우를 감안해 계획을 넉넉하게 짜면 되지 않느냐고 반문할 수 있다. 호프스태터는 "모든 일은 항상 예상했던 것보다 오래 걸리고, 심지어 호프스태터 법칙을 고려해서 계획을 세웠다 해도 마찬가지"라고 단언했다.

타이슨의 말이든, 계획오류든, 호프스태터 법칙이든 결론은 하나로 귀결된다. 유대인의 격언에 '인간은 계획하고 신은 비웃는다'라는 말이 있다. 인생의 아주 많은 부분이 계획이나 필연이 아니라 우연에 의해 좌우된다는 이야기다. 우리가 돈을 벌려고 투자하는 모든 '시장' 역시 마찬가지다.

06

워런 버핏이 경계한
'이웃 효과'

'존스네 따라잡기'

· ✦ ·

자신을 남들과 비교하는 것은 사회적 동물인 인간에게는 본능이라고
할 수 있다. 비교 본능은 태어나면서부터 장착하는 기본 설계와도 같
다. 이와 관련해 흔히 얘기하지만 아무도 본 적 없는 존재가 있다. 바
로 '엄친아'와 '아친딸'이다. 엄마 친구 아들과 아빠 친구 딸은 어쩌면
그리 반듯하고, 공부도 잘하고, 말도 잘 듣고, 성격 좋고, 부모를 기쁘
게 하는지 놀랍기만 하다. 이뿐인가? '아친남'과 '딸친아'도 있다. 아내
친구 남편과 딸 친구 아빠다. 모임에 다녀온 아내가 집에 와서 푸념하
듯 늘어놓는 아친남은 자상하고 잘생긴 데다, 돈도 잘 벌고, 집안일도
잘한다. 딸친아는 딸이 원하는 것은 뭐든지 다 해 주는 능력 만점의 아
빠다.

사람들은 대체로 자신의 현재 상황에 만족하지 못한다. 끊임없이

타인과 비교해 스스로를 불행하다고 느끼기 때문이다. '엄친아 현상'도 그런 비교 본능의 산물이라고 할 수 있다. 사실 여부는 확인할 길이 없다. 뭐든지 남의 떡은 커 보이는 법이다.

미국 시사풍자 만화 〈존스네 따라잡기〉가 사람들의 비교 본능을 잘 보여 준다. 1913년 시작해 1940년까지 무려 28년간 미국의 여러 신문에 연재된 〈존스네 따라잡기〉에서 정작 존스네 가족은 만화에 등장하지 않는다. 항상 이웃들 간의 대화에서만 언급되는데, 이웃들은 성공한 존스네가 하는 것을 뭐든지 따라 하면서 허세를 부린다. 미국 중산층의 사회적 비교 본능에 대한 은유이자 풍자인 셈이다.

이 만화 덕분에 영어에 'keep up with the Joneses'라는 숙어까지 생겨났다. '남에게 뒤지지 않으려 애쓰다'라는 뜻이다. 우리 속담에 '뱁새가 황새 따라가다 가랑이 찢어진다'는 말과 같은 의미다. 국내에도 개봉된 영화 〈이웃집 스파이〉의 원제가 〈Keeping up with the Joneses〉다. 평범한 중산층 부부의 이웃집에 늘씬하고 잘생기고 매너 좋은 부부 스파이가 이사 와서 벌어지는 해프닝을 다룬 영화다.

여기서 퀴즈 하나! 아내가 만족하는 남편의 연봉은 얼마일까? 답은 '여동생 남편보다 조금이라도 더 높은 수준'이다. 이 퀴즈는 미국 비평가 헨리 루이스 멩켄Henry Louis Mencken이 "부자란 동서, 즉 처제의 남편보다 더 버는 사람을 가리킨다"를 응용한 것이다. 실제로 미국에서 여동생 남편이 자기 남편보다 소득이 더 많은 여성은 그렇지 않은 여성보다 취업할 확률이 20퍼센트 더 높다는 연구 결과도 있다. 동서양을 막론하고 사람은 태어나서 죽을 때까지 자신을 남들과 비교한다.

비교 본능의 이웃 효과

• ✦ •

사람들은 자주 만나는 이웃들에게서 생각과 행동에 직간접적으로 영향을 받는다. 이런 현상을 사회학, 심리학, 경제학 등에서 이웃 효과 neighborhood effect라고 부른다. 여기서 이웃은 가까이 살아 눈에 띄는 물리적 이웃뿐 아니라 친구, 친척, 친지, 직장동료 등 서로 생활수준을 알 수 있는 심리적 이웃을 포괄한다.

요즘에는 스마트폰과 온갖 SNS를 통해 주위 사람들의 '화려한 일상'이 강력한 이웃 효과를 유발한다. 비록 연출되고 만들어진 일상 사진이라 할지라도 사람들의 비교 본능을 자극하기 때문이다. 심리적 이웃은 사이버 공간에서 더 강력한 이웃 효과를 발휘한다. 그들의 생활수준, 생활방식을 잘 모르기 때문에 더욱 그렇다.

스웨덴 작가 프레드릭 배크만Fredrik Backman의 소설 『오베라는 남자』가 이웃 효과의 단면을 잘 보여 준다. 오베는 오직 아내, 집 그리고 사브 자동차 세 가지만 사랑하는 괴팍하고 무뚝뚝한 노인이다. 아내 소냐가 세상을 떠나자 그는 매일 자살을 시도할 만큼 생에 미련이 없다. 그런 오베조차 이웃이 자동차를 새로 사자 큰 관심을 보인다.

경제사학자 윌리엄 번스타인은 『부의 탄생』에서 이웃 효과와 관련된 흥미로운 명언들을 몇 가지 인용했다. 프랑스 철학자 미셸 드 몽테뉴Michel de Montaigne는 "우리는 뒤처진 사람을 보고 행복해하기보다 앞선 사람을 보고 불행해한다"라고 꼬집었다. 잘난 이웃이 많을수록 자신의 객관적 삶보다 주관적 삶의 만족도가 떨어지게 마련이다. 공산주의를 주창한 카를 마르크스Karl Marx도 "집이 클 수도 작을 수도 있다. 주변 집들이 똑같이 작다면 거주에 대한 모든 사회적 수요를 충족시키지만, 만약 작은 집 옆에 궁전이 솟아오르면 그 작은 집은 오두막으로 위축된다"라고 했다. 비교 본능의 이웃 효과는 서울 강남의 초고가 아파트에 사는 사람이 더 부자인 이웃을 보면서 스스로 가난하다고 느끼게 만들 수 있다.

번스타인은 노벨 경제학상을 수상한 폴 크루그먼Paul Krugman의 흥미로운 사례를 소개했다. 크루그먼은 세계적 명성을 가졌음에도 이렇게 털어 놓았다. "나는 보수가 매우 좋고 전 세계에서 열리는 회의에 많이 초대받는 매우 좋은 일자리를 갖고 있다. 99퍼센트의 인류와 비교해도 나는 불만스러운 것이 없다. 그러나 인간이란 동물은 본래 그런 식으로 생각하지 않는다. 나의 정서적 비교 그룹은 가장 성공한 경제학자들이고, 나는 그 소수에 포함되어 있지 않다."

사실 이웃 효과는 인류가 오래전부터 인식해 온 개념이다. 성경에서도 "여러분은 마음속에 고약한 시기심과 이기적인 야심을 품고 있으니 공연히 잘난 체하지 마십시오"(공동번역, 야고보서 3장 14절)라고 주의를 촉구했다. 중국의 고사성어 '맹모삼천지교孟母三遷之敎'나 '근주자적 근묵자흑 近朱者赤 近墨者黑'도 이웃 효과와 맥을 같이한다. 오늘날에는 전 세계가 하나로 엮여 있고, 온라인으로 언제 어디서나 누구와도 연결된다. 이웃 효과는 개인적이고 국지적인 현상이 아니라 사회 전체, 나아가 세계적 현상이 되어 가고 있다. 유행이나 트렌드의 변화 주기가 갈수록 빨라지고, 한 번 퍼지면 광범위하게 확산되는 것도 이웃 효과의 부수적 현상이다.

질투는 나의 힘!

· ✦ ·

부나 행복의 기준은 절대적이지 않고 상대적이다. 행복감을 느끼려면 이웃과 비교해 우위를 확인할 수 있어야 한다는 얘기다. 이는 많은 석학들이 고민해 온 문제이기도 하다. 영국 철학자 버트런드 러셀은 "거지는 자기보다 더 많이 얻은 다른 거지를 부러워하지 백만장자를 부러워하진 않는다"라고 했다. 자신의 처지와 환경에 따라 비교 집단이 달라지는 것이다. 『홍당무』의 작가 쥘 르나르 Jules Renard 는 좀 더 노골적으로 표현했다. "행복한 것만으로는 충분하지 않다. 다른 사람들이 행복하지 못한 것도 필요하다."

러셀과 르나르의 말은 우리나라 속담에 '사촌이 땅을 사면 배가 아프다', '남의 집 불구경 않는 군자 없다'와 뜻이 비슷하다. 사람들 마음속에는 아무리 감추려 해도 남의 불행이 나의 행복이라는 '쌤통 심리'

가 있다. 남의 집에 화재가 나면 구경하러 달려가고, 교통사고가 나면 그 장면을 보려고 해당 차로뿐만 아니라 한국인만 그런 것은 아니다. 비교적 합리적이란 이미지를 가진 독일인도 '샤덴프로이데Schadenfreude' 라는 말을 쓴다. '남의 불행에서 얻는 기쁨'이란 뜻이다. 우리말의 '쌤통'과 가깝다. 영어권에서도 독일어의 이 단어를 그대로 가져다 사용한다.

이웃 효과가 반드시 부정적이지만은 않다. 적당한 질투와 시기심이 오히려 성장과 발전의 동력이 되기도 한다. 학교에서 비슷한 친구들끼리 선의의 경쟁을 할 때 성적이 더 오르듯이, 성공한 기업이나 인물은 대개 강력한 경쟁자가 있었다. 삼성전자와 LG전자는 가전에서 반드시 이겨야 하는 라이벌인 동시에 서로에게 좋은 자극제가 됐다. '가황' 나훈아에게는 남진이 있었고, 트로트 4대 천황으로 불린 송대관, 태진아, 설운도, 현철에게는 서로의 존재가 시너지가 됐다. 거의 20년간 남자 테니스계를 주름잡은 3대 천황 로저 페더러Roger Federer, 라파엘 나달Rafael Nadal, 노박 조코비치Novak Djokovic는 어떤가. 세 사람이 펼친 삼국지는 남자 테니스가 세계적 관심과 인기를 끄는 데 견인차가 됐고, 강한 경쟁자들이 있었기에 각자 더욱 정진할 수 있었다. 사실 우리나라가 식민지배와 전쟁을 딛고 이만큼 발전한 데는 일본이란 강력한 경쟁자의 존재가 지대한 역할을 했다고 할 수 있다. 한마디로 '질투는 나의 힘!'인 셈이다.

투자자가 가장 배 아플 때

· ✦ ·

이웃 효과에는 긍정적 요소와 부정적 요소가 모두 있다. 사람들은 좋은 뉴스보다 끔찍하고 경악스러운 뉴스에 관심을 가지듯이, 대체로 부정적 이웃 효과에 더 민감하다. 문제는 이런 심리가 투자에도 나쁜 영향을 미친다는 점이다. 특히 돈에 관한 일일 때 부정적 이웃 효과가 더욱 두드러진다. 쉽게 말해 배가 아픈 것이다.

워런 버핏은 주식투자에서의 이웃 효과를 알기 쉽게 비유했다. "나보다 IQ가 30이나 낮은 이웃이 주식으로 돈 버는 모습을 지켜보는 것처럼 고통스러운 일도 없다. 결국 사람들은 유혹에 굴복하고 만다." 머리가 좋은 자신은 주식에서 판판이 손해를 보는데, 머리도 나쁜 이웃이 어떻게 주식으로 돈을 버는지 도무지 납득하기가 어렵다. 이 때문에 평소라면 하지 않을 위험한 투자도 쉽게 감행하곤 한다.

경제사의 대가인 찰스 P. 킨들버거 Charles P. Kindleberger MIT 교수는 『광기, 패닉, 붕괴: 금융위기의 역사』에서 "친구가 부자가 되는 모습을 보면 누구나 배가 아파 판단력을 잃게 된다"라고 썼다. 비교 본능은 특히 보상과 처벌이 있는 곳에서 더욱 민감해진다. 오래전에 이런 일이 있었다. 비행기에서 기내 면세품을 파는데 중간에 물건이 동이 났다. 그러자 항의하던 한 탑승객이 이렇게 외쳤다. "나한테 안 팔 거면 앞사람에게도 팔지 마라." 배고픈 건 참아도 배 아픈 건 못 참는다는 심리다.

나만 홀로 소외될 것 같은 포모 증후군도 이웃 효과에서 비롯한다.

주변에서 주식투자로 돈 벌었다는 얘기를 몇 번 듣다 보면 나만 바보가 된 것 같은 기분이 든다. 그러면 빨리 따라잡으려고 급등주에 섣불리 덤벼들고, 빚내서 투자하거나, 주가지수 변동 폭보다 두세 배 크게 움직이는 '곱버스' ETF(상장지수펀드)를 기웃거린다. 비교 본능에서 유발되는 상대적 박탈감으로 인해 얼음장처럼 냉정해야 할 투자의 이성이 흐릿해지는 것이다.

나심 탈레브가 『스킨 인 더 게임』에서 정의한 용인할 수 없는 불평등도 비교 본능과 관련이 깊다. '불평등에는 두 가지 유형이 있다. 하나는 용인할 수 있는 불평등으로, 세상 사람들이 영웅으로 인정하는 사람들과의 격차다(아인슈타인, 소크라테스, 미켈란젤로 등). 이런 영웅들을 보면 오히려 '팬'이 된다. 닮으려 하고 존경한다. 이들과의 격차 때문에 부정적 감정이 생기는 경우는 없다. 다른 하나는 용인하기 어려운 불평등으로, 나와 별다를 게 없어 보이는 사람들과의 격차다. 이들의 삶을 보며 부럽다는 생각이 들어도 결코 이들의 팬이 되지는 않는다'는 것이다.

나와 비슷하면 삶의 행복과 행운도, 주식투자 성과도 엇비슷해야 하는데 그렇지 않으면 시기와 질투심이 생겨난다. 그래서 친구나 이웃이 선의로 권하는 것도 돈과 얽혀 있으면 액면 그대로 받아들이지 못하고 저의를 의심한다. 친구가 주식이 30퍼센트 올라 돈 벌었다고 자랑하며 '너도 이 종목에 투자해 보라'고 말하면 과연 선뜻 덩달아 투자할 마음이 들까? 아무리 유망한 종목이라도 친구가 산 가격보다 비싸게 사고 싶지 않아 주저하게 마련이다. 내가 10퍼센트를 벌면 친구는 40퍼센트를 벌 테니까. 토드 로즈 하버드대 교수는 『집단 착각』에서 "다수의 사람들은 돈을 버는 것보다 우월감을 더 중요시한다"라고 지적했다.

쇼펜하우어는 "우리의 불행은 대부분 남을 의식하는 데서 온다"라고 갈파했다. 행복해지고 싶으면 남들과 비교하지 마라. 투자에 성공하고 싶으면 역시 남들과의 비교는 금물이다. 비교 대상은 남들의 현재 상태가 아니라 '어제의 나'여야 한다. 그래야 발전이 있고 성취가 있다.

우리의 의사결정이
현명하기 힘든 이유

"피자를 네 조각으로 잘라 줘요"

요기 베라 Yogi Berra(1925~2015)는 미국 메이저리그 명문 팀 뉴욕 양키스의 명포수이자 감독을 지낸 사람이다. 그는 월드시리즈 우승 반지를 열 손가락에 다 낄 수 있을 정도로 크게 활약한 선수였다. 베라는 야구 실력도 실력이지만 촌철살인의 위트와 유머가 담긴 어록으로도 유명하다. 야구와 인생에 대한 깊은 통찰을 보여 준 그의 어록은 일명 '요기즘 Yogi-isms'이라 불린다.

요기즘 가운데 가장 유명한 말이 '끝날 때까지 끝난 게 아니다'이다. 너무 힘들어 포기하려는 사람들에게 힘이 되는 명언이다. 1973년, 베라가 감독을 맡은 뉴욕 메츠는 내셔널리그 동부지구에서 꼴찌를 기록하고 있었다. 시즌이 중반을 지나던 7월, 한 기자가 메츠가 선두팀에 9.5게임이나 뒤져 있어 가을야구는 물 건너갔다고 빈정댔다. 그러자 베라가 발끈하며 "끝날 때까지 끝난 게 아니라"고 말했다. 사실 누구도 메츠가 가을야구에 나갈 수 있으리라고는 생각지 않았다. 그러나 메츠는 기적처럼 지구 1위에 올랐고 월드시리즈에도 진출했다. 비록 준우승에 그쳤지만 7차전까지 접전을 벌였으니, 그가 말한 대로 된 셈이다.

이 외에도 베라는 "미래는 예전 같지 않다"(세상 변화에 발맞춰 노력하라), "어디로 가는지 모르면 엉뚱한 곳에 도착할 것이다"(목표와 방향성이 분명해야 한다), "관찰만 해도 많은 것을 볼 수 있다"(세심한 관찰이 중요하다), "다른 사람들 장례식에는 꼭 가라. 그러지 않으면 그들도 당신 장례식에 안 올 것이다"(인간관계는 서로 호혜적이어야 한다) 등 주옥같은 어록을 남겼다. 그러면서도 "내가 했다는 말들이 실제로 전부 내 입에서 나온 건 아니다"라고 능청스럽게 한마디 덧붙였다.

베라는 평소에도 유머와 재치가 넘쳤다. 그가 자주 가던 레스토랑에 발길을 끊자 주위 사람들이 이유를 물었다. 베라는 "더 이상 거기에는 아무도 안 가. 사람이 너무 많거든"이라고 답했다. 분명히 모순된 말인데 묘하게 그럴싸하다. 그는 이탈리아계 미국인답게 피자를 좋아했다. 하루는 피자 가게에서 점원이 피자를 몇 조각으로 자르겠냐고 묻자 그는 네 조각으로 잘라 달라고 대답했다. 이유인즉 "다이어트 중인데 여덟 조각을 먹으면 배부르니까"였다. 네 조각으로 자르든 여덟 조각으로 자르든 피자 한 판의 총량은 똑같은데, 그 짧은 순간에 익살을 부린 것이다.

베라의 어록은 얼핏 들으면 매우 단순하고 모순적인 것 같다. 하지만 그 속에 깊은 생각이 담겨 있어 인생의 교훈으로 삼아도 손색이 없다. 게다가 위트와 유머까지 겸비했으니 재밌는 가운데 묘한 설득력이 있다. 베라의 학력은 8학년(우리 학제로 중 2) 중퇴가 전부다. 그런데도 그의 말은 듣는 이에게 단순하면서 심오한 진리를 일깨워 준다.

독일 경제학자이자 작가 하노 벡Hanno Beck은 『부자들의 생각법』에서 요기 베라가 상황에 따라 프레이밍 효과framing effect를 절묘하게 이용했다고 봤다. 프레이밍 효과는 동일한 상황이더라도 어떤 구도를 제시하느냐에 따라 그에 대한 사람들의 인식, 판단, 의사결정이 달라지는 현상을 가리킨다. 지금 심장병을 수술하면 5년 후 '100명 중 90명이 산다'와 '100명 중 10명이 죽는다'는 같은 말이다. 그러나 의사가 수술의 위험성을 설명하면서 성공률을 강조하느냐, 실패율을 앞세우느냐에 따라 환자의 반응이 판이하게 달라진다. 같은 리스크인데도 '이익' 프레임이냐, '손실' 프레임이냐에 따라 받아들이는 사람의 생각이 달라진다.

원래 프레이밍은 사진을 찍을 때 화면 구도를 잡는 것을 의미하는 말로, 심리학, 사회학, 경제학, 정치학 등 다양한 분야에서 해석 틀을 가리키는 용어로 쓰인다. 벡은 "요기 베라처럼 프레이밍 효과를 활용할 줄 알면 상대방의 프레이밍에 속지 않을 수 있다"라고 조언했다.

"평생 설탕물이나 팔 건가?"

· ✦ ·

프레이밍 효과는 어떤 프레임으로 보느냐에 따라 세상이 완전히 달라 보일 수 있음을 잘 보여 준다. 요기 베라는 팀이 시즌 중반까지 꼴찌인 상황에서 '자포자기' 프레임이 아니라 아직 절반이나 남았으니 무슨 일이든 일어날 수 있다는 '할 수 있다' 프레임으로 팀을 변화시켰다.

프레이밍 효과의 고전적 사례가 1983년 스티브 잡스가 마케팅으로 펩시를 일으킨 존 스컬리^{John Scully}를 애플 CEO로 스카우트할 때의 일화다. 스컬리는 애플의 사업구조와 높은 연봉 제안에 끌렸지만 한 번 거절했다. 그러나 잡스가 특유의 꿰뚫어 보는 눈빛으로 거부할 수 없는 한 방을 날렸다. "설탕물이나 팔면서 남은 인생을 보내고 싶습니까, 나와 함께 세상을 바꾸고 싶습니까?

훗날 스컬리의 회고에 따르면 잡스가 강렬한 눈빛으로 이 말을 던졌을 때 큰 충격을 받았다고 한다. 콜라회사 마케팅을 설탕물 파는 일이라는 '하찮은 일'로 프레이밍해 버리니 스컬리로서는 달리 생각할 여지가 없었던 것이다. 이렇게 애플에 합류한 스컬리가 훗날 잡스를 애플에서 쫓아냈으니, 아이러니한 일이다.

프레이밍 효과는 기업의 마케팅이나 장사에서 기본 중의 기본이다. 파는 입장에서는 유용한 수단이지만 소비자 입장에서는 착시와 비합리적 소비의 원인이 되므로 경계해야 할 대상이기도 하다. 마케팅 수단인 광고의 카피는 소비자에게 브랜드를 각인시키는 강렬한 인상(프레이밍)을 짧은 구절 안에 넣어야 하는 피 말리는 작업이다.

해외 광고에서 인상적인 카피 중 하나가 나이키의 '저스트 두 잇^{Just} do it'이다. '그냥 해라'라는 이 단순한 문구는 스포츠 브랜드의 정체성에 잘 어울리면서 운동 마니아들에게 당장 뛰어나가고 싶은 충동을 불러 일으켰다. 이 카피는 스우시 로고와 더불어 나이키의 상징이 됐다. 애플의 '다르게 생각하라^{Think different}'는 한 입 베어 문 사과 로고와 함께 애플과 혁신을 연결시켰고, 폭스바겐의 '작게 생각하기^{Think small}'는 소형차의 매력을 부각시켰다. 각기 브랜드의 특성과 차별점을 단 두세 단어로 압축했다. 그만큼 강렬하고 인상적이어서 기억하기도 쉽다.

우리나라의 사례로는 '침대는 가구가 아닙니다. 침대는 과학입니다'를 빼놓을 수 없다. 탤런트 박상원이 등장한 이 광고는 1993년 처음 전파를 탔다. 가구인 침대를 과학으로 프레이밍 해 사람들의 인식을 바꾼 것이다. 당시 초등학교 시험에서 가구가 아닌 것을 고르라는 문제에 침대라고 쓴 학생들이 많았다는 일화가 있을 정도였다. 이 광고는 30년이 흐른 2023년 리바이벌돼 1993년생 박보검이 '모두가 아는 숙면 공식, 침대는 과학'이라고 외쳤다. 프레이밍은 이렇게 힘이 세다.

속지 말자! 프레임

• ✦ •

프레이밍에 따라 어떤 것은 싸게 보이고 어떤 것은 비싸게 보인다. 옷의 경우 정가를 다 주고 사면 부자거나 바보라고 할 정도로 프레이밍이 난무한다. 아웃렛이든 소위 '창고개방 폐업정리' 세일이든 남성 정장을 80퍼센트쯤 할인한다고 내건다. 그런데 할인된 가격을 보면 대략 20만 원 안팎이다. 그렇다면 원래 정장 정가가 100만 원이었단 말인가? 말도 안 되는 소리다. '80퍼센트 세일'에 꽂히면 마냥 싸 보이겠지만 진짜 저렴한 건지, 안 팔리는 재고·이월 상품은 아닌지 면밀하게 따져 봐야 한다. 할인, 세일은 이익 프레이밍을 만들기 때문에 사람들이 혹하기 쉽다.

그러나 내 경험상 남성 정장은 백화점, 대형마트, 아웃렛, 땡처리 어디든 간에, 또 할인율이 30퍼센트, 50퍼센트, 80퍼센트 얼마든 간에 같은 물건이면 최종가격이 대동소이하다. 겉에 붙은 정가표나 할인율에 현혹되지 말고 실제 얼마를 지불할 만한 상품인지 따져 보라는 얘기다. 스마트폰을 살 때도 판매원의 현란한 말솜씨에 끌리지만 "그래서 한 달에 얼마?"라고 프레임을 바꿔야 바가지를 안 쓴다.

몇 해 전 인천 송도에 놀러갔을 때 사은품을 준다는 말에 혹해서 오피스텔 투자 상담을 받게 됐다. 현장 직원은 오피스텔의 장점을 늘어놓으며 지금 사두면 연 10퍼센트 가량 월세 수입이 나온다고 열심히 권유했다. 최고급 내장재, 원활한 교통, 대단위 오피스 타운 건설 예정, 대형 공연장과 K팝 팬들의 숙박 수요, 컨시어지 서비스, 원활한 대출 등 장점을 들어 보니 그럴싸했다.

하지만 가만히 생각해 보니 내가 호구가 될 것 같았다. 직원은 오피스텔의 장점으로만 프레이밍 했다. 그가 말한 내용을 반대로 생각해 보자. 우선 최고급 내장재를 썼다면 분양가에 얹어져 가격이 비쌀 테고, 오피스 타운은 터파기도 아직 안 된 데다 그만한 사무실 수요가 있을지 의문이고, K팝 공연은 어쩌다 열리니 대부분 기간에는 비어 있을 테고, 대출을 받으면 이자 부담도 져야 한다. 그로부터 1년 뒤 코로나19 사태가 터졌고, 뒤이어 대출금리가 폭등했다. 그럴싸한 프레이밍에 넘어가 돈을 넣었다면 지금 어떤 처지에 놓였을까?

최근에도 비슷한 경험을 했다. A은행 지점에 간 아내가 6개월 정도 목돈을 맡길 예정인데 이자를 잘 받을 수 있는 금융상품이 있느냐고 문의했다. 은행 담당 직원은 원금이 보장되는 상품은 연 2퍼센트대 정기예금뿐이라며 다른 것을 권했는데, 알고 보니 말 많고 탈 많았던 주가연계증권ELS이었다. ELS를 '이자 좋은 상품'이라고 프레이밍 한 것이다. 시중은행들이 ELS 사태 초기에 ELS 판매를 중단했다더니 슬그머니 재개한 모양이었다. 하지만 코로나19 사태가 일어나기 전에 지인이 은행에서 권유한 홍콩H지수에 연계된 ELS를 샀다가 원금의 거의 절반을 날린 것을 잘 알기에, 뒤도 안 돌아보고 나왔다. 내 지갑과 계좌에서 돈이 나갈 때 프레이밍에 속지 않으려면 두 번 생각하고 뒤집어 생각해 봐야 한다는 교훈을 얻었다.

금융회사들의 민낯

· ✦ ·

우리는 금융회사를 다수 고객의 돈을 받아 안전하게 관리해 불려 주는 곳으로 알고 있다. 그래서 금융회사는 신용이 생명이고, '선량한 관리자'로서 최선을 다할 의무가 있다. 그런데 여태껏 내가 관찰한 바에 따르면, 금융회사는 광고와 달리 고객만 생각하는 곳이 아니란 것이 결론이다. 자기 이익이 고객 이익에 우선하는 곳이 적지 않다. 갈수록 기승인 보이스피싱이나 불법 고리대금(사채), 불법 채권추심, 다단계(폰지) 사기 등은 그 자체가 범죄행위이므로 근절돼야 마땅하다. 그런데 멀쩡한 금융회사들이 사실상 사기에 가까운 행태를 보이는 것은 용납하기 어렵다.

금융회사라면 절대 하지 말아야 할 일이 종종 발생한다. 가장 납득하기 어려운 게 은행들이 80~90대 노인에게까지 ELS를 판 것이다. 은행들은 연계된 주가지수(통상 홍콩H지수)가 반 토막 나지 않는 한 ELS는 원금 손실이 없고, 정기예금보다 수익률이 높다는 점을 내세워 적극적으로 팔았다. 하지만 "홍콩H지수가 설마 50퍼센트 이상 하락하겠어?"에서 '설마'가 사람을 잡았다. 2021년 1만 2,000선에 육박하던 H지수가 2024년 초 절반 미만인 5,000대로 폭락한 것이다.

웬만한 금융지식을 갖고 있어도 상품구조를 이해하기 힘든 게 ELS다. 그런 상품을 이자를 조금이라도 더 받아 보겠다고 노후자금을 맡긴 60세 이상 노년층에 4조 원 넘게 판 것이다. 물론 ELS를 잘 알고 원해서 산 사람도 있었을 것이다. 그러나 은행에서 파는 상품이니 당연히 원금 손실은 없을 거라고 여긴 사람이 많았다. 심지어 80~90대에게까지 이런 고위험 상품을 100억 원 가까이 팔았으니 이건 사실상 사기나 다름없다.

ELS는 설명하기 복잡하지만, 간단히 말해 '수익은 찔끔, 손실은 왕창'인 매우 위험도 높은 파생금융상품이다. 은행 이자보다는 수익이 조금 더 나오고, 6개월마다 연계된 주가지수가 일정 수준 이상이면 별일이 없다. 하지만 연계된 주가지수가 폭락하면 원금을 날린다. 만든 쪽이 일방적으로 유리한 비대칭 상품이다. 은행들은 수수료 좀 벌겠다고 남의 나라 물건을 떼다 팔아 고객에게 막대한 손실을 입힌 것이다. 총손실은 17만여 계좌에 4조 6,000억 원에 달했다. 한국에서 엄청난 손실을 본 대신 ELS를 만든 홍콩 금융회사들은 떼돈을 벌었다. 파생상품은 잃는 쪽이 있으면 버는 쪽이 있는 제로섬 게임이다. 잘 모르는 상품에는 절대 투자하지 않는 게 최선이다.

또 다른 문제는 20~30대 젊은이들에게 보험회사들이 종신보험을 판 것이다. 종신보험은 보험에 든 사람(피보험자)이 사망할 때까지 보장해 준다는 프레이밍으로 한때 인기를 끌었다. 그러나 알고 보니 본인이 사망해야 가족에게 보험금이 나오고, 보험료도 일반 정기보험보다 훨씬 비싸다. 20~30대는 앞으로 살아갈 날이 못해도 40~50년은 족히 될 것이다. 살날이 새털처럼 많이 남은 청년들에게 사망해야 받는 종신보험을 대거 판 것은 분명 문제가 있다. 이로써 보험회사와 설계사들은 돈을 벌었겠지만, 고객들에게는 보험료가 큰 부담이 돼 종신보험을 5년 내 해약하는 경우가 가입자의 절반에 이르렀다. 보험은 중도 해지하면 원금을 다 못 받는다.

종신보험은 일부 저축 기능이 있어 보험료가 비싸다는 설명도 말도 안 되는 소리다. 보험의 주목적은 위험 보장이지 저축이 아니다. 저축할 바에야 차라리 은행 예적금이 낫고, 보험을 들 생각이면 보험료가 싼 보장성 보험에만 드는 게 합리적이다. 뒤늦게 정부당국이 종신보험의 중도인출(월 연금식 지급)을 허용했지만, 이는 종신보험이 얼마나 고객에게 메리트가 없는지를 반증하는 꼴이다. 정부당국이 든 예시를 보면, 사망보험금을 1억 원으로 잡고 45세부터 20년간 월 15만 원씩 넣은 경우 사망보험금을 3,000만 원으로 줄이는 대신 65세부터 20년간 월 18만 원을 받을 수 있다고 한다. 이런 보험이면 안 드는 게 낫다.

프레임 역이용하기

· ✦ ·

개인투자자는 인간이 불가피하게 갖는 손실 회피, 우월성 착각 등 각종 오류와 편향으로 인해 비합리적인 투자에 빠질 위험이 높다. 자신은 그렇지 않다고 생각하겠지만, 개인투자자의 90퍼센트 이상이 그러한 것이 현실이다. 한마디로 과감히 손절매를 할 수 있는지 자문해 보면 알 수 있다. 주식투자 게시판을 보면 "자꾸 물타기를 하다 보니 어느덧 주요 주주가 될 판"이라는 글이 종종 달린다. 주가 하락에 팔지도 못하고 언젠가 반등할 거라고 막연히 기대하면서 오히려 주식을 더 사는 것이다.

합리적으로 투자하려면 프레이밍 효과를 역이용할 필요가 있다. 우선 자신의 투자 목표를 '단기간 대박'이 아니라 '안정적인 장기 투자'로 프레이밍 하는 식이다. 주식투자를 왜 하는지 생각해 보면 당연히 그래야 한다. 한두 번 수익을 내고 마는 게 아니라 작더라도 해마다 수익을 내는 것이 목표가 돼야 한다.

둘째, 호재든 악재든 주가를 움직이는 재료를 한쪽 측면만 보는 좁은 프레임으로 단정하지 말아야 한다. 모든 사안에는 긍정적 요인과 부정적 요인이 있기에 양쪽을 균형 있게 바라봐야 한다는 얘기다. 호재성 뉴스가 나와도 도리어 주가가 떨어지는 경우가 많다. 이미 재료가 주가에 선반영됐기 때문이다. 아무리 호재여도 남들이 다 아는 정보라면 그것은 악재로 둔갑한다. '소문에 사고 뉴스에 팔아라'라는 주식 격언이 있는 이유다. 내가 사고 싶어 안달 난 주식을 누군가는 팔고 있다. 앞서 송도 오피스텔 투자 권유처럼 장점만 고려하면 괜찮아 보이지만, 단점을 함께 분석해야 섣부른 결정을 피할 수 있다.

셋째, 주식투자를 긴 마라톤으로 생각한다면, 판단기준은 수익 극대화가 아닌 손실 최소화가 돼야 한다. 주식투자에서 살아남아야 나중에 돈 벌 기회도 생긴다. 단기간 대박이라는 환상이 잡주들을 기웃거리게 만들지만, 결승선까지 아주 많이 남았다고 생각해 보라. 마라톤을 하는데 100미터 달리기 하듯 전력 질주할 수는 없다.

원영적 사고, 우회적 사고

• ✦ •

우리 삶에서 프레이밍 효과는 워낙 강력해 삶의 태도를 좌우한다. 프레이밍에 따라 세상을 보는 관점도 달라진다. 어차피 그렇다면 긍정적으로 생각하는 자세가 필요하다. 긍정적 프레이밍의 사례로 젊은 세대 사이에서 밈^meme처럼 여겨지는 '원영적 사고'는 여러모로 인상적이다.

원영적 사고는 인기 걸그룹 아이브의 멤버 장원영이 상황마다 보여준 초월적인 긍정적 태도에서 유래했다. 유튜브 영상에서 장원영이 이름난 빵집에 가서 줄을 섰는데 준비한 빵이 바로 앞에서 다 팔려 버렸다. 이때 대다수의 사람은 운이 나쁘다고 투덜거렸을 텐데, 장원영은 기다렸다가 빵을 받은 뒤 전혀 예상 밖의 반응을 보였다. "새로 갓 나온 빵을 받게 됐지 뭐예요. 행운의 여신은 나의 편이야." 이 영상을 본 한 팬이 2024년 3월 장원영의 사고방식을 풀어놓은 X(옛 트위터)에 올린 글이 또 화제가 돼 '원영적 사고'라는 이름으로 불리게 됐다.

원영적 사고는 단순히 긍정적 사고를 넘어 자신에게 일어나는 모든 사건이 궁극적으로 긍정적 결과로 귀결될 것이라는 확고한 낙관주의에 기반을 두고 있다. 내게 일어나는 모든 일이 결국 내게 좋은 일이라고 받아들이는 태도다. 원영적 사고는 정신승리법과 유사해 보일 수도 있지만, 부정적 상황을 긍정적으로 치환해 고통을 회피하는 데에서 끝나는 게 아니라 긍정적 사고를 바탕으로 긍정적인 결과까지 이르게 하려는 목적이 담겨 있다.

원영적 사고와 함께 '우희적 사고'도 있다. 우희적 사고는 배우 천우희가 예능 프로그램에 나와 언급한 이야기에서 유래했다. "배우를 할수 없다, 못생겼다는 얘기를 많이 듣고 허탈함이 있었지만 그렇게 타격감은 없었어요. (힘든 일이 닥치면) '와 얼마나 잘 되려고 이럴까?' 이렇게 생각하는 편이에요. 알바 할 때도 집에서 전을 직접 부쳤거든요. 하면서도 '내 인생이 점점 버라이어티해지는군. 재밌겠어!' '에피소드 하나 더 생긴다 생각하지 뭐' 이렇게 생각했어요."

장원영과 천우희는 화나는 상황이나 힘든 일을 바라보는 관점을 바꿔 거꾸로 자신의 긍정 에너지로 삼았다. 그렇게 생각하는 게 결코 쉬운 일이 아니다. 이들의 사고방식은 불교에서 오래전부터 가르쳐 온 '일체유심조一切唯心造', 즉 모든 것은 마음에 달렸다는 사상과 통한다.

천우희는 "좌절하지 않았던 게, 똑같은 상황이라도 결국 마음가짐이라는 생각이 들거든요. 힘들다, 힘들다 생각하다 보면 그 안에서 못 벗어나요"라고 말했다. 주식, 코인 투자에 나섰다가 어려움을 겪고 있는 청년들에게 들려주고 싶은 이야기다.

투자에 실패했더라도 '다음에는 얼마나 잘 되려고 이러나' 하며 털고 일어나, 실패 경험을 통해 배우는 자세가 절실하다. 투자 성과의 90 퍼센트는 오랜 경험에서 나온다. "돈이 많으면 경험을 얻고 경험이 많으면 돈을 번다"(대니얼 드루)라고 하지 않는가. 조급증, 불안, 부정적 생각을 긍정 에너지로 바꿔 세상을 바라볼 필요가 있다.

제4부

부와 시장의 물리학

앞서 우리는 사람들이 돈에 관한 한, 머리로는 합리성이라는 경제 원리로 접근하지만 실제 행동은 그때그때의 분위기나 자신의 감정과 기분에 따라 결정된다는 점을 살펴봤다. 경제학을 공부하는 것은 돈의 큰 흐름을 이해하는 데는 도움이 되지만, 개개인의 실제 선택과 판단을 설명하는 데에는 분명히 한계가 있다. 따라서 행동경제학과 심리학적 접근이 훨씬 유용하다는 사실도 알게 됐다.

이제 돈과 부_富 그리고 주식시장을 제대로 이해하려면 각자 생각이 다른 무수한 개인들이 모여 이룬 집단과 사회의 작동원리를 파악하는 단계로 넘어가야 한다. 주식투자 역시 사회(시장)에서 이뤄지는 행위이기에 다른 차원의 접근방법이 필요하다.

인류는 고대부터 우주와 세상의 작동원리를 끊임없이 탐구해 왔다. 중세까지는 그 원리를 신의 섭리라고 여겼다. 대홍수는 신이 인간을 처벌하기 위해 일어난 것이고, 역병과 재난은 신의 노여움이라고 여겼다. 그러나 과학혁명^{Scientific Revolution}* 이후 신의 섭리와 연금술은 과학으로 치환됐다. 탐구와 검증이 세상을 이해하는 방식이 된 것이다. 애덤 스미스^{Adam Smith}는 세상을 지배하는 원리가 분명히 있는데 정확히 알 수 없는 그것을 '보이지 않는 손^{invisible hand}'이라고 명명

---

* 16~18세기 유럽을 중심으로 일어난 일련의 발견과 지적·사회적 변화. 이전까지 종교적 권위나 연금술, 미신 등에 지배되던 지식체계는 논리적 추론과 관찰, 실험을 중시하는 과학적 방법론으로 대체됐다. 이 시기의 주요 인물로 니콜라우스 코페르니쿠스^{Nicolaus Copernicus}(지동설), 갈릴레오 갈릴레이^{Galileo Galilei}(천체관측, 망원경), 요하네스 케플러^{Johannes Kepler}(행성운동 법칙), 아이작 뉴턴^{Isaac Newton}(만유인력, 미적분학), 로버트 보일^{Robert Boyle}(근대 화학), 앙투안 라부아지에^{Antoine Lavoisier}(질량보존의 법칙), 안드레아스 베살리우스^{Andreas Vesalius}(해부학), 프랜시스 베이컨^{Francis Bacon}(귀납적 방법론), 르네 데카르트^{René Descartes}(연역적 방법론) 등이 있다.

했다. 이후 경제학은 세상을 설명하는 유용한 도구로 '사회과학의 제왕'이란 칭호로 불리기도 했다.

그러나 균형과 평형을 추구하는 경제학은 금융시장이 종종 광기와 패닉에 빠지고, 사람들이 집단을 이루면 개인일 때와 다른 집단행동이 나타나고, 어느 나라든 부가 편중된 분포를 보이는 현상 등에 대해 잘 설명하지 못했다. 이제 경제학이 누리던 지위를 우주와 세상의 작동원리를 탐구하는 물리학이 대체하고 있다.

물론 물리학이 돈과 부의 비밀을 알려 줄 마술도구나 만능 치트키는 아니다. 미시·거시 경제학은 기본 전제의 오류에도 불구하고 여전히 나름의 쓸모가 있다. 그러나 초연결된 세상에서 경제현상은 단순히 수요·공급 원리로만 결정되고 원인과 결과가 분명한 단순계의 사건이 아니다. 사회를 구성하는 개체들 간에 끊임없이 상호작용하고 되먹임(피드백)이 일어나는 복잡계로 접근해야 한다. 호모 에코노미쿠스(경제적 인간), 세테리스 파리부스(모든 조건이 동일하다면) 같은 경제학적 접근법으로는 이해할 수 없는 일이 수없이 벌어지고 있다.

다행히 나심 탈레브, 마크 뷰캐넌Mark Buchanan, 제프리 웨스트Geoffrey West, 에릭 바인하커Eric Beinhocker 같은 현대 물리학으로 무장한 석학들이 주식시장이란 복잡계를 들여다볼 실마리를 제공해 준다. 제4부에서는 물리학적 접근을 통해 부와 시장의 원리를 탐구해 본다.

01

질서와 무질서가 뒤섞인
복잡계 세상

도쿄의 시부야 스크램블

• ✦ •

일본 도쿄의 3대 번화가로 신주쿠, 하라주쿠, 시부야가 꼽힌다. 이 가운데 시부야에는 무려 10개의 전철 노선이 교차하는 시부야역이 있다. 시부야역의 하루 이용객이 300만 명에 이른다고 하니 얼마나 번잡할지 상상하기가 어렵다. 시부야의 가장 유명한 볼거리가 오거리 교차로에서 수많은 군중이 사방으로 건너는 횡단보도인 '시부야 스크램블 크로싱'이다. 줄여서 '시부야 스크램블'이라고 부르는 이곳은 1980년대부터 유명해지기 시작해 지금은 누구나 꼭 가 봐야 하는 관광명소가됐다.

스크램블 하면 달걀을 뒤섞어 익히는 에그 스크램블이 떠오르지만, 스크램블 크로싱scramble crossing은 차들을 모두 정지시키고 사방으로 건너가는 횡단보도를 뜻한다. 시부야 스크램블에서는 1분 30초마다 오거리의 모든 신호등이 보행신호로 바뀌고 온갖 방향으로 사람들이 횡단보도를 바삐 건너간다. 피크타임에는 한 번에 2,500명이 길을 건너는 장관이 연출된다. 이곳이 복잡한 도쿄에서도 가장 혼잡한 장소로 꼽히는 이유다.

보통 한꺼번에 수백 명이 사방에서 교차로를 건너가는데 서로 부딪치지 않고 용케 잘 피해 간다. 일본인에게는 일상적인 모습이지만 외국인의 눈에는 신기하기 짝이 없다. 일본인 특유의 '메이와쿠迷惑'(남에게 폐를 끼치는 행위)를 피하려는 문화의 산물이다. 이 광경을 목격한 독일 기자가 '기적의 횡단miracle crossing'이라고 보도해 더욱 유명해졌다. 길을 건너다 간혹 부딪치는 사람이 있다면 십중팔구 외국인이다. 시부야 스크램블을 한눈에 볼 수 있는 주변 건물들은 관광객으로 붐빈다. 시부야 스크램블을 관람할 수 있는 명당인 카페, 라운지 등에서는 커피나 맥주 값 외에 우리 돈으로 1만~2만 원쯤 하는 입장료를 별도로 받는다.

시부야 스크램블은 해질 무렵 수천 마리의 새떼가 춤추듯 비행하는 장관을 연상시킨다. 새들은 서로 부딪치지 않으면서 한꺼번에 날아오르고, 방향을 바꿀 때는 마치 약속이나 한 듯 동시에 한쪽으로 움직인다. 작은 물고기들이 커다란 군집을 이뤄 이동할 때도 마찬가지다. 누가 시키지도 않았고, 전체를 조율하는 지휘자가 있는 것도 아닌데 무질서해 보이는 가운데서도 그 나름의 질서가 있다. 이는 뒤에서 살펴볼 복잡계 이론의 주목할 만한 사례로 꼽힌다. 무수한 개체가 각자의 행동원칙을 알지 못하지만, 서로 영향을 주고받는 상호 피드백을 통해 적응하는 것이다.

시스템界으로 구성된 세상

• ✦ •

필자는 세상의 작동방식을 이해하는 데에 물리학 개념이 가장 유용하다고 확신한다. 지구가 물리법칙에 따라 움직이고, 지구상의 인간을 포함한 모든 생물과 자연현상이 물리법칙의 지배를 받고 있기 때문이다. 주식시장 같은 인공물도 물리법칙의 범주 내에서 작동한다.

하지만 오랫동안 우리는 문과와 이과로 나누어 교육해 왔다. 문과생은 과학과 담쌓고, 이과생은 인간과 사회에 눈 감게 만드는 외눈박이 교육의 폐해로 인해 우리는 세상을 이해하는 데 많은 어려움을 겪는다. 지금은 문·이과 통합 교육을 한다지만 수학능력 시험은 여전히 분리돼 있다. '문돌이'인 필자도 물리학을 이해하는 데 많은 어려움을 겪었다.

과학적 관점에서 보면 세상은 다양한 시스템界으로 구성돼 있다. 시스템이란 '각 구성요소들이 상호작용하거나 상호의존하며 복잡하게 얽힌 통일된 하나의 집합체unified whole'이다. 상호작용하거나 서로 관련이 있는 요소들이 일련의 규칙에 따라 통합된 전체를 형성하는 것이 시스템이다. 작은 기계부터 인간 조직, 이론체계, 제도, 언어, 문화, 기술도 시스템이라고 부를 수 있다. 각 분야마다 상호작용하는 개체가 있고, 하위 시스템이 있을 수 있다.

TV, 냉장고, 세탁기 같은 가전이나 자동차, 컴퓨터부터 인간의 집단, 사회, 기업과 제도, 전력망과 철도망, 지방자치단체, 정당, 국가도 시스템이다. 개미나 벌의 집단부터 자연 생태계 전체도 하나의 시스템이 된다. 온라인 주문·배송 같은 물류, 우편, 통신 같은 인프라도 마찬가지로 시스템을 구성한다.

시스템은 경계, 구조, 목적에 따라 다양하게 분류된다. 우선 자연 시스템(생태계, 기상체계, 사람 등 모든 생물), 인공 시스템(교통체계, 통신망, 인터넷망 등), 추상 시스템(이론체계, 사상, 수학 등)으로 구분한다. 주식시장은 증권거래소라는 물리적 장소가 있지만 주식거래 그 자체를 의미하므로 인공 시스템이면서 추상 시스템이다.

물리학의 핵심인 열역학에서는 시스템과 외부 사이의 상호작용 여부에 따라 개방계(열린계open system), 폐쇄계(닫힌계closed system), 고립계isolated system로 나뉜다. 개방계는 계界와 외부 사이에 물질과 에너지 교환이 다 가능한 시스템으로, 모든 생명체가 여기에 해당한다. 폐쇄계는 외부와 에너지 교환이 가능하지만 물질 교환은 불가능한 시스템이다. 지구 자체가 그렇다. 외부(태양)로부터 에너지를 받지만 지구상의 대기, 물, 물체 등이 지구 밖으로 유출되지는 못한다. 간혹 별똥별(운석)이 떨어지고 우주선이 지구 밖으로 나가는 것은 극히 예외적인 사건일 뿐이다. 고립계는 물질과 에너지 모두 교환이 불가능한 시스템인데, 100

퍼센트 완전한 고립계는 이론상으로만 존재한다.

세 가지 시스템을 알기 쉽게 비유한다면, 개방계는 뚜껑이 열린 채 끓고 있는 냄비이고, 폐쇄계는 통조림처럼 밀폐된 용기이며, 고립계는 열 손실을 최소화한 보온병이라고 할 수 있다. 물론 보온병의 액체는 시간이 지나면 식으니 보온병이 완벽한 고립계는 아니다. 고립계를 설명하기 위한 비유일 뿐이다.

이런 관점에서 보면, 주식시장은 시스템을 구성하는 개체인 투자자가 돈과 함께 끊임없이 드나드는 곳으로서 외부 정보의 영향을 받고, 개체들 간에 서로 영향을 미치는 상호작용이 일어나는 개방계의 특성을 갖고 있다.

단순계 vs. 복잡계

• ✦ •

시스템 분류에서 가장 중요한 것이 단순계simple system와 복잡계complex system다. 이는 구성 요소 간 상호작용 방식과 그로 인한 특성을 기준으로 나눈 것이다. 단순계와 복잡계를 이해하면 세상의 구성 원리를 파악하기가 한결 수월해진다. 경제와 주식시장도 세상의 일부이기에 그 작동방식이 복잡계의 원리를 따른다.

단순계는 전체를 구성하는 부분들이 서로 분리돼 상호작용이 없는 상태 또는 구조를 가리킨다. 각 부분이 명확한 규칙을 따르고 서로 영향을 미치지 않기에, 예측 가능하고 인과관계가 분명하다. 특히 개체들의 특성을 파악하면 전체를 이해할 수 있다. 입력된 변화량만큼 출력의 변화가 있는 1차 함수 같은 구조여서 예측이 가능하다. 숫자로 비유하면 2, 4, 6, 8, 10처럼 일정 간격·비율로 변화해 그래프상에서 직선적으로 나타나므로 선형적^{linear} 특징을 보인다.

단순계는 주위에서 흔히 볼 수 있다. 시계, 자동차, 컴퓨터 등이 이에 해당한다. 자동차는 겉보기에는 매우 복잡한 장치지만 연료(에너지)를 넣고 시동을 걸면 원하는 대로 작동되는 단순한 장치이기도 하다. 이 밖에 저울, 용수철, 진자, 가정의 전기회로 등이나 수학의 사칙연산, 순서대로 작업을 수행하는 기계의 알고리즘도 단순계에 해당한다.

이들과 달리 복잡계는 질서와 무질서가 뒤섞여서 서로 밀접하게 연결된 상태나 구조를 가리킨다. 전체적으로는 어떤 질서가 있지만 개별적으로 보면 무질서해 보인다. 원인과 결과가 불분명해 큰 변화가 생겨도 그 원인을 파악하기가 쉽지 않다. 부분의 합보다 전체가 더 크고, 전체를 이루는 개체의 특성과는 완연히 다른 전체가 만들어진다. 전혀 예측할 수 없는 현상, 즉 창발$^{創發, emergence}$*이 일어나는 것이다.

1969년 노벨 물리학상 수상자인 머리 겔만$^{Murray Gell-Mann}$은 복잡계를

---

*　　부분적으로는 시스템의 구성요소(개체)에서는 찾아볼 수 없는 특성이나 행동이 시스템 전체 구조에 자발적으로 나타나는 현상이다. 부분의 합보다 전체가 더 큰 새로운 특성을 보인다. 예컨대 개미는 단순한 행동패턴을 따르고 거대한 개미집을 건축할 능력이 없지만 군집을 이뤘을 때는 온도 조절, 환기, 저장 기능까지 갖춘 정교한 개미집을 만들어낸다.

"구성 요소들을 이해하는 것만으로는 전체의 특징이 완벽하게 설명되지 않는 시스템이다. 상호작용을 하며 얽혀 있는 많은 부분, 개체, 행위자들로 구성돼 있다"라고 정의했다. 개체의 특성을 파악해도 전체를 알 수 없다. 전체에서 발견되는 특징이 개체에서는 나타나지 않기 때문이다. 전체에는 어떤 질서가 있지만 개체 측면에서는 무질서해 보인다.

복잡계의 대표적인 사례가 자연 생태계다. 개체들 간에 먹이사슬로 연결돼 있고 끊임없이 상호작용이 일어난다. 전체적으로 보면 어떤 질서가 있지만 개별적으로 보면 생존투쟁의 무질서만 있는 것처럼 보인다. 개미 군집은 정교한 개미집을 구성하지만 개별 개미에게서는 그런 능력을 보일 만한 어떤 특징도 발견할 수 없다. 새들도 누군가의 지휘 없이 각각의 새가 주변 새들과 거리를 유지하고 방향을 맞추는 단순한 규칙을 따를 뿐이지만, 마치 군무를 추는 듯한 어마어마한 장관을 만들어 낸다. 사람이 모인 집단, 기업, 사회, 국가도 마찬가지다. 개개인을 이해하는 것만으로 집단, 기업, 사회, 국가를 완벽하게 설명할 수 없다. 인간의 두뇌 작동 방식도 복잡계의 속성을 띤다.

이런 복잡계에는 혼란스럽지만 그 나름의 규칙이 있다. 복잡계의 변화는 단순계처럼 예측 가능한 게 아니라 급격히 일어나는 구조여서, 선형적인 단순계의 특성과 대비해 비선형적nonlinear 특성을 갖고 있다. 또한 단순계에서는 자극(원인)이 있어야만 변화(결과)가 생기는 데 반해, 복잡계에서는 외부 자극이 없어도 스스로 질서를 만들어 내는 자기조직화[self-organization]가 일어난다. 자기조직화란 외부의 지시나 누군가의 통제 없이도 구성 요소들 간의 상호작용을 통해 스스로 질서 있는 구조와 패턴을 형성하는 현상을 의미한다. 복잡계의 자기조직화 사례는 개미나 벌의 군집, 새의 군무, 뇌의 신경망 등 자연계에서뿐만 아니라 도시의 성장, 인터넷의 확산, 주식시장 변동 등 인간 사회에서도 두루 찾아볼 수 있다.

비유하자면 단순계는 동물원, 복잡계는 아프리카 세렝게티 초원이다. 동물원에서 단조롭게 생활하는 동물과, 사바나 초원지대에서 하루하루 생존하기 위해 애써야 하는 야생동물의 차이다. 단순계는 사람이 공들여 가꾼 정원이고, 복잡계는 사람의 손길이 닿지 않은 밀림 숲이라고 할 수도 있다. 변화의 특성이 완전히 다르게 나타난다. 단순계는 잔잔히 흐르는 강에, 복잡계는 평온하다가도 간혹 폭풍우가 휘몰아치는 바다에 비유할 수도 있다.

저명한 물리학자 스티븐 호킹[Stephen Hawking]은 뉴 밀레니엄(2000년)에 접어들 무렵 이런 질문을 받았다. "20세기는 물리학의 세기였고, 이제 생물학의 세기로 접어들고 있다고 말하는 이들이 있는데 어떻게 생각하십니까?" 호킹의 대답은 이랬다. "내 생각에 다음 세기는 복잡성의 세기가 될 겁니다."[*]

---

[*]   제프리 웨스트, 『스케일』, 37쪽에서 인용.

경제 시스템은 거대한 복잡적응계

• ✦ •

복잡계를 이해했다면 본격적으로 부와 시장의 본질에 대해 알아보자. 복잡계의 하위 개념으로 복잡적응 시스템complex adaptive systems 또는 복잡적응계로 불리는 것이 있다. 영문 첫 글자를 따서 'CAS'라고도 한다. 복잡적응계에는 환경 변화에 적용하고 스스로 학습하는 능력을 가진 개체, 즉 행위자agent가 있다. 이런 행위자들이 상호작용하는 시스템을 복잡계 가운데서도 복잡적응계라고 한다.

예를 들어 인체의 면역체계는 복잡적응계로 이뤄져 있다. 각 면역세포는 행위자로서 외부에서 침입하는 세균에 대응해 스스로 변화하고 학습하는 과정을 통해 진화한다. 사람의 두뇌를 모방한 인공지능AI의 딥러닝deep learning*도 인공신경망의 뉴런들이 서로 연결돼 정보를 주고받고 스스로 학습함으로써 연결 강도를 진화시키는 방식이다.

지구상의 모든 동식물은 생태계 먹이사슬에 얽히고설켜 서로 영향을 주고받고 환경 변화에 적용해 간다. 그런 점에서 생태계는 복잡계이면서 구체적으로 복잡적응계다. '진화하는 복잡계'가 곧 복잡적응계인 셈이다. 사람들이 모인 사회도 마찬가지다. 각 개인이 행위자로서

---

* 　머신러닝machine learning은 컴퓨터가 명시적인 프로그래밍 없이 데이터를 학습하고 예측 또는 판단을 내릴 수 있게 하는 알고리즘과 기술을 가리킨다. 스팸메일 거르기, 고객별 상품 추천, 신용 평가 등 비교적 단순한 작업에 이용된다. 딥러닝은 머신러닝의 일종으로, 다층 인공신경망을 이용해 복잡한 패턴을 학습하고 예측 또는 판단하는 기술이다. 고성능 칩GPU과 대량의 데이터가 필요하다. 이미지와 음성 인식, 자연어 처리, 자율주행 등 복잡한 문제에 활용된다.

서로 영향을 미치는 상호작용을 하며, 스스로 학습하는 능력이 있어 과거 경험을 토대로 현재와 미래의 행동을 바꿔 시간이 지남에 따라 전체가 변화하고 진화한다.

사회에서 이뤄지는 경제 시스템 역시 각 행위자가 판단하고 결정하고 행동하며, 따라서 서로 부단히 영향을 주고받고 경험을 통해 행동을 바꿔 감으로써 시스템 전체가 변화하고 진화하는 전형적인 복잡적응계의 모습을 띤다. 따라서 경제를 움직이는 동력은 인간이 상상하는 한두 가지 법칙으로 설명할 수 없다.

이런 경제를 움직이는 '알 수 없는 그 무엇'을 애덤 스미스가 '보이지 않는 손'에 비유한 것은 충분히 타당하다. 나심 탈레브는 『안티프래질』에서 "애덤 스미스가 '보이지 않는 손'이라고 지칭한 것은 상호의존성뿐만 아니라 복잡계의 불투명성을 이해했다고 봐야 한다"라고 지적했다. 스미스가 경제의 작동원리를 몰라서가 아니라, 너무 복잡해 설명하기 어렵기에 신의 섭리를 연상시키는 말을 썼다는 얘기다. 에릭 바인하커도 『부의 기원』에서 부의 기원이 지식이고, 시장은 진화하는 생태계라고 봤다. 그러나 글로벌 금융위기 이후 애덤 스미스가 틀렸다면서 정부의 강력한 개입을 주장하는 이들이 부쩍 늘었다. 하지만 스미스가 틀린 게 아니라 경제의 복잡적응계적 특성을 잘 모르는 비판자들이 잘못 이해했거나 곡해한 것이 아닐까 싶다.

주식시장은 어떨까? 주가를 움직이는 안팎의 모든 재료와 시중 자금(유동성) 그리고 수백만 투자자들의 심리 게임이 서로 얽히고설킨 전쟁터와도 같다. 그러면서 수시로 다이내믹하게 변한다. 그런 점에서 주식시장은 복잡계, 나아가 복잡적응계의 특성을 두루 갖고 있다. 우선 수백만 명의 투자자들은 나이, 투자 경험, 경력, 투자 성향, 정보량, 경제·금융 지식, 투자 금액, 투자 목적 등이 다 제각각이다. 서로 주식을 거래하면서 끊임없이 영향을 주고받는다. 경제학자들이 말하는 것처럼 혼자라면 간혹 합리적으로 판단할 수도 있다. 그러나 다른 사람들의 생각과 행동을 알 수 있고, 집단으로 모인 군중 속에 있으면 완전히 얘기가 달라진다.

인간은 모방하는 존재다. 남들이 다 하는 것을 혼자만 하지 않기란 쉽지 않다. 예컨대 열 명쯤 모여 길 건너편 건물을 쳐다보고 있다면 당신도 그들처럼 쳐다보지 않기가 거의 불가능하다. 사우디아라비아 메카의 순례객이나 도쿄 시부야 스크램블에서처럼 흐름을 타면 편하지만, 흐름을 거스르거나 무리에서 빠져나오려면 사방으로 부딪치게 마련이다.

사람은 개체로서는 시장에 별 영향을 미치지 못하지만, 서로 영향을 주고받으면서 피드백이 일어나면 집단으로서 어떤 흐름과 패턴을 만들어 낸다. 무질서 속에서 스스로 질서를 형성하는 자기조직화가 일어나는 것이다. 때로는 전혀 예상치 못한 창발 현상을 보이기도 한다.

<u>02</u>

무질서 속에서
질서를 발견하는 법

〈쥬라기 공원〉과 카오스 이론

• ✦ •

복잡계는 외부환경과 끊임없이 영향을 주고받기 때문에 경계를 명확히 특정하기 어렵다. 생태계, 인간 사회, 금융시장 등은 외부 요인과 상호작용하며 변화한다. 따라서 창발 현상이 나타나고, 언제든 예기치 못한 변화가 일어날 수 있다. 생태계 변화, 기상 예측뿐만 아니라 경제와 금융시장에서도 복잡한 상호작용과 예측 불가능성을 초래하는 요인이다.

복잡계를 설명하는 개념으로 1960년대 들어 일군의 과학자들이 잇따라 발견하고 이론으로 정립한 카오스chaos(예측 불가능하고 혼란한 상태)와 프랙탈fractal(불규칙적으로 보이지만 규칙적이고, 복잡하지만 일정한 패턴이 있으며, 이러한 패턴이 끊임없이 반복되면서 전체와 부분이 일치하는 형태)이 있다. 카오스와 프랙탈은 얼핏 보기에는 무질서하기 짝이 없는 혼돈 상태에서 질서와 패턴을 찾아낸 중요한 연구 성과다.

영화 〈쥬라기 공원〉은 마이클 크라이튼Michael Crichton의 원작 소설을 스티븐 스필버그Steven Spielberg가 각색한 작품이다. 6,500만 년 전 멸종한 공룡을 복원한 후 벌어지는 대혼란을 그렸는데, 카오스와 프랙탈의 핵심 개념을 잘 짚었다는 평가를 받았다. 원작자 크라이튼의 페르소나 격인 이언 맬컴 박사는 카오스 이론을 들어 공원 시스템의 붕괴를 경고했다. 특히 카오스적 시스템에서 나타나는 초기 조건의 작은 차이가 결과에 엄청난 차이를 가져오고 예측이 불가능하므로 공원의 복잡한 생태계가 인간의 통제 밖에 있음을 지적했다. 아울러 프랙탈 개념을 들어 자연에서 발견되는 복잡한 반복 패턴을 단순한 수학 모델로는 설명할 수 없다는 점을 강조했다. 맬컴 박사의 언급은 고전 물리학과 현대 물리학의 근본적 차이를 일깨워 준다.

"뉴턴과 데카르트 이래로 과학은 '완전한 통제'라는 비전을 제시했다. 하지만 20세기가 되자 완전히 산산조각 났다. 우선 하이젠베르크의 불확정성 원리는 원자보다 작은 아원자 세계에 대해 우리가 알 수 있는 지식에 한계선을 그었다. (…) 카오스 이론은 우리 삶에 예측 불가능성이 내재돼 있다는 점을 알려 준다. 인생에서 예측 불가능성은 폭풍우만큼 흔하다. 따라서 과학의 위대했던, 수백 년이나 묵은 '완전한 통제'라는 꿈은 20세기에 와서 죽어버렸다."

카오스와 나비 효과

•✦•

혼돈을 뜻하는 카오스는 우주, 질서를 의미하는 코스모스^{cosmos}와 대비되는 개념이다. 단순한 원인이 복잡하고 예측 불가능한 결과를 낳을 수 있다는 것이 카오스 이론의 요체다. 이런 특성을 설명하는 핵심 개념이 그 유명한 나비 효과^{butterfly effect}다. 전문용어로는 초기 조건의 민감성^{sensitivity to initial conditions}이라고 한다. 즉, 처음의 작은 차이가 시간이 지남에 따라 예측할 수 없는 큰 결과로 이어진다. 조건들을 파악하면 결과를 예측할 수 있어야 하는데 전혀 그렇지 못하다는 얘기다. 2010년 튀니지의 한 과일 노점상의 죽음에서 시작해 중동과 북아프리카 20여 개국으로 번진 민주화 시위 '아랍의 봄'은 나비 효과의 대표적인 사례다.

나비 효과는 미국 기상학자 에드워드 로렌즈^{Edward Lorenz}가 1961년 기상 모델을 만들다가 발견한 현상이다. 컴퓨터로 기상 시뮬레이션을 할 때 초기에 입력한 데이터에 소수점 몇 자리 이하의 아주 작은 차이가 있었을 뿐인데, 시간이 지나면서 예측할 수 없을 만큼 크나큰 차이가 발생했다. 로렌즈는 1972년 미국과학진흥협회에서 '브라질에 있는 나비의 날갯짓이 미국 텍사스에 토네이도를 일으킬 수 있을까?'라는 주제로 강연을 했는데, 여기에서 나비 효과라는 용어가 생겨났다.

기상 시스템은 대기, 해양, 지표 등 다양한 요소가 복잡하게 얽혀 상호작용하고 창발 현상을 만들어 내는 복잡계다. 단순히 원인이 있

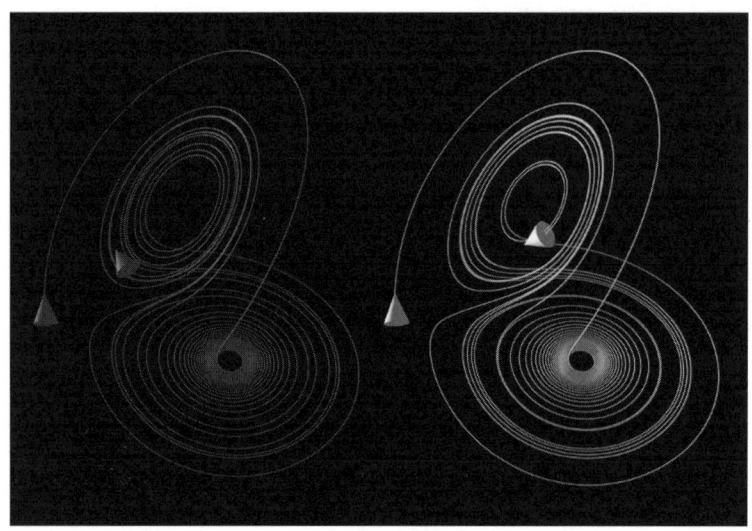

로렌즈 끌개

어야 결과가 있다는 인과론적 사고로는 도저히 알 수 없는 변화다. 그런 점에서 로렌즈의 발견은 과학계의 패러다임이 인과론적인 단순계 사고에서 벗어나 복잡한 상호작용과 예측 불가능성을 고려한 복잡계 사고로 전환되는 중요한 계기가 됐다.

로렌즈는 날씨 시스템이 매우 무질서하고 예측 불가능한 혼돈 상태로 보여도 실제로는 일정한 규칙과 질서를 내포하고 있다고 봤다. 카오스 시스템이 그 무질서 속에서도 특정 범위나 패턴, 즉 끌개attractor로 수렴하려는 경향이 있다는 것이다. 끌개란 카오스 시스템이 시간이 지남에 따라 특정한 영역이나 반복적인 궤적으로 수렴하려는 경향을 의미한다. 진자는 좌우로 움직이다가 진동이 줄면서 멈추게 마련인데, 멈추는 지점이 끝개다. 끝개 중에는 특정 상태나 궤적이 아니라 매우 복잡한 프랙탈 구조를 띤 경우가 많은데, 이를 기묘한 끝개strange attractor라고 부른다. 로렌즈는 1963년 발표한 논문에서 7개의 연결고리 모양을 나비 모양의 혼돈 궤도의 형상으로 도식화했는데, 이것이 기묘한 끝개의 첫 발견인 로렌즈 끝개다. 로렌즈 끝개는 날씨 시스템에서 나타나는 예측 불가능성을 시각적으로 형상화한 것이자, 작은 변화에도 큰 차이가 발생하는 카오스 속의 숨은 질서다. 혼돈 속의 나침반인 셈이다.

프랙탈의 출발, 해안선 역설

• ✦ •

카오스는 불규칙함 속에 같은 패턴이 반복되는 프랙탈 구조가 나타난다는 점에서 프랙탈과 한 쌍으로 이해해야 한다. 카오스 이론이 기상학에서 출발했다면 프랙탈은 해안선 길이 측정이라는 문제에서 나왔다.

세계에서 해안선 길이가 가장 긴 나라는 어디일까? 세계 각국의 각종 데이터를 모아 놓은 미국 중앙정보국CIA 팩트북Factbook에 따르면 1위는 캐나다로 20만 2,080킬로미터에 달한다. 이어 노르웨이(8만 3,281km), 인도네시아(5만 4,716km), 러시아(3만 7,653km), 필리핀(3만 6,289km), 일본(2만 9,751km) 순이다. 대체로 국토가 넓고 길거나, 수많은 섬으로 구성된 나라들이다. 한국은 서해와 남해의 구불구불한 해안선에도 불구하고 의외로 길지 않아 50위(2,413km)다.

섬나라인 영국도 해안선이 긴 편이어서 12위(1만 2,429km)다. 그런데 연구기관인 세계자원연구소WRI는 영국의 해안선이 총 1만 9,761킬로미터라고 측정했다. 한 여행사는 무려 3만 킬로미터 이상이라고 주장*하기도 했다. 같은 해안선을 놓고 무려 두 배 이상 차이가 난다.

해안선 길이에 대해 처음 의문을 품은 과학자가 영국의 루이스 프라이 리처드슨Lewis Fry Richardson이다. 그는 스페인과 포르투갈 사이의 국경선 길이에 대한 두 나라의 측정치에 큰 차이(포르투갈은 987km, 스페인은 1,214km)가 난다는 사실을 접하고 해안선 길이에 관심을 가졌다. 1951년 「영국 해안선 문제」라는 논문을 통해 국경이나 해안선 길이가 측정 단위에 따라 많이 달라진다는 사실을 발견했다. 예컨대 100킬로미터 단위로 끊어서 측정하면 영국 해안선 길이가 약 2,800킬로미터에 불과하지만 50킬로미터 단위로 재면 3,400킬로미터로 늘어난다.

첨단기술로 해안선을 디지털화해도 정확한 길이를 측정할 수 없기는 마찬가지다. 보통 지도나 사진을 토대로 전체 해안선에 일정 간격으로 점을 찍고, 점들 사이를 직선으로 연결해 길이를 잰다. 영국 해안

---

* 　영국 여행사 루츠Roots에 따르면 영국 해안선 길이는 본섬만 1만 1,000마일이다. 그래서 해안선을 다 도는 데 하루 10마일씩 걷는다 해도 3년이 걸린다고 한다. 여기에다 부속도서까지 포함하면 1만 9,000마일 이상이라고 보고 있다. (https://roots-travel.co.uk/blog/11000-miles-of-coast)

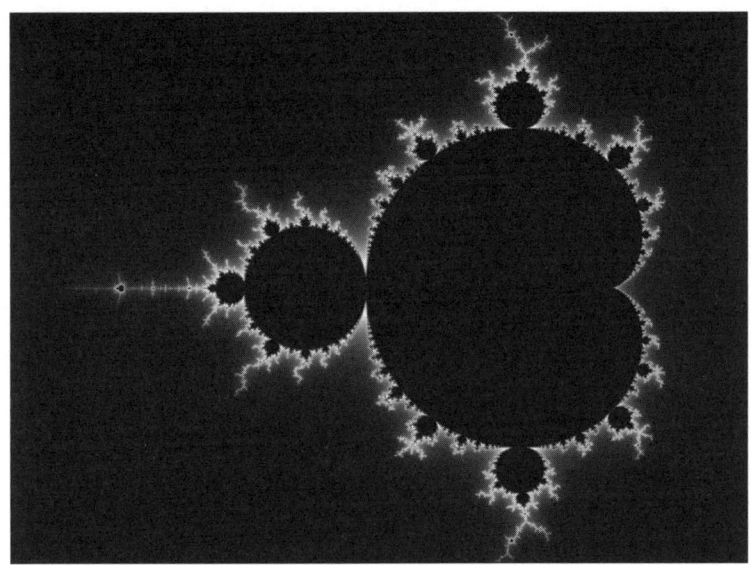

프랙탈 이론의 상징인 '망델브로 집합'. 큰 원 둘레에 자기유사성을 가진 작은 원 그리고 그보다 더 작은 원이 계속 연결돼 있는 구조를 띤다.

선에 2,282개의 점을 찍어 잰 길이가 6,237킬로미터였다. 그러나 이보다 1,000배 많은 228만 2,000개의 점을 찍어 잰 길이는 1만 7,739킬로미터로 거의 세 배에 달했다. 점을 촘촘하게 많이 찍을수록 해안선 길이가 더 늘어나는 것이다.

해안선 길이를 정확히 측정할 수 없는 딜레마를 해안선 역설coastline paradox이라고 부른다. 리처드슨의 논문이 나온 지 16년 뒤, 해안선 역설에 흥미를 느낀 프랑스 수학자 브누아 망델브로Benoît Mandelbrot가 「영국 해안선 길이는 얼마나 될까? 통계적 자기유사성과 프랙탈차원How long is the coast of British」이라는 획기적인 논문을 과학전문지 『사이언스

망델브로는 해안선 길이가 측정 단위에 따라 달라지는 것은 점들 간의 간격을 10킬로미터, 1킬로미터, 100미터로 좁혀갈수록 굴곡을 더 많이 재야 하기 때문이라며 리처드슨의 발견을 재확인했다. 아울러 자연의 복잡한 구조(해안선, 산맥, 구름 등)는 기존의 점, 선, 면 등 기하학으로는 설명할 수 없다고 봤다. 왜냐하면 자연 자체가 자기유사성self-similarity을 가진 프랙탈 구조이기 때문이다. 프랙탈이란 용어의 어원은 '부서진, 조각난'이란 의미의 라틴어 '프락투스fractus'다.

망델브로는 기존 유클리드 기하학에서 다른 차원의 프랙탈 기하학을 정립하고 대중화했다. 기존 기하학이 선(1차원), 면(2차원), 입체(3차원)의 규칙적 형태를 설명한다면 프랙탈 기하학은 불규칙하고 복잡한 소수 차원의 형태를 나타낸다. 해안선은 선(1차원)도 아니고 면(2차원)도 아닌 그 사이의 1.3차원이고, 나무는 1.3~1.8차원이라고 설명했다. 따라서 기존 기하학이 건축, 기계설계 등에 유용했다면, 이제 프랙탈 기하학을 통해 복잡한 해안선, 구름 등 자연까지 모델화해 파악할 수 있게 됐다.

내 속에 내가 너무도 많아

· ✦ ·

프랙탈은 작은 구조가 전체 구조와 유사하게 무한히 되풀이되는 기하학적 형태를 가리킨다. 부분을 확대해도 전체와 비슷한 모양이 계속해서 나타나는 자기유사성을 가진 도형이다. 자기유사성이란 부분과 전체가 닮은 형태란 뜻이다.

자기유사성을 가진 프랙탈은 자연에서 수없이 발견된다. 해안선뿐아니라 강의 지류, 산등성이 능선, 번개, 눈송이, 뇌 주름, 혈관, 나뭇가지, 브로콜리, 고사리 잎 등이 모두 프랙탈 형태를 띤다. 작은 나뭇가지는 나무 전체의 가지 모양과 유사하고, 뇌 주름과 혈관의 한 부분을 확대해 보면 그 속에 전체와 유사한 주름이 있다. 리처드 파인만^{Richard Feynman}은 자연의 복잡한 패턴에 나타나는 자기유사성을 실과 옷감에 비유해 알기 쉽게 설명했다. "자연은 자신의 모습을 짜기 위해 가장 긴 실을 사용한다. 그래서 자연이 짠 옷감의 작은 부분은 전체 옷감의 조직이 어떤 것인지를 보여 준다."

자연뿐 아니라 사람이 만든 것에서도 종종 프랙탈 구조가 발견된다. 아라베스크 무늬를 보면 기하학적 패턴이 반복되는 구조여서 프랙탈의 자기유사성과 비슷하다. 우리나라 전통 문창살이나 단청에도 프랙탈적 요소가 있다. 일부 무늬가 반복적으로 이어지고, 꽃살 문양은 작은 부분을 확대해 보면 전체와 유사한 형태를 띤다.

이 외에도 프랙탈은 우리가 잘 인식하지 못하지만 주변에서 널리 이용되고 있다. 영화의 자연스럽고 환상적인 특수효과나 온라인 게임의 스펙터클한 배경 등이 프랙탈 패턴을 기반으로 만들어진다. 영화 마블 시리즈나 〈인셉션〉, 〈가디언즈 오브 갤럭시〉, 〈블레이드 러너

2049〉, 〈오펜하이머〉, 〈듄: 파트 2〉 등의 특수효과가 프랙탈 기하학을 이용한 것이다.

"직선은 인간의 선, 곡선은 신의 선"

• ✦ •

카오스 같은 자연에 나름대로 질서가 있는 프랙탈 패턴이 아주 흔하다는 사실이 신기하고 놀랍다. 자연에는 인공물처럼 측정하기 쉬운 반듯한 직선이 거의 없다. 일찍이 스페인의 천재 건축가 안토니 가우디^{Antoni}

Gaudí는 "직선은 인간의 선이고, 곡선은 신의 선이다"라고 말했다. 그는 카사 밀라, 사그라다 파밀리아 성당, 구엘 공원 등 자신이 설계한 건축물에 자연을 닮은 곡선을 많이 가미했고, 그의 건축물에는 주변의 다른 건물들과 확연히 구별되는 개성과 감동이 있다.

현대 건축에도 이런 요소가 점점 더 많이 도입되고 있다. 직사각형 위주의 콘크리트 건물이 아니라 살아 숨 쉬는 듯한 건물이 늘고 있다. 인도 모할리의 건축회사 건물인 네버네버 큐브^{Never Never Cube}는 사다리꼴 구조물을 반복적으로 배치해 공기순환과 채광을 최적화했다. 독일 베를린의 하인츠-갈린스키 학교^{Heinz-Galinski Schule}는 소용돌이를 연상시키는 나선형 구조로 지어졌는데, 해바라기의 자기유사성을 반영해 설계했다고 한다. 2019년 완공된 미국 뉴욕의 육각형 나선형 건축물 베슬^{Vessel}은 벌집 모양 계단 2,500개를 연결해 만든 46미터 높이의 구조

뉴욕의 독특한 전망대, 베슬

물로, 허드슨강 일대가 한눈에 보여 단숨에 관광명소로 부상했다.

주가 변동의 숨은 구조

• ✦ •

망델브로는 해안선뿐 아니라 시카고 상품거래소의 면화 가격 변동에서도 일정한 자기유사성이 나타나는 프랙탈 패턴을 관찰했다. 면화 가격 그래프에서 기간을 가리고 보면 그것이 1년 치인지, 한 달, 한 주, 하루, 한 시간짜리 그래프인지 구별할 수 없다. 부분이 전체와 닮은 전형적인 프랙탈 구조라는 얘기다. 망델브로는 밀, 옥수수, 설탕, 커피 등

농산물이나 원유, 천연가스 원자재 등 가격에도 프랙탈적 구조가 존재한다는 사실을 발견했다. 그의 관심은 자연스레 금융시장으로 확대됐는데, 채권시장, 외환시장에서도 마찬가지 결과를 얻었다.

그렇다면 주가는 어떨까? 기존 금융모델에서는 주가 수익률이 정규분포를 따른다고 가정했다. 주가 변동이 평균 근처에서 자주 발생(작은 폭의 상승-하락이 빈번)하고 극단적 상승과 하락은 극히 드물다는 것이다. 따라서 주가는 술 취한 사람이 갈 지ㄹ 자로 걷듯이 무작위로 움직이는 랜덤 워크random walk로 변동한다고 생각해 왔다.

그러나 망델브로는 주가 변동이야말로 복잡한 프랙탈적 특성이 있어 특정한 패턴이 반복되는 구조를 갖는다고 봤다. 주가 그래프(변동곡선)에서 제목을 제거하고 보면 코스피든, 삼성전자든, 이름도 낯선 소형주든 구별이 불가능하다. 기간을 떼고 봐도 초단기 차트와 장기 차트의 모양새가 엇비슷하다. 연간 차트에서 보이는 패턴을 일봉, 분봉 차트에서도 찾아볼 수 있다는 것이다.

이는 주식시장의 변동성이 기존 정규분포 모델보다 훨씬 크며, 주가 예측이 어렵다는 점을 시사한다. 또한 극단적인 상승-하락이 기존 모델보다 자주 일어날 수 있다. 주가 변동에 프랙탈 구조가 존재한다고 해서 미래 주가를 정확히 예측할 수는 없다. 이런 현상은 주식시장이 단순한 선형적 시스템으로 움직이는 것이 아니라 다양한 변수들이 얽히고설킨 비선형적이고 복잡한 시스템임을 보여 준다.

주가 변동의 프랙탈적 자기유사성을 감안하면, 기술적 분석가들이 차트를 분석해 미래 주가를 예측하려는 시도가 타당해 보일 수도 있다. 그러나 주식시장은 프랙탈적 패턴이 카오스적 특성과 복잡하게 뒤엉켜 있어 예측하는 것이 불가능에 가깝다. 투자자들은 과거의 가격 변동을 고려해 사고팔지를 판단한다. 여기에 경제지표, 금리 변화, 기업 실적 등도 주기적으로 영향을 미친다. 이런 것들이 복합적으로 주식시장에 반복적인 패턴을 만들어 낸다.

그런 반복이 일정하다면 차트 분석을 통해 예측 가능성을 높일 수 있을 것이다. 하지만 주가 변동의 프랙탈적 패턴은 시장의 변동성을 설명해 줄 뿐, 예측해 주지는 못한다. 주식시장에는 각기 다른 처지에서 자신만의 감정을 갖고 시장 분위기에 쉽게 휩쓸리는 수백만 명의 투자자들이 돈을 벌겠다고 들어와 있다. 그런 감정과 시장 분위기가 공포와 탐욕이라는 극단적인 시장심리를 종종 만들어 낸다. 한쪽으로 쏠리는 현상이 극에 달하면 반대편으로 역행하는 쏠림도 일어난다. 이는 물리학의 작용-반작용 법칙처럼 주가를 출렁거리게 만든다. 주식시장에서는 과거 패턴이 반복되는 듯하지만, 거기에 투자자의 심리와 경제적 변수들이 복합적으로 작용하므로 예측하기 어려운 것이다.

카오스와 프랙탈 이론은 불확실성과 무질서에도 뭔가 실마리가 있음을 알려 줬다. 금융시장의 복잡성을 이해하고 위험을 관리하는 데도 중요한 전환점이 됐다. 세상은 복잡계로 이뤄져 있어 도무지 종잡을 수 없지만, 그 혼돈 속에서도 질서가 엿보인다는 점이 놀랍다.

03
평범의 왕국 vs.
극단의 왕국

#아보하와 〈퍼펙트 데이즈〉

• ✦ •

김난도 서울대 교수가 해마다 펴내는 『트렌드 코리아』 2025년판에서 10개 키워드 중 하나로 해시태그(#)를 붙인 '#아보하'를 꼽았다. 아보하는 '아주 보통의 하루'의 줄임말이다. 특별한 사건은 없지만, 무사히 흘러간 평범하고 안정적인 하루를 추구하는 라이프스타일을 말한다.

한국인이 특별한 하루가 아니라 아주 보통의 하루를 꿈꾸게 된 이유는 무엇일까? 무한경쟁을 벌이는 삶과, 만인 대 만인의 자랑질과 자괴감으로 뒤범벅된 SNS 범람에 대한 반작용이 아닐까 싶다. 남들에게 인정받는 행복감이 아니라, 하루를 별 탈 없이 보냈다는 사실에서 느끼는 안정감과 행복감이 새로운 트렌드가 된 것이다.

2024년 예술 영화로 드물게 크게 흥행한 거장 빔 벤더스^{Wim Wenders} 감독의 〈퍼펙트 데이즈〉는 그런 흐름이 널리 퍼져 있음을 보여 주었다. 영화는 두 시간 내내 공중화장실 청소부 히라야마의 지루하고 반복되는 일상을 보여 준다. 이렇다 할 사건도, 갈등구조도, 복선도, 빠른 장면 전환도 없다. 혼자 사는 초로의 남자가 이른 아침 이웃 할머니의 골목 청소 빗자루 소리에 잠을 깬다. 세수한 후 자판기에서 캔 커피를 하나 뽑아든 채 낡은 미니트럭을 타고 1960~1970년대 팝송 테이프를 들으며 출근한다. 시내 공원 여러 곳의 공중화장실을 청소하고, 점심에는 신사 벤치에 앉아 간단한 점심을 먹고, 하늘을 쳐다보며 나뭇가지 사이로 보이는 광경을 낡은 흑백 카메라로 찍는다. 일을 마친 뒤 사우나 욕탕에 몸을 담그고, 단골 식당에서 생맥주 한 잔을 마시고, 집에 돌아와 책을 읽다 꾸벅꾸벅 잠이 든다. 이게 하루 일상의 전부다. 매일 반복되는 삶에 추억의 올드 팝 몇 곡을 더했을 뿐인데, 적은 상영관에도 불구하고 14만 명이 관람했다.

히라야마의 일상 모습을 보면 애니메이션 〈곰돌이 푸〉의 명대사가 떠오른다. "매일 행복하진 않지만, 행복한 일은 매일 있어." 우리는 행복을 추구하고 매일 뭔가 특별한 일이 생기기를 바라지만 대개는 평범한 날의 연속이다. 그 속에 간혹 특별한 날이 끼어 있을 뿐이다.

요즘은 또 다른 의미로 특별한 날의 빈도가 잦아졌다. 삶 자체에 스포일러가 있을 수는 없지만, '다이내믹 코리아'에서는 상상을 초월하는 사건이 이어졌다. 비상계엄과 탄핵, 항공기 참사, 초유의 전국 산불, 연속적인 싱크홀 사고까지 벌어졌다. 앞으로 또 어떤 경천동지할 일이 일어날지 모른다. 게다가 나라 밖에서는 30년 세계화와 평화의 시대가 가고, 관세 폭탄의 무역전쟁과 신냉전 시대가 도래했다. 개인과 국가의 익숙했던 성장공식이 완전히 바뀌고 있다는 얘기다. 평범하던 하루하루가 갑자기 극단적인 하루로 뒤바뀐다. 언제 바뀔지 힌트도 예고도 없이 말이다.

우리는 두 세계를 살고 있다

• ✦ •

평범하던 하루가 극단적인 하루로 뒤바뀐 사례가 2008년 글로벌 금융위기다. 한국인은 이미 1997년에 외환위기를 겪었지만 그때는 동아시아에 국한된 국지적 위기였다. 하지만 글로벌 금융위기는 세계적으로 많은 것을 바꿔 놓았다. 1929년 대공황과 비교해 '소공황'이라 불릴 정도였고, 국제 정치·경제 질서가 뿌리째 흔들렸다. 자본주의를 금융위기 이전과 이후로 나눌 수 있을 만큼 근본적인 변화가 이뤄졌다.

금융위기 이후 가장 많이 언급된 용어 중 하나가 검은 백조(흑고니)*를 뜻하는 '블랙 스완black swan'이다. 일어날 가능성이 극히 희박하지만 한 번 일어나면 모든 것을 쓸어버릴 정도로 엄청난 파장을 미치는 대사건을 비유적으로 가리킨다. 나심 탈레브가 저서 『블랙 스완』에서 이

---

* 흑고니는 호주에만 서식하는 고니(백조)의 일종으로, 1697년 네덜란드 탐험대가 호주 서부에서 발견해 세상에 알려졌다. 백조는 희다고만 알았던 유럽인들은 블랙 스완의 발견으로 기존 생각을 완전히 뒤바꿔야 했다.

개념을 체계화했는데, 이 책을 출간한 바로 이듬해에 글로벌 금융위기가 터져서 생긴 용어다. 이 책이 세계적 반향을 불러일으킨 덕에 탈레브는 '새로운 월스트리트의 현자'라는 별칭을 얻었다.* 원조 월가의 현자가 '오마하의 현인'이라 불리는 워런 버핏인데, 탈레브는 버핏에 버금가는 명성을 얻은 셈이다.

탈레브는 『블랙 스완』에서 우리가 두 세상을 살고 있다고 설명했다. 하나는 '평범의 왕국'인 '메디오크리스탄Mediocristan'이고, 다른 하나는 '극단의 왕국'인 '익스트리미스탄Extrimistan'이다. 메디오크리스탄은 '평범한'이란 뜻의 영어 단어 'mediocre'에 '땅, 지역'을 의미하는 '스탄stan'을 붙여 만든 조어다. 익스트리미스탄은 '극단적인'이란 뜻의 'extreme'에 'stan'을 더한 조어다.

평범의 왕국에서는 과거의 정보로 미래를 예상할 수 있다. 개별 사건이 전체에 미치는 영향이 적어 대체로 예측 가능하다. 키, 몸무게처럼 대부분이 평균값을 중심으로 분포하고 극단적 수치는 보이지 않는다. 부분의 합이 전체와 같고, 원인과 결과가 비교적 뚜렷하다. 1차 함수의 직선 그래프처럼 변화하는 양이 일정해 선형적이다. 모두가 '아주 보통의 하루'를 살아가는 곳이다.

이에 반해 극단의 왕국에서는 예측 가능한 것이 아무것도 없다. 개

---

* 영국 『가디언』지, 2008년 9월 28일 자, "The new sage of Wall Street". (https://www.theguardian.com/books/2008/sep/28/businessandfinance.philosophy)

별 사건이 전체에 엄청난 영향을 미칠 수 있고, 평균값에서 완전히 벗어난 수치가 나올 수도 있고, 소수의 극단적 사건이 전체를 지배할 수도 있다. 부분의 합과 전체가 다르고, 원인과 결과를 정확히 알 수 없다. 지수함수, 삼각함수처럼 변화하는 양이 불규칙해 비선형적이다. 극단의 왕국에서는 소수가 전체를 차지하는 승자독식이 나올 수 있다.

평범의 왕국과 극단의 왕국 간의 차이를 쉽게 설명하기 위해 탈레브는 전체 인구 중 무작위로 1,000명을 뽑아서 운동장에 세워 놓는 사고실험을 예로 들었다. 평범의 왕국에서는 한 사람의 몸무게가 총 몸무게에서 차지하는 비중이 극히 미미하다. 아무리 커도 1퍼센트를 넘지 못한다. 만일 표본이 1,000명이 아니라 1만 명쯤 된다면 한 사람이 전체에 의미심장한 변화를 일으킬 수 없다. 따라서 평범의 왕국에서는 개별 사건 하나하나는 특별한 의미가 없고 전체 집단으로만 의미가 있다. 체중이든, 키든, 칼로리 섭취량이든 한 사람이 추가된다고 해도 본래 평균값을 중심으로 양쪽 가장자리로 갈수록 얇아지는 정규분포의 모습은 거의 변함없다.

반면에 극단의 왕국에 1,000명을 세워 놓고 한 사람만 바꾼다고 가정해 보자. 지구상에서 가장 부유한 사람 중 하나인 제프 베이조스는 재산이 2,500억 달러(약 380조 원)에 이른다. 베이조스 한 명이 1,000명의 총재산에서 차지하는 비중은 아마도 99.99퍼센트 이상일 것이다. 한 사람을 더했을 뿐인데 평균치에 엄청난 변화가 생긴다.

책 판매량도 마찬가지다. 작가 1,000명에 『해리 포터』 시리즈의 작가 J. K. 롤링을 넣어 보자. 나머지 작가들의 책 판매량을 다 합쳐도 수백만 권을 넘기 어렵겠지만 롤링은 혼자 세계적으로 수억 권을 팔았다. 이렇게 극단적으로 편중된 분포는 학술논문 인용 빈도, 미디어 노출 정도, 기업 규모, 개인의 수입 등에서도 나타난다. 극단의 왕국에서는 불평등이 극심해 하나의 관측값이 전체에 큰 충격을 가한다. 연예인이나 프로스포츠 선수를 각기 1,000명씩 세워 놓고 같은 실험을 해도 결과는 마찬가지다. 상위 10명의 수입이 나머지 990명의 수입을 다 합친 액수보다 클 것이다.

극단의 왕국에는 극단적인 승자독식이 있고, 몇몇 이례적인 사건이 전체를 결정하며, 돌발 사태가 지배하고, 과거 정보로는 앞날을 예측하기 어렵다. 탈레브는 "극단의 왕국은 단 하나의 것, 우발적인 것, 보이지 않는 것, 예상치 못한 것의 난폭한 지배에 내맡겨져 있는 곳"이라고 정의했다. 평범의 왕국에는 블랙 스완이 날아들 수 없지만, 극단의 왕국은 하나가 전체를 바꿀 수 있기에 블랙 스완에 취약할 수밖에 없다는 것이다.

부익부 빈익빈의 마태 효과

• ✦ •

탈레브는 두 왕국의 가장 큰 차이가 자가 증식이 있느냐 없느냐라고 설명했다. 자가 증식은 생물이나 조직 세포가 스스로 세포 분열을 해

그 수를 기하급수적으로 늘려 가는 현상이다. 자가 증식의 유무는 금융상품의 이자를 계산할 때 복리와 단리의 차이와도 유사하다. 단리는 매년 정해진 이자를 받고 그것으로 끝이지만, 복리는 이자에 이자가 계속 붙어 매년 불어나는 금액이 점점 커진다.

극단의 왕국은 쉽게 말해 빈익빈 부익부의 세계이자 마태 효과 Matthew effect*가 강력하게 작용하는 곳이다. 마태 효과는 『성서』 「마태복음」 13장 12절의 "무릇 있는 자는 받아 넉넉하게 되되 없는 자는 있는 것도 빼앗기리라"라는 구절에서 유래했다. 부유한 사람은 더 부유해지고 가난한 사람은 더 가난해진다는 얘기다.

오늘날 마태 효과는 인간 사회의 기본법칙으로 인식되고 있다. 경제뿐 아니라 정치, 사회, 과학, 문화, 스포츠 등 각 분야에서 두루 발견된다. 엔비디아, 애플, 마이크로소프트, 아마존, 구글(시총 순위로 나열) 같은 빅테크 기업들은 시가총액이 우리나라 GDP(국내총생산)보다도 큰

---

* 미국 사회학자 로버트 K. 머튼Robert K. Merton이 1968년 출간한 『과학사회학』에서 처음 언급한 개념이다. 이를 말콤 글래드웰이 세계적인 베스트셀러 『아웃라이어』에 인용해 널리 알려졌다. 머튼은 마태 효과가 크게 작용하는 분야로 과학계를 꼽았다. 과학계에서는 공동 연구 성과에 대한 보상이 대부분 명성이 높은 과학자에게 돌아가기 때문에 유명 교수에게 스포트라이트가 집중되며, 시간이 흐를수록 그 격차가 더욱 벌어지는 누적이익이 생긴다는 것이다. 전쟁의 승리는 참가한 모든 이가 피땀 흘려 이룬 것이지만, 기억되는 것은 지도자나 장수뿐인 경우와 마찬가지다. 글래드웰은 마태 효과의 사례로 축구, 야구, 농구, 하키 등 스포츠에서 연령기준을 몇 월로 잡느냐에 따라 두고두고 아이들의 희비가 엇갈리는 상황을 들었다. 예컨대 8월 1일이 기준이라면 8~9월에 태어난 아이와 이듬해 6~7월에 태어난 아이는 거의 한 살 차이가 나지만 같은 나이로 간주된다. 어릴 때는 몇 개월 차이만으로도 체격과 체력이 달라지기 때문에 훈련 수준과 출전 기회 면에서 점점 더 격차가 커지게 된다.

반면, 전통산업에 속한 기업들은 점점 쪼그라든다. 그래서 상위 20퍼센트 기업이 전체 매출의 80퍼센트를 차지하던 20 대 80 구도가 이제는 10 대 90, 5 대 95, 심지어 1 대 99의 극단적인 승자독식 구조로 바뀌고 있다.

이런 마태 효과는 여러 곳에서 나타난다. 베스트셀러, 영화 박스오피스, 인기 가요 순위 등을 보면 모두 잘되는 것이 더 잘된다. 연예계야말로 마태 효과가 가장 뚜렷한 분야다. 인기 높은 연예인은 드라마한 편에 출연하며 회당 수억 원씩 받는 데다 TV 출연과 광고 섭외까지 집중된다. 반면에 무명 연예인은 광고는커녕 TV에 얼굴 한 번 비치기도 쉽지 않다. 스포츠 분야도 마찬가지다. 프로야구 최상급 선수는 FA로 나서면 100억 원대 계약을 척척 맺지만 그런 선수는 극소수다. 최저연봉 3,000만 원을 받다 퇴출되거나 아예 1군 무대에 데뷔하지도 못하고 사라지는 선수가 부지기수다. 어려서부터 야구만 했는데 프로구단으로부터 지명을 받지 못해 선수 생활을 그만두는 경우는 훨씬 더 많다.

이런 현상은 지식정보화 시대에 네트워크 효과network effect가 몰고 온 필연적인 결과다. 모든 사람이 스마트폰을 들고 있고, 인터넷과 SNS로 서로 촘촘하게 연결돼 있다. 이런 네트워크를 누가 장악하느냐에 따라 승패가 결정 나고, 갈수록 승자와 패자의 격차가 커진다. 네트워크의 위력은 연결된 사람 수의 제곱에 비례한다. 예컨대 100명이 연결된 네트워크는 20명의 네트워크보다 외형은 다섯 배 크지만, 그 안에서 유통되는 정보량은 다섯 배의 제곱인 스물다섯 배 차이가 난다. 잘되는 곳은 더 잘되고 안 되는 곳은 더 안 되는 불공평한 세상인 것이다.

우리의 경험을 믿어도 될까?

• ✦ •

그렇다면 우리가 직접 보고 들은 경험은 전적으로 믿을 만한가? 극단의 왕국에서는 그렇다고 말할 수 없다. 오히려 과거 경험이 미래 예측을 방해할 수 있다. 다음 예화를 보자.

> 닭은 병아리 때부터 아침마다 농부가 주는 모이를 받아먹으며 자랐다. 이런 경험이 하루하루, 한 달, 두 달 쌓이면서 닭은 신뢰가 확고해졌고, 마침내 농부를 사랑하게 됐다. 그러다 1년이 지난 어느 날 닭에게 꿈에도 상상하지 못할 위기가 닥쳤다. 평생 모이를 주던 고마운 농부가 닭의 목을 비튼 것이다.

영국 철학자 버트런드 러셀이『철학의 문제들』에 소개한 '닭의 예화'다. 닭은 운명의 날에도 농부가 자신에게 모이를 주러 온다고 믿었을 것이다. 그러나 농부의 입장에서 보면 닭에게 모이를 준 것은 달걀을 얻고 잡아먹기 위한 행동이었다. 나심 탈레브는『블랙 스완』에서

이 예화를 살짝 비틀어 '칠면조의 우화'를 만들었다.

> 칠면조가 한 마리 있다. 주인이 매일 먹이를 갖다준다. 하루하루 지날
> 수록 칠면조는 '인간이란 종種은 순전히 나를 위해 먹이를 주는 게 그들
> 인생의 규칙'이라는 믿음이 확고해진다. 1,000일 동안 먹이를 받아먹으
> 며 칠면조는 주인에 대한 신뢰와 사랑을 쌓아 간다. 그런데 추수감사절
> 을 하루 앞둔 수요일 오후, 주인은 먹이통 없이 나타났다. 칠면조는 가
> 족의 추수감사절 식탁에 올려졌다.

러셀의 '닭의 예화'나 탈레브의 '칠면조의 우화'는 공통적으로 과거
경험이 불확실한 미래를 예측하고 대비하는 데 별로 도움이 안 된다는
점을 비유적으로 보여 준다. 닭이든 칠면조든 편안하게 산 수백 일의
경험이 다음 날 맞닥뜨리게 될 자신의 비극적 운명을 예측하는 데 전
혀 도움이 되지 않는다.

20세기 위대한 철학자와 21세기 월가의 현자가 이런 우화를 소개
한 데는 이유가 있다. 바로 사고의 함정인 귀납의 문제problem of induction를
강조하기 위해서다. 18세기 스코틀랜드 철학자 데이비드 흄David Hume
이 제기한 귀납의 문제는 철학의 인식론과 과학철학 분야에서 오래된
논쟁거리다. 우리가 세상에 대한 지식을 얻고 미래를 예측하는 것은
대개 과거 경험에 근거한 귀납적 추론에 의존한다. 경험을 바탕으로
해 보건대, 아직 경험하지 못한 것에도 동일한 패턴이 있을 것이라고

가정하는 것이다. 이런 추론이 정당하려면 미래가 과거와 유사해야 한다. 하지만 러셀의 닭과 탈레브의 칠면조에게는 어제까지 평온했으니 오늘도 그런 일상이 계속되리라는 낙관론에 흠뻑 빠져 있을 때 치명적 위기가 찾아왔다.

블랙 스완이라는 치명적인 위험 역시 마찬가지다. 흰 백조를 수백만 번 직접 목격했다는 사실이 검은 백조가 없다는 주장을 확증하지는 않는다. 호주에서 검은 백조가 발견되자 과거 경험에 근거해 진리로 여겨지던 '백조는 희다'라는 명제는 순식간에 무너져 버렸다. 1997년 태국을 비롯해 동남아시아 국가들에서 외환위기가 발생하고, 우리나라에서도 기아, 한보 등의 대기업이 무너지면서 경제위기 우려가 제기됐다. 그러나 정부당국은 IMF(국제통화기금) 사태 직전까지도 경제 펀더멘털이 튼튼하니 위기는 없을 것이라고 앵무새처럼 되풀이했고, 경제 전문가나 언론 그 누구도 제대로 경고하지 못했다. 그리고 결말은 우리가 모두 아는 대로 국가부도였다.

증거의 부재가 부재의 증거는 아니다

· ✦ ·

귀납의 문제는 투자에 임하는 모든 사람에게 숙명처럼 다가온다. 투자 전략이나 주가 예측이 대개 과거 데이터와 주가 패턴을 토대로 한 귀납적 추론에 의존하기 때문이다. 기업 재무제표도 지나간 과거 성적표

일 뿐, 앞으로 다가올 경영 실적의 보증수표가 아니다. 또한 투자자들은 한두 번 수익을 낸 경험이 계속될 것이라고 심리적으로 기대한다. 그러나 경험하지 않은 일이라고 해서 일어나지 말란 법은 없다.

따라서 귀납의 문제를 극복하려면 '증거의 부재가 부재의 증거는 아니다'*라는 격언을 늘 기억할 필요가 있다. 검은 백조를 보지 못했다고 해서 없는 게 아니듯, 주식시장에서는 과거에 경험하지 못한 일이 언제든 일어날 수 있다는 점을 인정하고 접근해야 한다.

귀납의 문제를 극복하기 위해 철학자는 회의주의를 기본 사고로 삼고, 과학자는 반증주의나 확률적 사고로 접근한다. 회의주의는 인간의 지식과 인식능력에 한계가 있고, 모든 예측과 추론에 불확실성이나 오류가 존재할 수 있음을 전제한 태도다. 확률적 사고는 일기예보처럼 '내일 비가 온다'가 아니라 '비 올 확률 몇 퍼센트' 식으로 판단하는 사고방식이다. 반증주의falsificationism**는 어떤 이론이나 주장이 과학적

---

* 　『코스모스』를 쓴 저명한 과학자 칼 세이건Carl Sagan이 저서 『악령이 출몰하는 세상』에서 인용해 널리 알려진 말이다. 그러나 이 격언은 오래전부터 과학자, 철학자들이 인식해 온 개념으로, 논리학에서 말하는 무지의 오류(무지에 호소하는 논증)가 이에 해당한다. 찰스 다윈도 "어떤 증거가 발견되지 않았다고 해서 그 현상이 불가능하다는 의미는 아니다"라고 말했다.

** 　과학철학에 큰 영향을 미친 칼 포퍼Karl Popper가 과학과 비과학(유사과학)을 구분하는 데 적용한 방법론. 이론이나 가설은 끊임없이 비판과 검증의 대상이 되어야 하며, 틀렸다는 것을 증명(반증)할 가능성이 열려 있어야 과학이란 주장. 여기서 반증은 그 이론이나 가설이 틀렸음을 의미하는 게 아니라, 만약 틀렸을 경우 어떤 증거가 이를 입증할지 명확히 제시할 수 있어야 한다는 뜻이다. 예컨대 금속은 열을 받으면 팽창한다는 가설은 팽창하지 않는 금속을 찾음으로써 반증될 수 있지만, 신이 존재한다는 명제는 반증할 방법이 없기에 과학이 아닌 종교의 영역에 속한다. 포퍼는 이런 반증 가능성 원리로 마르크스의 공산주의 이론과 프로이트의 정신분석학을 비판했다.

이려면 옳다는 입증이 아니라 틀렸다는 반증反證이 가능해야 하며, 반증할 수 없는 것은 과학이라고 볼 수 없다는 접근법이다.

투자자라면 어떤 정보든지, 그 누구의 말이든지 맹목적으로 믿어선 안 된다. 그 정보와 말을 뒤집어서 분석하고 비판적으로 검증할 수 있어야 한다. 아울러 확률적으로 희박한 사건, 즉 극단적으로 예외적인 사건이 당장 내일 발생할 수도 있다고 가정하고 자산 배분이나 포트폴리오를 구성할 필요가 있다. 소위 잡주나 잡코인에 몰빵 투자를 해놓고 기우제 지내듯 대박을 꿈꾸는 것은 스스로를 리스크의 바다로 빠뜨리는 꼴이다. 어쩌다 주식투자로 한두 번 수익을 냈다고 해서 그게 본인의 실력이라고 할 수 있을까? 앞에서도 강조했듯이 진짜 실력은 약세장에서 나온다. 투자에 관한 한 겸손해야 한다.

원인을 모르는 블랙 먼데이

• ✦ •

주식시장은 지수 움직임이 밋밋할 때는 잔잔한 호수처럼 보인다. 하지만 이는 오해이자 착시일 뿐이다. 단 한순간도 그렇지 않고, 그럴 수도 없는 곳이 주식시장이다. 상상해 보라. 매일 수백만 명이 너도나도 돈을 벌겠다고 달려들어 수조 원 규모의 주식을 사고판다. 온갖 정보가 빛의 속도로 퍼지고, 여기에는 거짓 정보까지 뒤섞여 무엇이 진짜이고 무엇이 가짜인지 알기 힘들다. 투자자 중에는 큰돈을 굴리면서 배짱

두둑한 '꾼'도 있고, 소액을 투자하고도 노심초사하는 '새가슴'도 있다. 버핏처럼 신중하고 느긋한 사람은 극소수이고, 어디서 누가 한마디 하면 득달같이 따라 하는 귀가 얇은 사람이 대부분이다.

비유하자면 주식시장은 미사일과 포탄이 난무하는 전쟁터이거나, 산더미 같은 파도와 폭풍우가 몰아치는 성난 바다와 같다. 더욱 알 수 없는 것은 주식시장이 잔잔하다가 갑자기 발작하는 경우다. 그런 일이 1987년 10월 19일 월요일에 일어났다. 이른바 '블랙 먼데이'(검은 월요일)다. 평온해 보이던 뉴욕 증시에서 특별한 이유 없이 다우지수가 하루 새 22.6퍼센트나 주저앉았다. 투자자들은 투자금의 5분의 1 이상을 하루 만에 날려 버리고 말았다. 더 충격적인 사실은 이날 하락폭이 대공황의 출발점이 된 1929년 10월 24일 대폭락 때보다도 컸다는 점이다. 대다수 국가에서 연쇄적으로 주가 폭락 사태가 이어졌다. 다만 각국 중앙은행이 긴급히 대처해 여파가 오래가지는 않았다.

블랙 먼데이가 일어난 원인에 대해서는 아직도 논란이 분분하다. 확실히 납득할 만한 원인을 찾지 못했기 때문이다. 블랙 먼데이를 전후해 특별히 시장에 급성 발작을 일으킬 만한 큰 악재도 없었다. 미국 재정적자와 달러화 약세 우려는 오래된 이야기이고, 금리인상 불안감으로도 설명되지 않았다. 결국 주가가 일정 비율로 하락하면 자동으로 매도 주문을 내는 프로그램 매매가 하락세를 키웠다는 게 미국 정부당국의 결론이었다. 주식투자는 사람이 하는데, 대폭락의 주범으로 사람이 아닌 컴퓨터가 지목된 것이다.

컴퓨터 프로그램에 의한 자동매매는 지금도 시장을 좌우할 때가 많다. 언제든지 집중 매도가 나오면 블랙 먼데이 같은 폭락이 일어날 수 있다. 2024년 8월 5일 월요일에도 1987년 블랙 먼데이 같은 역사에 남을 폭락 사태가 발생했다. 이날 코스피는 8.77퍼센트(234포인트), 코스닥은 11.30퍼센트(88포인트)나 떨어졌다. 일본 닛케이225지수는 11.40퍼센트나 폭락했고, 타이완 자취안지수도 8.35퍼센트 하락했다.

동아시아 주식시장이 동반 폭락한 이유로 미국 경기침체에 대한 우려, 중동지역 불안 우려에다 일본의 엔-캐리 트레이드Yen-carry trade* 청산 가능성이 꼽혔다. 그렇더라도 졸지에 10퍼센트 안팎씩 폭락할 상황이었는지 의문이다. 이튿날 하락폭을 어느 정도 만회하면서 진정됐지만, 8월 5일의 폭락은 미스터리라고 할 만하다.

뚜렷한 원인을 찾지 못하자 사람이 아니라 컴퓨터 프로그램에 의해 매매하는 알고리즘 펀드가 원인이라는 시각이 대두됐다. 알고리즘 펀드는 주가가 오를 때는 과(過)매수하고, 내릴 때는 과매도해 주가 변동폭을 키운다. 결국 엔-캐리 트레이드 청산 우려라는 새로운 악재에다 알고리즘 펀드의 과매도가 겹쳐 투자자들의 불안과 공포 심리를 불러일으켰다고 봐야 할 것이다.

---

*   싼 이자로 조달한 자금으로 다른 나라의 자산에 투자하는 거래를 가리킨다. 일본의 금리가 낮아 주로 엔-캐리 트레이드가 일어난다. 일본 중앙은행이 2024년 7월 말 기준금리를 0퍼센트에서 연 0.25퍼센트로 인상하면서, 해외자산에 투자된 엔-캐리 트레이드 자금의 일부가 투자자산을 팔고 일본으로 돌아갈 것(청산)이란 우려가 제기됐다.

거래대금만 놓고 보면 주식시장 거래액의 8할이 사람이 아닌 컴퓨터 프로그램과 AI에 의해 이뤄진다고 한다. 언제든 갑자기 폭등하거나 폭락하는 일이 앞으로도 종종 일어날 것이다. 개별 종목의 주가그래프가 순식간에 피뢰침처럼 치솟았다가 원위치하는 경우가 자주 있다. 이 역시 사람이 아닌 프로그램과 알고리즘이 관여한 흔적이다. 우리는 평범의 왕국과 극단의 왕국을 수없이 오가며 살고 있음을 늘 기억해야 한다.

04

세상을 움직이는
거듭제곱 법칙

일본의 대지진 괴담

• ✦ •

2025년 들어 대규모 지진이 발생해 일본열도의 3분의 1이 물에 잠긴다는 소문이 온라인을 중심으로 퍼졌다. 소문의 진원지는 일본 유명 만화가 다쓰키 료가 2021년 재출간한『내가 본 미래: 완전판』에서 '진정한 대재난이 2025년 7월에 온다'는 예언이었다. 아울러 홍콩의 유명 풍수사가 일본의 7월 대지진을 예측했다는 소문에다 주일 중국대사관이 여행 자제를 권고했다는 소식까지 더해져 분위기가 뒤숭숭했다.

1980년대부터 예지몽을 꾸었다는 다쓰키 료는 꿈에서 본 내용을 바탕으로 한 만화『내가 본 미래』를 1999년에 출간했다. 처음에는 별로 주목받지 못했지만 만화에서 암시한 사건이 2011년 동일본 대지진과 일치해 관심을 모으기 시작했다. 2020년에는 전 세계가 마스크를 쓸 것이라고 했는데, 코로나19 팬데믹이 터져 놀라움을 안겼다. 그런 그가 2021년 재출간한 완전판에서 대지진과 쓰나미를 예고했으니 한 낱 공상으로 넘길 일이 아니란 반응이 나온 것이다.

예언 내용도 구체적이었다. 2025년 7월 5일 오전 4시 18분에 태평양 해저에서 대규모 분화가 발생하며 초대형 쓰나미(지진해일)가 일본 열도를 덮쳐 일본의 3분의 1에서 4분의 1이 물에 잠기고 필리핀, 대만 등이 육지처럼 연결된다는 것이었다.

그러나 당연히 아무 일도 없었다. 예지몽에 대해 설명할 수 있는 사람은 본인뿐이다. 또 꿈을 꿨는데 그 일이 다른 연도에 벌어질 것이라고 주장하면 이를 반박할 방법이 없다. 이는 1992년 발생한 휴거休居 소동*을 연상시킨다. 휴거가 해프닝으로 끝나자 당시 한 TV 뉴스 앵커는 "역시 아무 일도 일어나지 않았습니다"라는 유명한 코멘트를 남겼다. 종말론을 주장하는 이들은 종종 자신의 간절한 기도 덕에 종말이 연기됐다고 주장한다.

아무도 모른다

• ✦ •

일본은 환태평양 조산대造山帶에 접해 있어 지진과 쓰나미 발생 위험이

---

* 개신교 일파인 다미선교회 이장림 목사와 신도들이 하늘로 들려 올라가는 휴거가 세상이 종말하기 전인 1992년 10월 28일에 일어날 것이라고 주장해 사회적 혼란을 불러일으킨 사건이다. 이날 방송사들이 생중계를 하고 외신까지 큰 관심을 보였으나 결국 아무 일 없이 지나갔다.

높다. 그러나 여태껏 지진 발생지와 시점을 정확히 예측한 사례는 전무하다. 대신 예측이 틀린 사례는 수두룩하다. 1970년대 후반에 일본 지질학자들이 규모magnitude 8 이상의 도카이東海 대지진*을 예측했으나 여태껏 일어나지 않고 있다. 페루에서는 1981년 10월과 1982년 5월에 각각 규모 9.8과 8.8의 엄청난 규모의 지진이 강타할 것이라고 예측해 혼란을 빚었지만 역시 별일 없었다. 1982년 미국 로스앤젤레스 대지진 예언도 빗나갔다. 1990년에는 매우 구체적으로 미국 세인트루이스에서 12월 1일에서 5일 사이에 대지진이 발생해 최소 300명이 죽고 피해액이 6억 달러가 넘을 것이란 예언이 나와 사람들이 공포에 떨었다. 그러나 그해 크리스마스 분위기만 썰렁하게 만들었을 뿐 아직껏 아무 일 없다.

반면에 실제 발생한 초대형 지진은 놀라우리만치 아무도 예측하지 못했다. 1990년대 이후 규모 7.0 이상의 강진만 해도 1995년 고베 대지진(규모 7.2), 무려 28만 명이 사망한 2004년 인도양 지진·쓰나미(규모 9.1~9.3), 2005년 인도네시아 수마트라 지진(규모 8.7), 2008년 중국 쓰촨 대지진(규모 8.0), 2010년 아이티 지진(규모 7.0)과 수마트라 지진(규

---

* 도쿄 인근 스루가만을 진원지로 평균 120년 주기로 일어나는 규모 8 이상의 초대형 지진을 가리킨다. 도카이는 일본 혼슈 중남부의 나고야를 중심으로 한 지역이다. 이곳은 난카이 해구 지진대에 속해 있고, 도난카이東南海 지진과 난카이南海 지진이 연계돼 있는 것으로 추정된다. 1707년과 1854년에 대지진이 일어난 바 있어 1970년대면 120년이 지났으니 발생 가능성이 높다는 예측이 나왔다. 하지만 아직까지 과거와 같은 대지진은 일어나지 않았다. 동일본 대지진(2011) 이후 2013년께 일본 지질학자들이 30년 안에 이 지역에 대지진이 일어날 확률이 90퍼센트라고 발표했다가 큰 혼란을 빚기도 했다.

모 7.7), 2011년 동일본 대지진(규모 9.1), 2024년 타이완 화롄 지진(규모 7.2), 2025년 미얀마 지진(규모 7.7) 등이 있다. 별다른 전조 증상 없이 초대형 지진이 발생하거나 쓰나미가 강습해 큰 피해를 냈지만 예측도 경고도 없이 속수무책으로 당한 사례들이다.

가상예측의 정확도는 90퍼센트 이상으로 높아졌지만 땅속 깊은 곳에서 벌어지는 지각운동은 현대 과학으로도 미리 알아낼 방법이 없다. 일어나지 않을 지진은 숱하게 예언하면서 실제 일어날 지진은 낌새도 알아채지 못하는 게 현실이다.

큰 것은 적고, 작은 것은 많다

· ✦ ·

언제 어디서 어떤 크기로 발생할지 전혀 예측할 수 없는 게 지진이다. 하지만 지진 강도와 발생빈도 사이에서 묘한 패턴이 발견된다. 지진은 리히터 규모로 한 단계 커질 때마다 진폭이 약 열 배 증가하는 대신 발생빈도는 10분의 1로 줄어든다. 진폭과 빈도가 반비례하는 것이다. 리히터 규모 1이 높아지는 것은 지진 크기의 자릿수가 하나 증가한다는 뜻이다.

지금까지 관찰된 바로는 규모 5의 지진이 100번 일어났다면 규모 6의 지진은 열 번, 규모 7의 지진은 한 번꼴로 일어난다. 보통 사람들이 거의 무시할 정도인 규모 3 미만인 지진은 연간 100만 건 이상 일어난다고 한다. 규모 3의 지진은 그 충격이 규모 7 지진의 1만 분의 1 이다. 한마디로 큰 지진은 드물고 작은 지진은 흔하다.

이처럼 어떤 것의 물리량 변화가 다른 것의 물리량을 거듭제곱으로 변화(증가 또는 감소)시키는 것을 거듭제곱 법칙power law 또는 멱冪함수 법칙이라고 한다. 여기서 power와 멱은 제곱을 뜻한다. 즉, 지진 규모는 1, 2, 3, 4, 5로 늘어나는 데 반해 지진이 방출하는 에너지는 10의 거듭제곱(10^1, 10^2, 10^3, 10^4, 10^5)으로 커진다. 지진 규모를 나타내는 수치는 10의 지수를 가리킨다.

이 법칙이 중요한 것은 우주와 지구상 어디서나 발견되며, 전혀 알 수 없는 무질서에서 뭔가 실마리가 보이는 질서로 전환하는 열쇠이기 때문이다. 헝가리 출신 과학자 알버트 라슬로 바라바시Albert Laszlo Barabasi는 네트워크 이론의 고전이 된 저서『링크』에서 "거듭제곱 법칙이 카오스chaos, 프랙탈fractal, 상전이相轉移, phase transition와 더불어 20세기 후반에 이뤄진 놀라운 (과학의) 개념적 진보의 심장부에 있다"라고 평가했다. 이 법칙이 복잡한 시스템과 네트워크의 자기조직화(시스템 내부의 상호작용만으로 질서 있는 패턴이나 구조가 형성되는 현상)나 복잡성을 설명하는 핵심 개념이며, 이로써 인류는 인과관계로는 설명할 수 없는 무수한 현상을 바라보는 새로운 눈을 얻게 됐다는 것이다.

상전이는 균일한 물질이 특정 온도나 압력 같은 외부조건에 따라 하나의 상태에서 다른 상태로 급격하게 변화하는 현상이다. 물이 0°C 에서 갑자기 얼고 100°C에서 갑자기 끓는 것이 상전이의 대표적인 사레다. 상전이 이론은 물리학적 변화뿐 아니라 경제, 사회 시스템에서 갑작스러운 질서의 변화가 일어나는 현상을 설명하는 데에도 쓰인다. 주식시장의 거품 붕괴, 사회 여론의 급격한 변화 등이 물이 100°C에서 갑자기 끓기 시작하는 현상과 유사한 것으로 분석되기도 한다. 이런 관점은 경제물리학, 사회물리학이라는 새로운 학문 분야를 낳았다.

이제 인류는 거듭제곱 법칙을 통해 지진이 어떻게 일어나는지를 아는 단계까지 와 있다. 그러나 지진을 아는 것과 예측하는 것은 전혀 다른 차원의 문제다. 다만 발생 빈도와 강도의 거듭제곱 함수를 통해 초대형 지진의 발생 가능성을 점쳐 볼 수는 있다. 과거에 과학자들은 지각의 충돌로 인한 누적된 압력을 작은 지진을 통해 방출하지 못할 때 초대형 지진이 일어난다고 봤다. 하지만 실제로는 한 지역에서 작은 지진이 자주 일어난다면 오히려 더 큰 대형 지진이 발생할 확률이 높고, 오랫동안 지진이 일어나지 않은 지역은 상대적으로 확률이 낮아진다. 지진이 잘 일어나는 곳에서 또 발생하는 것이다. 마크 뷰캐넌은 『우발과 패턴』에서 "지진의 발생 과정은 꽤 단순하지만 개별적인 지진의 예측은 불가능하다"라며 "큰 지진이라고 해서 작은 지진과 특별히 다른 원인을 갖지 않는다"라고 설명했다.

직접 숫자를 곱해 보면 거듭제곱의 위력을 실감할 수 있다. 5의 5제곱(5^5)은 3125, 6제곱(5^6)은 1만 5,625다. 그런데 밑수가 6이면 5제곱(6^5)은 7,776, 6제곱(6^6)은 4만 6,656이 된다. 밑수가 하나 늘었을 뿐인데 6제곱으로 가면 결과는 세 배 차이가 난다. 이처럼 거듭제곱 법칙은 나비 효과에서 보듯, 초기 조건의 작은 차이가 엄청난 변화를 가져 온다는 함의를 갖는다.

거듭제곱 법칙의 직관적 사례가 길이와 면적과 부피의 차이다. 예컨대 복사기로 서류를 200퍼센트 확대 복사하면 크기는 두 배가 아니라 네 배가 된다. 한 변 길이가 2인 정사각형 면적은 4(2×2), 정육면체 부피는 8(2×2×2)이 된다. 한 변 길이가 3인 정사각형은 면적이 9, 정육면체 부피는 27이 된다. 변의 길이가 1이 늘었을 뿐이지만 면적은 두 배, 부피는 세 배 넘게 차이가 난다. 길이라는 물리량 변화가 면적과 부피에서는 제곱과 세제곱으로 증폭되는 것이다. 그래서 수산시장에서 대게의 몸통 지름이 조금만 커도 가격은 훨씬 비싸진다. 게의 부피가 몸통 지름의 세제곱으로 커지기 때문이다.

파레토 법칙과 지프의 법칙

• ✦ •

거듭제곱 법칙은 소수의 큰 사건이 대부분의 결과를 낳는다는 사실을 수학적 용어로 정식화한 것이다. 이 법칙이 세상을 완벽하게 설명해주지는 않지만 자연과 사회현상에서 불균형한 분포를 보이는 사례는 수없이 많다.

2025년 봄 전국에서 동시다발적으로 일어난 산불도 지진과 비슷한 사례다. 유례없이 큰 피해를 안긴 대형 산불은 드물게 일어나지만, 작은 산불은 수도 없이 발생한다. 강우량, 강설량도 크기와 빈도 사이에 거듭제곱 법칙이 작용한다. 소수의 사건이 전체 피해의 대부분을 차지하는 것이다. 산불 발생빈도와 피해를 그래프로 그려 보면 지진의 빈도와 강도 그래프와 모양이 같다. 생물 종의 분포를 보면, 몇몇 종이 대부분의 개체수를 차지하고 희귀한 종은 참으로 다양하다. 작은 운석은 지구에 자주 떨어지지만, 지구에 큰 영향을 미칠 거대한 운석 충돌은 아주 드물다.

자연현상뿐 아니라 사회현상에서도 이 같은 사례가 발견된다. 80 대 20 법칙이라고도 불리는 파레토 법칙Pareto's law이 대중적으로 가장 널리 알려진 거듭제곱 법칙의 사례다. 어떤 현상의 대부분이 소수에게서 나온다는 것인데, 어느 나라든 소득, 부동산 보유, 재산 등의 분포를 보면 거의 예외 없이 80 대 20 구도를 보인다. 소수가 많은 부분을 차지하고 대다수는 가진 게 많지 않다. 인터넷 역시 20퍼센트의 웹사이트에 80퍼센트의 트래픽이 몰리고, 기업 역시 20퍼센트의 고객에게서 매출의 80퍼센트를 얻는다. 고객 불만의 80퍼센트는 20퍼센트의 고객에게서 나온다. 아마 여러분이 즐겨 입는 옷의 80퍼센트는 옷장 속 옷 가운데 20퍼센트일 것이다. 주식투자에서도 수익의 8할이 20퍼센트의 종목에서 나오고, 손실의 8할도 역시 20퍼센트의 종목에서 나올 것이다.

언어 사용빈도와 관련한 거듭제곱 법칙으로 지프의 법칙Zipf's law이 있다. 텍스트에서 소수의 단어가 매우 높은 빈도로 사용되고, 대부분의 단어는 매우 낮은 빈도로 쓰이는 현상을 1949년 영국 언어학자 조지 킹슬리 지프가 발견했다. 지프의 법칙은 단어의 사용빈도가 순위에 반비례한다는 것이다. 수학적으로 표현하면 단어 사용빈도는 그 순위(n)의 역수($1/n$)에 비례한다. 영어 텍스트에서 사용빈도를 보면 ① the, ② of, ③ and, ④ to 순이다. the의 빈도가 100이라면 두 번째 of 는 그 2분의 1인 50, 세 번째 and는 3분의 1인 33, 네 번째 to는 4분의 1인 25 정도의 빈도를 보인다. 이런 현상은 셰익스피어 희곡, 『성서』 등에서 두루 발견된다.

도시 규모도 지프의 법칙에 따른 분포를 보인다. 한 나라에서 최대 도시의 인구는 두 번째 도시보다 약 두 배, 세 번째 도시보다 세 배 많은 통계적 경향이 있다. 우리나라는 서울 933만 명, 부산 326만 명, 인천 303만 명 순이다. 수도권 집중이 심해 2위를 차지한 부산의 인구가 상대적으로 적은 편이지만, 인천은 세 번째 도시로서 인구가 서울의 약 3분의 1이다. 미국에서도 1위 뉴욕의 인구(880만 명)가 2위 LA(390만 명)의 두 배, 3위 시카고(275만 명)의 세 배, 4위 휴스턴(230만 명)의 네 배에 가깝다.

사방으로 연결된 네트워크 구조에서도 거듭제곱 법칙이 발견된다. 바라바시의 『링크』에 따르면 소수의 인기 웹사이트가 다른 많은 웹사이트로부터 링크를 받는 허브 역할을 한다. 유튜브, 구글, 페이스북 등 몇몇 사이트는 온라인상에서 플랫폼이자 허브가 된다. 반면에 대다수 웹사이트들은 연결된 사이트가 적고 방문자 수도 미미하다. 항공 노선도를 보면 인천공항은 국내 공항들뿐 아니라 해외 주요 도시들과 대부분 연결되는 반면에 대다수 지방 공항들은 인천공항이나 김포공항 또는 일부 해외 공항과 연결될 뿐이다. 인천공항처럼 국내외 수많은 공항과 연결된 아랍에미리트 두바이 공항, 싱가포르 창이 공항, 일본 나리타 공항 등을 허브 공항이라고 부르는 이유다.

거듭제곱 법칙은 지진처럼 지수가 자연수일 때는 기하급수로 늘어나지만, 대사율이나 지프의 법칙처럼 자연수가 아닐 때도 많다. 그래서 이론물리학자 제프리 웨스트는 만물의 크기에 따라 변하는 양상과 만물이 따르는 근본 원리를 스케일링scaling 법칙이라고 명명했다.

시간도, 의사결정도 거듭제곱 법칙을 따른다

· ✦ ·

거듭제곱 법칙은 세포처럼 아주 작은 단위에서도 나타난다. 동물이 생명을 유지하는 데 필요한 에너지양을 뜻하는 대사율代謝率, metabolic rate이 그렇다. 스위스 생물학자 막스 클라이버Max Kleiber는 다양한 동물의 데이터를 분석해 동물의 대사율이 몸무게의 0.75제곱(체중$^{0.75}$)에 비례한다는 '클라이버 법칙'을 발견했다. 동물의 크기가 커질수록 대사에 필요한 에너지양은 증가하지만, 그 증가 비율은 몸무게 증가 비율보다 훨씬 낮다는 것이다. 코끼리는 쥐보다 1만 배(10^4) 무거운데 대사율은 1,000배(10^3) 높다. 즉 코끼리의 세포는 쥐의 세포보다 10분의 1만큼만

에너지를 쓰면서 활동한다는 뜻이다. 이는 코끼리가 70년 이상 장수하는 반면에 쥐는 2~3년밖에 못 사는 이유다.

이런 대사율에 대해 제프리 웨스트는『스케일』에서 동물의 크기가 커지면 무게는 부피에 비례해 증가하지만, 생존에 필요한 에너지(기초대사율)는 75퍼센트만 증가한다고 설명했다. 즉 몸이 두 배가 되면 대사를 위해 에너지도 두 배가 필요할 것 같지만 실제로는 75퍼센트인 1.68배면 된다. 더욱 놀라운 점은 포유동물의 경우 크기에 관계없이 평생 뛰는 맥박수가 15억 번으로 거의 같다는 사실이다. 큰 동물일수록 느리게 맥박이 뛰고 작은 동물은 빠르게 뛴다. 그 대신 큰 동물은 장수하고 작은 동물은 오래 살지 못한다. 그런데 심장이 뛰는 총 횟수는 거의 동일하다.

거듭제곱 법칙은 누가 처음 발견했다고 할 수 없다. 오랜 세월 동안 과학자, 수학자들이 관찰하고 연구해 온 결과가 누적돼 현대 물리학의 핵심개념으로 자리 잡았다. 피타고라스의 정리부터 17세기 요하네스 케플러의 행성운동 법칙, 아이작 뉴턴의 만유인력 법칙, 20세기 파레토 법칙, 상대성 원리, 지프의 법칙 등이 모두 거듭제곱의 형태로 표현된다. 우주와 세상은 이런 법칙들로 구성돼 있다.

제프리 웨스트는『스케일』에서 지난 200년간 인구 팽창도 지수적(거듭제곱)으로 팽창했다고 설명했다. 1805년에야 10억 명에 도달한 세계 인구가 산업혁명에 힘입어 폭발했다는 것이다. 인구가 10억 명에 도달하는 데 200만 년이 걸렸지만 다시 10억 명이 늘어 20억 명이 되는 데는 120년밖에 걸리지 않았다. 여기서 30억 명으로 늘어나는 데 35년, 40억 명은 25년이 지난 1974년에 도달했다. 지금은 두 배가 넘는 82억 명에 이른다. 미국 GDP 역시 1800년 이래 로켓이 솟구치듯 지수적 팽창을 보여 주었다. GDP가 1조 달러 늘어나는 데 걸리는 기간이 점점 짧아진 것이다.

벤처 투자가이자 팔란티어 회장인 피터 틸Peter Thiel은 베스트셀러가 된 『제로 투 원』에서 거듭제곱 법칙을 '우주의 법칙'으로 정의했다. "우리 주변이 전적으로 거듭제곱 법칙에 따라 만들어져 있기 때문에 미처 그렇다는 사실조차 눈치 채지 못한다." 미세한 세포부터 인구와 경제규모, 거대한 행성에 이르기까지 적용되는 법칙이니 우주의 법칙이라고 부를 만도 하다. 틸의 벤처캐피털이 투자한 스타트업 중에서 소수의 몇몇 회사가 나머지 모두를 합친 것보다 더 큰돈을 벌어다 줬다. 그는 "시간도, 의사결정도 거듭제곱 법칙을 따른다"라고 단언했다. 선택하고 판단해야 하는 어느 한 순간은 다른 모든 순간보다 중요하다는 것이다.

정규분포 vs. 꼬리 위험

• ✦ •

거듭제곱 법칙과는 무관한 정규분포의 영역도 많다. 사람의 키나 몸무게는 정규분포normal distribution를 보인다. 정규분포는 평균값을 중심으로 좌우대칭인 종 모양의 전형적인 통계분포다. 사람의 키나 몸무게처럼 평균 주변에 많이 몰려 있고 극단적인 숫자는 극히 희박하다. 그래프의 좌우 양쪽 끝 꼬리 부분으로 갈수록 0에 수렴한다. 한국 성인 남성의 평균 키는 172.5센티미터인데, 대부분의 사람들이 160~190센티미터 사이에 있다. 2미터가 넘는 경우는 아주 드물고 220센티미터 이상은 농수선수 출신 하승진(221cm) 한 명뿐이다.

하지만 거듭제곱 법칙이 지배하는 복잡계에서는 양상이 완전히 다르다. 키나 몸무게처럼 사람들 간에 서로 영향을 미치지 않는 경우에는 정규분포가 나타나지만, 복잡계는 구성원끼리 서로 영향을 미치고 피드백을 주고받는 네트워크 구조이기 때문이다. 앞의 사건이 나중의 사건에 영향을 미치고, 초기의 작은 차이가 결과에 큰 차이를 만든다. 이런 환경에서는 부익부 빈익빈의 마태 효과와 80대 20 법칙을 넘어선 극단적인 승자독식이 나올 수 있다.

그래서 복잡계에서는 일반 정규분포에 비해 극단적 사건이 더 자주 나타난다. 이를 꼬리 위험tail risk이라고 부른다. 꼬리 위험은 통계분포의 양쪽 끝부분, 즉 꼬리 부분에서 예상치 못한 희귀 사건이 발생할 가능성이 있음을 의미한다. 정규분포의 꼬리보다 훨씬 빈도가 높다. 블랙 스완같이 발생 확률이 아주 낮으면 정규분포에서는 거의 무시되지만 자연생태계, 주식시장 같은 복잡계에서는 충분히 일어날 수 있는 사건이 된다는 얘기다. 이것이 두터운 꼬리 위험fat-tailed risk이다. 하루 새 주가가 20퍼센트 넘게 폭락한 블랙 먼데이, 동일본대지진 같은 초대형 지진과 쓰나미, 코로나19 팬데믹, 9·11 테러 등이 두터운 꼬리 위험에 해당한다. 가능성은 매우 희박했지만 실제로 일어난 사건들이다.

모래사태 실험과 임계상태

· ✦ ·

복잡계에서 거듭제곱 법칙이 작용하는 이유에 대해 세상 사람들을 눈 뜨게 해준 유명한 실험이 있다. 1987년 덴마크의 이론물리학자 페르 박Per Bak이 차오 탕Chao Tang, 커트 위젠펠드Kurt Wiesenfeld와 함께 행한 모래 더미 게임이다. 이 연구팀은 아주 단순하게 탁자 위에 모래알을 하나씩 뿌리면 어떻게 될까를 상상했다. 컴퓨터를 이용해 가상의 모래알을 가상의 탁자에 하나씩 떨어뜨리고 모래더미가 가팔라지면 무너지는 단순한 규칙을 적용한 실험이었다.

그 결과 처음에는 모래가 안정적으로 쌓이다가 점점 더 모래더미의 경사가 가팔라져 경사가 무너지기 직전의 임계상태critical state에 이르자, 모래알 하나가 떨어지는 작은 충격에도 모래더미가 무너지는 사태沙汰가 일어났다. 사태의 크기(모래알 수)를 재 봤지만 별다른 특징이 없었다. 어떤 때는 모래알 하나 또는 100개, 1,000개가 굴러 떨어졌다. 그러나 어떤 때는 수백만 개의 모래알이 한꺼번에 흘러내려 전체가 완전히 무너지는 격변이 일어났다. 작은 사태는 수없이 일어난 반면에 큰 사태는 아주 적게 일어나는 대신 전체가 무너질 정도로 강도가 높왔다.

연구팀은 그 이유를 알아보기 위해 경사면 기울기에 따라 색을 달리했다. 비교적 평평한 곳에는 초록색, 경사가 급해 금방 무너질 것 같은 곳에는 빨간색을 칠했다. 처음에 모래더미는 거의 초록색이었지만 모래알을 계속 떨어뜨리자 빨간색 점들이 모래더미 전체에 촘촘하게 이어졌다. 그러다 어느 순간 모래알 하나가 떨어지자 근처의 빨간 점들이 연쇄적으로 무너져 내렸다.

이 실험은 단순한 모래더미에도 예측 불가능한 크기의 사태가 발생하는 복잡성이 존재하고, 외부 영향이 없어도 스스로 경사의 임계상태를 유지하려는 자기조직화가 일어나며, 사태들의 크기 분포가 거듭제곱 법칙을 따른다는 점을 알려 줬다. 연구팀은 모래더미에서 임계상태가 그렇게 쉽고 불가피하게 나타난다면 다른 곳에서도 비슷한 일이 일어날 수 있다는 가능성을 제기했다. 이런 임계상태의 불안정성이 지구의 지각, 생태계, 산림, 경제 구조에서 나타나는 불안정성과 동등하지 않을까라고 생각한 것이다.

이후 수많은 물리학자가 이런 의문에 매달려 연구한 끝에 세상의 모든 국면에서 임계상태의 불안정한 구조가 나타난다는 사실을 알게 됐다. 지진, 산불, 전염병 전파, 교통체증 발생, 주식시장 붕괴 등 모든 격변의 배후에 어떤 작동 패턴이 있음을 보기 시작한 것이다.

질적 변화가 일어나는 임계점critical point은 다른 말로 하면 말콤 글래드웰이 언급한 티핑 포인트tipping point다. 공교롭게도 임계criticality를 비롯해 요즘 주식시장과 기상학에서 많이 언급되는 격변 이론^{catastrophe} theory,* 카오스^{chaos}, 그리고 복잡성^{complexity}까지 모두 알파벳 c로 시작한다. 이런 현상들은 임계상태와 어떤 관계가 있을까?**

주식시장에 패닉이 잦은 이유

• ✦ •

모래더미 실험은 인간 사회에서도 모래알 하나가 추가될 때처럼 아주 작은 요인도 다양한 크기의 파장을 낳을 수 있다는 점을 시사한다. 사람들은 큰일이 발생하면 반드시 그만큼 큰 원인이 있다고 생각하지만, 실제로는 큰 결과든 작은 결과든 똑같이 작은 원인으로도 일어날 수 있다. 이로써 주식시장이 종종 공포와 패닉에 빠지는 이유를 설명할 수 있다.

주가가 오를 때는 찔끔찔끔 오른다. 마치 등산할 때 한참 올라가다 돌아보면 벌써 이만큼 올랐구나 싶은 때와 같다. 그러나 하락할 때는 세상이 무너질 듯 폭락해 투자자들을 공포와 패닉으로 몰아넣는다. 모래더미 실험에서 보듯, 쌓는 데는 오래 걸리지만 무너지는 것은 순

---

* 　특정 임계점을 넘어서면 갑자기 다른 상태로 변하는 불연속적 반응을 초래하는 방식 또는 복잡한 시스템에서 나타나는 갑작스러운 질적 변화(격변)에 관한 이론이다. 1960년대 프랑스 수학자 르네 톰$^{\text{René Thom}}$이 제창한 이론이다. 이 이론은 구조물의 갑작스러운 파괴, 집단심리의 급변, 경제와 시장의 불안정, 감정의 급격한 변화 등 다양한 분야에서 후속 연구로 이어졌다.

** 　마크 뷰캐넌, 『우발과 패턴』, 32~39쪽 참조.

식간이다.

주식시장은 참가자들 간에 서로 엄청난 영향을 주고받는 복잡적응
계다. 더구나 인간이면 누구나 손실회피 편향을 갖고 있어, 주가가 급
락할 때 공포의 연쇄반응이 일어난다. 과거 경제가 시간의 흐름에 따
라 호황과 불황의 사이클대로 교차하고 금융장세, 실적장세 같은 용어
로 쉽게 설명되던 때와는 판이한 게 오늘날의 주식시장이다. 하루에
도 신고가, 신저가 종목이 동시에 쏟아지고, 같은 업종 내에서도 천당
과 지옥이 교차한다. 변화에다 속도까지 한꺼번에 높아지는 복잡적응
계의 특성을 여실히 보여 준다. 쉽게 탐욕에 휩싸이고 패닉에 빠질 수
있는 여건이다. 대공황을 예견한 재정가이자 투자가 버나드 바루크
Bernard Baruch는 패닉에 빠진 주식시장을 "출구가 하나뿐인 극장에서 누
군가 불이야 하고 소리친 상황과 같다"라고 했다.

'오를 때 찔끔, 내릴 때는 폭삭'이란 특징은 부와 명성을 쌓는 데서
도 발견할 수 있다. 인간 사회에서는 기본적으로 부익부 빈익빈 현상
이 발생한다. 따라서 부와 명성은 연결고리가 많은 사람일수록 네트
워크 효과를 통해 더욱 강화되는 특징이 있다. 한때 미국에서 화제의
인물이었던 패리스 힐튼Paris Hilton의 별칭이 '유명해서 유명한 사람'이었
다. 인간 사회 자체가 서로 연결돼 영향을 미치는 복잡한 시스템이다.
주식시장도 마찬가지다.

세상을 움직이는 물리법칙은 우리가 잘 몰라서 그렇지 의외로 단
순할지도 모른다. 하지만 세상은 복잡하다. 시간이 흐르기 때문이다.

우리의 삶은 스냅사진이 아니라 계속해서 이어지는 80년 안팎 분량의 동영상이다. 모든 것이 변하는데 우리의 경험과 사고는 그것을 따라가기가 힘겹다. 그래서 투자가 그토록 어려운 모양이다.

05

신도 가끔
주사위 놀이를 한다

세상에 이런 일이!

• ✦ •

도저히 일어날 수 없을 것 같은 일이 현실에서는 간혹 일어난다. 로또
1등 당첨번호가 2주 연속 똑같을 수 있을까? 실제로 그런 일이 있었다.
불가리아에서 2009년 9월 6일 전국에 생중계된 로또 1등의 당첨번호
가 '4, 15, 23, 24, 35, 42'였다. 그런데 나흘 뒤의 추첨에서도 1등 당첨
번호 6개 숫자가 나오는 순서만 다를 뿐 하나도 어김없이 똑같았다.

당장 조작이 아니냐는 여론이 들끓었다. 불가리아 정부가 즉각 경
찰에 조사를 지시했지만 별다른 혐의점을 찾아내지 못했다. 로또 운
영사 대변인은 "52년 역사상 처음 일어난 일이어서 우리 역시 이런 기
막힌 우연에 깜짝 놀랐다"라고 입장을 밝혔다.

이스라엘에서도 비슷한 일이 있었다. 2010년 10월 16일 1등 당첨
번호가 '13, 14, 26, 32, 33'이었는데, 불과 3주 전인 9월 21일의 1등 당

첨번호와 똑같았다. 로또가 조작됐다는 항의가 방송국에 빗발쳤다. 그러나 이번에도 추첨이 조작됐다는 증거는 나오지 않았다.

불가리아 로또는 한국처럼 45개 번호 중 6개를 고르는 방식(6/45)이 아니라 49개 중 6개를 고르는 방식(6/49)이다. 1등 당첨확률은 약 1,400만 분의 1*이다. 그런데 2주 연속 같은 번호 조합이 당첨될 확률은 1,400만의 제곱분의 1이다(1/1400만^2). 약 195조 분의 1이다. 0에 거의 수렴하는 상상하기조차 힘든 낮은 확률이다. 현실에서 이런 일이 과연 일어날 수 있을까?

이렇게 거의 불가능해 보이는 일이 실제로 가끔 발생한다. 영국 통계학자 데이비드 핸드$^{David\ Hand}$의 『신은 주사위 놀이를 하지 않는다』**에 그런 놀라운 사건들이 소개돼 있다. 1918년 월터 서머퍼드^{Walter} ^{Summerford} 소령은 플랑드르 지방에서 말을 타고 가다 벼락을 맞아 한동안 하반신이 마비됐다. 캐나다로 이주한 1924년에는 나무 밑에서 낚시를 하는데 그 나무에 벼락이 떨어져 몸 오른쪽이 마비됐다. 1930년에는 공원을 산책하다 또 벼락을 맞아 온몸이 마비됐다. 2년 뒤에 사망했는데 사인이 벼락은 아니었다. 1936년에는 그의 묘비에 또 벼락이 떨어졌다. 서머퍼드의 경우는 약과다. 미국 버지니아주 국립공원

---

* 정확한 1등 당첨확률은 한국 로또(6/45)가 814만 5,060분의 1이고, 불가리아 로또(6/49)는 1,398만 3,816분의 1이다.

** 한국어 번역본의 제목은 아인슈타인이 한 말인 '신은 주사위 놀이를 하지 않는다'이지만 이 책의 본래 취지와는 어울리지 않는다. 원서(2014)의 제목은 'The Improbability Principle'이다. 직역하면 '비개연성 원리'로, 이 책에서 다룬 내용은 '우연의 법칙'이다.

에서 경비원으로 일한 로이 설리번Roy Sullivan은 1943년부터 1977년까지 벼락을 일곱 번이나 맞았다. 어릴 적 들판에서 추수하던 아버지를 돕다가 벼락을 맞은 적도 있다고 한다. 이쯤 되면 운명의 신이 그에게 벼락을 내리며 저주를 건 것 같다.

하지만 로또든 벼락이든 이렇게 희박한 확률의 일도 드물게 일어난다. 데이비드 핸드에 따르면 한 반 학생 23명 중 두 사람의 생일이 같을 확률이 무려 51퍼센트[*]에 달한다. 동전 던지기보다 확률이 높다. 우리 경험법칙으로는 본인을 제외한 나머지 22명 중에 한 명과 생일이 같을 확률은 6퍼센트로 아주 낮다.[**] 그러나 23명 중에서 2명씩 짝지어 만들 수 있는 조합은 235가지나 된다. 따라서 23명의 생일이 모두 다를 확률(49%)보다 2명의 생일이 같을 확률(51%)이 더 높다. 우리 직관과는 완전히 다른 결과다. 로또도 추첨을 수없이 하다 보면 똑같은 번호가 나오는 일이 벌어질 수 있다.

벼락을 맞는 경우도 마찬가지다. 일곱 번이나 벼락을 맞을 확률은 거의 0에 가깝다. 그러나 지구 전체에서 한 해 동안 벼락을 맞아 사망할 확률은 평균 30만 분의 1이라고 한다. 아주 낮은 확률이지만 세계

---

[*]   23명의 생일이 모두 다를 확률을 구하는 방법은 $\frac{364}{365} \times \frac{363}{365} \times \frac{362}{365} \cdots \frac{343}{365} = 0.49$이다. 따라서 생일이 같은 사람들이 있을 확률은 1-0.49=0.51, 즉 51퍼센트가 된다.

[**]   본인의 생일이 다른 한 명과 다를 확률은 364/365이다. 본인 생일이 22명과 모두 다를 확률은 364/365를 스물두 번 곱해서 구할 수 있다. 이 값이 0.94다. 따라서 본인 생일이 22명 중 누군가의 생일과 같을 확률은 1-0.94=0.06, 즉 6퍼센트가 된다.

80억 인구를 감안하면 연간 2만 6,000여 명이 벼락을 맞아 사망하고, 그 열 배 되는 수의 사람이 부상을 입는다. 대도시에 산다면 벼락 맞을 확률은 현저히 낮아지겠지만, 설리번처럼 비가 오나 눈이 오나 국립공원 같은 자연환경에서 돌아다니며 일하는 사람은 그 확률이 월등히 높아진다. 이렇듯 우리의 직관은 확률을 이해하는 데 별 도움이 되지 않는다.

인간은 우연에서도 이유를 찾는다

· ✦ ·

과학 이전 시대에 일식을 목격한 옛사람들은 어떤 생각이 들었을까? 갑자기 태양이 사라지고 환하던 대낮이 칠흑같이 어두워진다. 지금은 그 이유가 과학적으로 밝혀져 흥미로운 자연현상 정도로 여겨지지만, 옛날 사람들에게는 공포 그 자체가 아닐 수 없었다. 무엇인가 초월적 힘이 작용해 인간 세상을 응징한다고 느꼈을 것이다.

미지의 존재나 알 수 없는 현상에 대한 공포는 인간의 DNA에 깊이 각인돼 있다. 수십만 년 동안 태풍, 화산, 지진, 해일 등 엄청난 자연재난과 호시탐탐 노리는 맹수와 적들의 위협 속에서 살아온 탓이다. 생명을 위협하는 재앙이지만 예측할 수도 없고 피하기도 어려웠다. 그래서 안전 욕구는 인간의 강력한 본능이 됐다. 안전하다고 느끼려면 자신의 주변 상황을 확실히 파악하고 스스로 통제할 수 있어야 한다.

무슨 일이 벌어지는지, 왜 그런 일이 생겼는지, 앞으로 어떻게 될지 납득할 수 없을 때 인간은 불안과 공포를 느낀다.

이런 가공할 자연재난 속에서 인간은 어떤 징조나 패턴을 찾으려고 부단히 애썼다. 전혀 관계가 없는 사건들도 연이어 일어나면 분명히 연관이 있다고 여겼다. 어떤 결과가 있으면 반드시 그에 상응하는 원인이 있을 것이라는 인과론적 사고를 본능으로 장착한 것이다.

하지만 자연현상은 필연이 아니라 우연이다. 사전적 정의로 우연coincidence은 '뜻하지 않게 일어난 일'을, 필연inevitability은 '반드시 그렇게 되도록 정해진 일'을 가리킨다. 앞서 살펴본 모래더미 실험에서처럼, 모래가 무너지는 것은 가팔라진 경사면의 임계상태에서 '그냥' 일어나는 사건이다. 언제 어디서 일어날지 알 수 없다. 그런데도 사람들은 우연을 필연으로 여길 때가 많다. '이유 없이 이런 일이 생길 리 없다'고 믿는 것이다.

과학 이전 시대에 자연현상이라는 우연을 이해하는 가장 간편한 방법은 모든 것을 신의 섭리로 돌리는 것이었다. 크나큰 불행과 재난은 신의 분노이고, 뜻하지 않은 행운은 신의 자비로 여겨졌다. 그리스 신화에서 신들의 왕 제우스는 툭하면 번개를 내리쳤고, 바다의 신 포세이돈은 오디세우스가 10년간 바다를 헤매게 만들었다. 『구약성서』에서 노아의 홍수, 소돔과 고모라의 멸망 등도 그런 사례다. 다신교 사회에서는 인간의 능력으로 설명할 수 없는 사건을 어떤 신이 다른 신의 계획을 망쳐서 일어난 일로 설명했다. 그러나 기독교, 이슬람교 같은 일신교가 등장하면서 신의 섭리는 신의 계획으로 대체됐다. 오직 하나의 신이 모든 것을 통제하며, 모든 사건이 미리 정해져 있다고 본 것이다. 제비뽑기 같은 무작위한 우연도 신의 뜻으로 봤다. 『성서』에는 "제비는 사람이 뽑지만 결정은 주님께서 하신다"(「잠언」 16장 33절)라는 구절이 있다.

종교 이전에는 미신이 있었다. 미신은 서로 관계없는 사건들이 연이어 일어나면 거기에 어떤 인과관계가 있다고 믿는 심리다. 세계 어디서나 원시 부족에게는 신이 있고, 무당이 있고, 주술과 금기taboo가 있었다. 알 수 없는 사건, 초자연적 현상을 미신으로 이해하고자 했다. 과학이 발달한 현대에도 미신은 사라지지 않았다. 동양에서 4, 서양에서 13은 여전히 사람들이 기피하는 숫자다. 타이거 우즈는 골프 마지막 라운드에 꼭 빨간 티셔츠를 입고 나왔다. 카지노에 가면 온갖 종류의 사람들이 베팅 전에 벌이는 희한한 행동을 볼 수 있다. 세차만 하면 비가 온다는 식의 머피의 법칙도 따지고 보면 심리 착각이자 미신의 산물이다.

요즘도 사람들은 원인을 모르는 현상, 뭔지 모를 불확실한 상황을 극도로 꺼린다. 사건의 인과관계를 납득할 수 있어야 비로소 안심한다. 자신의 금쪽같은 돈을 투자한 주식시장에서는 더욱더 그렇다. 그런 점에서 우연을 이해하는 수준은 석기시대 원시인이나 21세기 현대인이나 별반 다르지 않다.

도박이 확률론을 낳았다

• ✦ •

우연이 수반하는 불확실성을 대하는 사람들의 인식이 극적으로 바뀐 것은 16~17세기의 일이다. 유럽의 르네상스(14~16세기)는 문예부흥 운동이라고 번역되지만, 단순히 문학과 예술 분야에만 국한된 것이 아니었다. 중세를 지배한 종교적 엄숙주의에서 탈피해 인간의 생각이 깨어난 인지혁명이었다. 살아가면서 끊임없이 접하는 우연을 모두 신의 섭리로 돌렸던 인간이 세계를 확률probability이라는 수학적 도구로 이해하고 예측하기 시작했기 때문이다.

당시 시대 배경을 보면, 상업이 번성하고 도시가 발전하면서 종교적으로 금지돼 온 이자와 이윤 추구가 활성화됐다. 향신료, 차 등 동방 무역으로 큰돈을 번 상인계급이 형성됐고, 무역 중심지인 베네치아, 피렌체, 제노바 등 이탈리아 반도 도시국가들에는 일확천금을 꿈꾸는 사람들이 몰려들었다. 셰익스피어의 희곡 『베니스의 상인』에 나오는 유대 상인 샤일록은 당시 귀족을 상대로 채무반환 소송을 걸 정도로 급부상한 상인계급을 상징한다. 상인들은 바다에 선단을 보내 놓고 기다리는 동안 귀족들만 은밀히 즐기던 주사위 놀이나 카드게임을 즐겼고, 자연스레 도박에서 이기는 방법을 연구하게 됐다. 도박에서 나타나는 우연을 확률로 분석하기 시작한 것이다.

확률론을 최초로 연구한 사람은 르네상스 시대의 이탈리아 수학자 겸 의사 지롤라모 카르다노Gerolamo Cardano다. 카르다노는 수학자로서

삼차 방정식 해법을 증명하고 허수 개념을 도입했고, 의사로서 장티푸스를 처음 발견한 탁월한 르네상스인인 동시에 열렬한 도박광이기도 했다. 그는 "도박꾼이 이득을 보는 최선의 방법은 도박을 하지 않는 것이다"라고 말했으면서도 스스로는 도박을 계속했다. 그러다 보니 자연스레 확률을 수학적으로 연구해 『우연의 게임에 관한 책Liber de ludo aleae』(1554년 추정, 정식 출판은 1663년)을 써 '확률론의 개척자'로 꼽힌다. 이 책에는 표본 개념(주사위의 6개 숫자), 분수로 확률을 표시하는 방법뿐 아니라 경우의 수, 대수의 법칙, 도박사의 오류 같은 개념도 담겨 있다고 한다.

초창기 확률론을 정립한 인물로 빼놓을 수 없는 사람이 『팡세』를 쓴 철학자이자 수학자, 물리학자인 블레즈 파스칼Blaise Pascal과 변호사 겸 수학자로 최고의 수학 난제였던 '페르마의 마지막 정리Fermat's last theorem'*의 주인공인 피에르 드 페르마다. 17세기 중반 프랑스의 한 도박사가 파스칼에게 점수 배분에 대한 해답을 구하자 파스칼은 페르마와 편지를 주고받으며 함께 연구해 확률론의 기본원리들을 정립했다. 마침 비슷한 시기에 카르다노의 책이 정식 출판됐고, 이때가 확률론의 실질적인 출발 시기로 여겨진다.

---

* 　　정수론을 정립한 피에르 드 페르마Pierre de Fermat가 1637년 추측한 문제로, n이 3 이상의 정수일 때 $a^n + b^n = c^n$을 만족하는 양의 정수 a, b, c는 없다는 정리다. 수많은 수학자들이 이 정리를 증명하려고 시도했지만 모두 실패해 기네스북에 가장 어려운 수학 문제로 등재됐다. 358년이 지난 1995년 영국 수학자 앤드루 와일스Andrew Wiles가 이를 증명했다. 이 문제는 제곱에서 성립하는 피타고라스의 정리가 세제곱 이상에서도 성립할까라는 질문에서 출발했다고 한다.

파스칼이 받은 문제는 도박판에서 여러 게임을 통해 승자를 결정하기로 했는데 게임이 중단됐을 경우 판돈을 경기자들에게 어떻게 공정하게 배분하느냐는 것이었다. 파스칼은 경기자가 미래에 얻을 기댓값을 계산해 판돈을 나누는 방식을 제안했고, 페르마는 남은 게임에서 각 경기자가 이길 수 있는 모든 경우의 수를 분석해 확률을 계산했다. 이 과정에서 확률이론의 핵심인 기댓값과 경우의 수 개념이 정립됐다.

이들의 아이디어는 이후 야코프 베르누이Jakob Bernoulli(대수의 법칙, 이항분포), 피에르-시몽 라플라스Pierre-Simon Laplace(조건부 확률, 중심극한 분포) 등에게 계승돼 확률론과 통계론이 확립됐다. 도박에서 나온 확률론은 오늘날 수학, 물리학, 천문학, 경제학, 인공지능의 머신러닝 등 안 쓰이는 분야가 없다. 도박의 역사는 수천 년이지만 인간이 확률에 대해 알게 된 지는 그리 오래되지 않았다.

파스칼의 내기

파스칼은 수학자, 과학자인 동시에 독실한 기독교인이자 종교철학자였다. 그는 『팡세』에서 '파스칼의 내기Pascal's wager'라 불리는 흥미로운 논증을 다루었다. 신의 존재 여부를 이성으로 입증할 수 없는 상태에서 인간은 어느 쪽을 선택하는 것이 합리적인가?

이 논증의 내용은 다음과 같다. 만약 신이 실제로 존재한다면 신을 믿은 사람은 끝없는 보상을 얻고 믿지 않은 사람은 아주 큰 손해를 본다. 반대로 신이 존재하지 않는다면 신을 믿은 사람은 예배나 규칙 때문에 조금 불편하거나 손해를 볼 수 있지만 믿지 않은 사람은 특별한 이익도 손해도 없다. 따라서 신을 믿는 것이 합리적 선택이다.

나중에 이런저런 반론도 나왔다. 신앙생활을 하는 것은 사실 적잖은 노력이 필요해 시간과 심적·물적 기회비용이 만만치 않다는 것이다. 또 전능한 신의 존재를 그렇게 논리 문제로 삼을 일이냐는 비판도 있었다. 하지만 게임 이론을 구상한 천재 수학자 존 폰 노이만John von Neumann은 말년에 암으로 고통받다 임종 직전 가톨릭에 귀의했는데, 파스칼의 내기가 큰 영향을 미쳤다고 토로했다.

카지노가 돈 버는 방법, 큰 수의 법칙

확률이 성립하려면 큰 수의 법칙law of large numbers 또는 대수의 법칙이라고 불리는 여건이 조성돼야 한다. 큰 수의 법칙은 시도 횟수가 아주 많아질수록 또는 표본의 크기가 충분히 커질수록 이론적 확률에 수렴한다는 법칙이다. 동전을 열 번 던질 때는 앞면이 몇 번 나올지 예측하기 어렵다. 하지만 수천, 수만 번 던지면 앞면과 뒷면이 나온 비율은 각각 2분의 1에 가까워진다.

큰 수의 법칙은 주변에서 흔히 볼 수 있다. 보험은 큰 수의 법칙을 통해 예상 위험률을 추정하고, 그에 맞춰 보험료를 책정하는 방식으로 유지된다. 자동차보험의 경우 개별 운전자의 사고 위험률을 미리 알 수 없다. 수백 명 정도의 데이터로도 평균적인 사고율을 파악하기 힘들다. 하지만 수십만, 수백만 명의 데이터를 분석하면 전체 운전자 중 몇 퍼센트가 사고를 내고, 그 추세가 해마다 어떤지 파악할 수 있다. 예상 사고율에 따라 지급될 보험금 총액에다 보험회사의 적정이윤을 더해 보험료를 매기는 것이다.

카지노가 돈을 버는 방법도 큰 수의 법칙에 기반한다. 카지노의 룰렛에는 숫자가 38개(1~36, 0, 00) 있고, 한 숫자에 돈을 걸어 맞히면 베팅 금액의 35배를 준다. 누군가는 운 좋게 숫자를 맞혀 1달러를 걸고 35달러를 받을 수 있는 것이다. 그러나 게임 횟수가 많아지고 플레이어가 늘어날수록 카지노는 돈을 벌게 돼 있다. 일단 모든 숫자에 1달러씩 걸더라도(38달러 필요) 당첨되는 숫자는 1개뿐(35달러 지급)이니 카지노는 한 판에 3달러를 벌고 들어간다.

라스베이거스 카지노에서는 100명 중 대략 30명만 돈을 따고 나머지 70명은 잃는다고 한다. 카지노들이 이용객의 전체 승률을 그 정도로 유지하기 때문이다. 승률이 너무 높으면 카지노가 손해를 보고, 너무 낮으면 손님이 안 온다. 예전에 라스베이거스에 갔을 때 가이드가 귀띔하기를, 라스베이거스 카지노에 오는 사람은 평균 300달러 정도를 잃고 간다고 했다. 연간 카지노 수입을 이용객 수로 나눠 보면 그렇다는 얘기다. 돈을 따는 사람이 30퍼센트쯤 있다면 돈을 잃는 나머지 70퍼센트는 1인당 잃는 돈이 300달러보다 훨씬 클 것이다.

주식시장이 그런 카지노를 닮았다. 1~2년의 단기간에는 주식투자로 돈을 번다고 장담하기 어렵다. 주식에 투자한 1~2년 동안 상승장이라면 수익을 내겠지만, 불행히도 하락장 한복판이라면 손실을 피하기 어렵다. 그러나 수십 년간 장기간 투자한다면 중간에 부침이 있더라도 주가는 꾸준히 우상향하는 모양새를 보일 것이다. 한국 코스피 지수는 1980년 1월 4일 100에서 출발해 2026년 1월 5000선을 찍었다. 시가총액 기준으로 50배 오른 셈이다. 미국 나스닥 지수는 1971년 2월 5일 100에서 출발해 현재 2만 3,000선을 넘었다. 평균적으로 230배 오른 셈이다. 주식투자에서 장기 투자는 큰 수의 법칙을 기대하는 투자법이다. 장기 투자가 무조건 수익을 보장하지는 않지만 단타 매매보다는 수익을 낼 확률이 훨씬 높다.

우연의 법칙 vs. 필연의 법칙

• ✦ •

큰 수의 법칙을 다른 관점에서 보면, 시도 횟수가 아주 많으면 아무리 불가능해 보이는 일도 일어날 수 있다는 말과도 통한다. 19세기 영국 수학자 오거스터스 드 모르간Augustus De Morgan은 "아주 많이 시도하면 일어날 수 있는 일은 무엇이든지 일어난다"라고 했다. 동전을 열 번 던져서 앞면만 계속 나올 확률은 매우 낮지만, 실험 횟수가 충분히 많으면 그 같은 일이 한 번쯤은 발생할 수 있다는 얘기다. 불가리아와 이스라엘에서 시차를 두고 똑같은 당첨번호가 나온 경우도 확률은 대단히 미미하지만, 수많은 사람이 로또를 사서 실제 일어난 사건이다.

우리는 사건을 설명할 때 필연의 법칙^{law of inevitability}의 관점에서 주로 본다. 필연의 법칙은 일어날 일은 반드시 일어난다는 것이다. 특정한 원인이 있으면 반드시 그에 따른 결과가 있다는 얘기다. 높은 곳에서 물건을 놓으면 중력에 의해 떨어지고, 주사위를 던지면 6개 숫자 중 하나가 나온다. 룰렛의 모든 숫자에 돈을 걸면 그중에 하나는 맞고, 로또의 모든 번호 조합을 다 사면 하나는 1등에 당첨된다. 인공위성이 수명이 다하면 어디에 떨어질지 모르지만 지구에 떨어지는 것은 확실하다. 필연의 법칙은 우리에게 익숙한 인과론적 사고이자 확실성을 의미한다.

그러나 예상치 못했거나 원인이 불분명한 사건은 필연의 법칙으로 이해할 수 없다. 이를 설명하는 것이 우연의 법칙^{improbability principle}이다. 확률이 아주 희박하고 개연성이 낮은 사건도 실제로 일어난다는 것이다. 주의할 점은 사람들이 우연한 사건들에서도 뭔가 특별한 패턴이나 법칙을 찾으려는 속성이 있다는 점이다. 뜻밖의 사건이 몇 번 겹치면 더 이상 우연이 아니라고 보는 것이다.

2010년 FIFA 월드컵 당시 전 세계적으로 유명해진 독일의 '예언자' 문어 파울^{Paul}이 그런 경우다. 4강까지 오른 독일의 경기들과 준결승, 결승, 3·4위전 등 무려 여덟 경기의 승패를 정확히 맞혔다. 두 나라 국기가 그려진 유리상자에 홍합을 넣어놓고 파울이 어느 쪽 홍합을 먹느냐로 승패를 점쳤는데, 승패를 맞힐 확률은 2분의 1이다. 그러

나 여덟 번 연속으로 맞힐 확률은 256(2^8)분의 1로 낮아진다. 약 3.906
퍼센트다. 파울에게 예언자니, 족집게니 하는 별명이 붙을 만했다. 하
지만 낮은 확률이긴 해도 불가능한 일도 아니다. 우연의 일치도 자꾸
거듭되면 예언 능력으로 인식될 수 있다는 사례다. 파울은 UEFA 유
로 2008 때부터 승패를 점쳤는데, 이때는 총 여섯 경기 중 네 경기만
맞히고 두 경기는 틀렸다. 이 정도는 일반적인 축구 팬도 양 팀의 전력
차이를 보고 어느 정도 승패를 예상할 수 있는 수준이다.

우연의 법칙에서 유의할 점은 결과를 알고서 꿰맞추는 선택 편향에
빠지기 쉽다는 점이다. 카우보이가 헛간 벽에다 총을 쏴댄 후 총알 자
국이 많은 곳에 과녁을 그려 넣고 자신이 명사수라고 우기는 것과 같
다. 그런 점에서 노스트라다무스의 예언도 선택 편향의 산물일 수 있
다. 그가 했다는 예언은 모호하고 건수도 엄청 많다. 그중에서 후대에
일어난 사건을 암시하는 듯한 것들만 골라서 놀라운 예언이라고 주장
하는 것은 아닌지 따져 봐야 한다. 실제 사건과 맞지 않는 예언은 아무
도 주목하지 않는다. 대통령 선거 결과를 맞혔다는 예언가들도 틀렸
을 때는 조용히 사라지지만 어쩌다 맞혔을 때는 대대적으로 자랑하고
홍보해서 알려졌을 뿐이다.

우연의 법칙과 대칭되는 것이 프랑스 수학자 에밀 보렐Émile Borel이
주장한 보렐의 법칙Borel's law이다. 보렐의 법칙은 인간 세상에서 확률이
아주 낮은 사건은 절대 일어나지 않는다는 것이다. 예컨대 원숭이가
타자기를 마구 두드렸는데 우연히 셰익스피어의 희곡을 쓰는 것과 같

은 '무한 원숭이 정리infinite monkey theorem'*는 확률상 불가능하지는 않지만 현실에서는 일어나지 않는다. 북한의 김정일이 1994년 처음 골프를 쳤는데 38언더파를 쳤다는 주장도 현실적으로 불가능한 일이다.

보렐의 법칙은 우연의 법칙과 모순돼 보이지만 서로 보완 관계에 있다. 우연의 법칙은 '모든 사건은 일어날 수 있다'고 가능성을 열어 두는 반면, 보렐의 법칙은 '극도로 낮은 확률의 사건은 현실에서 발생하지 않는다'고 개연성에 제한을 둔다. 보렐은 인간 세상에서 아주 희박한 확률을 100만 분의 1보다 낮은 확률로 봤다. 사람들의 상식은 보렐의 법칙에 가깝지만, 표본이 '충분히' 많아지면 희박한 사건도 언젠가는 일어날 가능성이 있다는 우연의 법칙을 균형 있게 이해할 필요가 있다.

주식시장에서는 단기적인 주가 변동이 예측불허인 경우처럼 우연의 법칙이 작용하지만, 주가가 유동성과 경기, 기업실적 등에 수렴하는 필연의 법칙도 동시에 작용한다. 대공황이나 블랙 스완 같은 파국

---

*　　'원숭이가 무한한 시간 동안 타자기의 자판을 무작위로 누를 수 있다면 어느 시점에는 셰익스피어 전집(주어진 유한한 텍스트)을 입력할 수 있다'는 사고실험에서 유래했다. 이에 따르면 발생 확률이 0이 아닌 모든 사건은 무한한 크기와 시간을 가진 우주에서는 무한히 발생할 수 있다. 에밀 보렐은 1913년 발표한 논문에서 "100만 마리의 원숭이가 매일 열 시간씩 타자를 친다고 해서 프랑스 국립도서관에 있는 모든 책을 완전히 동일하게 만들어낼 수는 없을 것 같지만, 그렇다고 해서 그것이 가능하다는 확률을 부정할 수는 없다"라고 했다. 이 일화가 영국으로 넘어가 셰익스피어와 무한 숫자의 원숭이로 바뀌었다. 보렐은 사고실험을 통해 인간의 일상에서 발생 확률이 100만 분의 1, 지구 차원에서 10^{15}분의 1, 우주 차원에서 10^{50}분의 1보다 작은 사건이 실제 발생할 가능성은 무시해도 좋다고 보았다.

적 위기는 발생 확률이 희박하지만 오랜 시간이 흐르면 종종 발생한다는 점에서 보렐의 법칙과 우연의 법칙이 동시에 작용한 사례라고 할수 있다.

신은 주식시장에서도 주사위를 던진다

• ✦ •

인과론적 사고에서 확률적 사고로 전환하게 된 분수령이 20세기에 본격적으로 태동한 양자역학이다. 지구의 시간을 가르는 날짜변경선처럼 양자역학은 고전 물리학과 현대 물리학을 가른다. 양자역학은 여러 물리학자들의 연구가 종합된 산물이다. 베르너 하이젠베르크Werner Heisenberg의 불확정성 원리uncertainty principle*는 전자의 위치와 속도를 동시에 정확히 알 수 없다는 이론이고, 사고실험인 '슈뢰딩거의 고양이 Schrödinger's cat'**는 방사성 원소와 함께 상자 속에 있는 고양이의 상황을 가정해 양자量子, quantum 세계의 특징을 극단적으로 드러냈다. 즉, 원자

---

* 　입자의 위치를 정확하게 파악할수록 그 입자의 운동량이 불확실해지고, 운동량을 정확하게 정할수록 위치 역시 불확실성이 커진다. 이는 측정 기술의 한계 때문이 아니라 입자의 파동성이라는 근본적 성질에서 비롯한다. 따라서 미시 세계는 확률적으로만 이해할 수 있다는 원리다.

** 　상자 안에 고양이, 방사성 원소와 독이 든 병이 있다. 방사성 원소가 붕괴하면 병이 깨져 고양이가 죽고, 붕괴하지 않으면 고양이는 살아 있는데 붕괴 확률은 50퍼센트다. 이때 고양이는 살아 있는가, 죽어 있는가? 상자를 열어 보기 전까지는 살아 있는 동시에 죽어 있는 중첩superposition 상태이다. 슈뢰딩거는 이게 말이 안 된다고 봤지만, 역설적으로 양자역학에서 입자가 여러 상태로 동시에 존재할 수 있다는 개념을 직관적으로 이해하는 데 기여했다.

보다 작은 미시세계가 불확실성으로 가득 차 있음을 이해하게 된 것이다. 그러나 알베르트 아인슈타인Albert Einstein은 그런 모호함을 강하게 부인하면서 양자역학에 부정적 입장을 표했다. 그는 1926년 독일 물리학자 막스 보른Max Born에게 보낸 편지에서 "신은 우주를 가지고 주사위 놀이를 하지 않는다"라고 말했다.

양자역학은 뉴턴의 고전역학과는 완전히 다른 세계를 설명한다. 고전역학에서는 뉴턴의 운동법칙에 따라 입자는 명확한 위치와 속도를 가지며, 모든 물리량을 정확히 측정할 수 있고, 미래 상태를 정확히 예측 가능하다고 주장한다(결정론적 사고). 그러나 양자역학에서는 입자는 확률적으로 존재하고, 빛처럼 파동과 입자라는 이중성을 가지며, 위치와 운동량을 동시에 정확히 확정하는 것이 불가능하다고 본다(확률론적 사고). 고전물리학의 역학은 거시세계의 결정론적 운동법칙이고, 현대 물리학의 양자역학은 미시세계의 확률론적 운동법칙이다. 오늘날의 물리학은 두 이론을 조화롭게 활용하고 있다.

양자역학은 사실 어렵다. 그래서 물리학자 리처드 파인만은 "양자역학을 이해한다고 생각한다면 양자역학을 이해하지 못한 것이다"라는 유명한 말을 남겼다. 양자역학을 상세하게 설명하는 것은 필자의 능력 밖의 일이고, 이 책의 주제에서도 벗어난다. 그러나 그 개념을 주식시장에 적용해 보면 기존과는 다른 시각을 얻을 수 있다.

그에 따르면 주식투자를 할 때 가격과 변동성을 완벽하게 예측한다는 것은 불가능하다. 주식시장의 온갖 불확실성을 완전히 제거할 수도 없다. 현 시점에 주가가 정해졌더라도 이를 바라보는 투자자들의 심리는 제각각이고 기대수익률도 천차만별이다. 보는 시각에 따라 매도자에게는 그 가격이 만족스런 가격일 수도 있고, 매수자에게는 실질 가치보다 저평가된 매력적인 가격으로 보일 수도 있다. 그래서 그 가격은 관측되는 순간에도 가만히 머물러 있지 않는다. 또한 같은 정보가 누군가에는 호재로, 다른 누군가에게는 악재로 받아들여진다. 시장에 대한 각자의 기대가 주가를 변화시킨다. 이런 불확실한 모습은 양자 단계의 미시세계 움직임과 무척 유사하다.

아인슈타인은 "신은 주사위 놀이를 하지 않는다고 확신한다"라며 확실성과 결정론적 사고를 드러냈지만, 양자역학 발전에 기여한 막스 보른은 "신이 주사위로 하는 일에 이래라저래라 하지 말라"라고 반박했다. 스티븐 호킹도 "아인슈타인은 틀렸다. 블랙홀을 생각해 보면 신은 가끔 주사위를 던질 뿐 아니라 가끔 우리를 혼동시키기 위해 주사위를 안 보이는 곳으로 던지는지도 모른다"라고 거들었다.

신은 주식시장에서도 주사위를 가끔, 그것도 도무지 알 수 없는 곳으로 던지는 것 같다. 주식시장은 예측 불가능한 우연성(확률)이 존재하고, 작은 변수가 큰 파장(카오스)을 일으키고, 그 안에서도 어떤 반복적 패턴(프랙탈)이 관찰되는 복잡적응계다. 더구나 시장의 역학에서 끊임없이 변화하는 것은 사람이다. 파인만은 "전자에 감정이 없는 게 얼마나 다행인지 모른다"라고 토로한 바 있다. 오스트리아 이론물리학자 볼프강 파울리Wolfgang Pauli는 "물리학이 사회과학보다 쉽다. 물리학에서는 모든 전자가 동일하다고 가정할 수 있지만, 사회과학자는 그런 사치를 누릴 수 없다"라고 했다. 미시세계의 입자는 그나마 균질하고 추측 가능한 범위 내에서 불확실하지만, 인간 세상의 전혀 균질하지 않은 80억 명은 제각기 다른 생각을 한다. 여기서 도무지 종잡을 수 없는 일이 종종 벌어지는 것은 당연지사다.

06

부와 시장의
엔트로피 법칙

부자가 3대를 못 가는 이유

• ✦ •

"첫 세대는 돈을 벌고, 두 번째 세대는 지키며, 세 번째 세대는 날려 버린다."

이탈리아 경제사학자 카를로 M. 치폴라^{Carlo M. Cipolla}가 남긴 말이다. 1대는 온갖 노력과 근검절약으로 부를 축적하고, 그 자식 세대인 2대는 부를 잘 관리하고 유지한다. 그러나 이미 날 때부터 부유했던 3대로 가면 그 소중함을 모르고 흥청망청하다 패가망신한다는 얘기다. 돈을 버는 것보다 지키는 게 더 어렵다는 사실을 일깨워 준다.

우리 속담에 '부자는 3대를 못 간다'는 말과도 일맥상통한다. 동서고금 어디에서나 사람 사는 모습은 다 비슷한 모양이다. 인간 사회에서 세월의 흐름은 그 어떤 것도 예외 없이 변화시킨다. 부자가 3대를 못 가는 이유도 시간과 세월이 만들어 내는 필연에 가깝다. 어려운 환경에서 자란 1대는 자신과 가족의 삶을 개선해야 한다는 절박함에 피나는 노력을 해 성공한다. 2대는 그런 부모의 치열한 삶을 보고 자랐기에 가치관을 비교적 충실히 따른다. 게다가 양질의 교육을 받아 대개 부모 세대의 성공을 유지하고 보존, 발전시킨다. 그러나 3대 손자 세대로 가면 여러모로 달라진다.

물론 대대로 재산을 보존하고 잘 이어 가는 가문도 없지 않다. 하지만 사람들은 자신이 힘들여 번 돈과 물려받은 돈을 같은 태도로 대하지 않는다. 고난과 역경으로 단단하게 다져진 선대의 삶의 경지는 학교에서 결코 배울 수 없다. 나심 탈레브가 말한 안티프래질 같은 것이어서 직접 경험해 봐야 안다. 이미 2,800년 전에 호메로스도 "아버지 성품을 닮는 아들은 참 드물어서, 대부분은 더 못나고, 일부만 더 나은 사람이 된다"라고 했다.

인간의 어리석음에 관한 다섯 가지 법칙

카를로 M. 치폴라는 32년간 미국 UC버클리 교수로 일하면서 경제사와 인구학 분야에서 많은 저서를 남겼다. 그중 흥미로운 것이 『인간의 어리석음에 관한 법칙』이다. 치폴라가 1976년에 한정판으로 찍어 지인들에게만 읽히다가 유명해져 2014년 정식 출판됐다. 치폴라는 인간 유형을 현명한 사람intelligent people, 순진한 사람naive people, 영악한 사람bandits, 어리석은 사람stupid people 등 넷으로 구분했다. 그러면서 인간의 어리석음human stupidity에 관한 다섯 가지 법칙을 유머러스하게 분석했다.

- 제1법칙: 항상, 불가피하게 우리는 하나같이 주위의 어리석은 사람들의 수를 과소평가한다. (실제로는 그 수가 예상보다 훨씬 많다.)
- 제2법칙(철칙): 어떤 개인이 어리석을 확률은 그가 지닌 다른 어떤 특질과도 무관하다. (교육수준, 직업, 사회적 지위, 부 등 개인의 다른 속성과 관련 없이 모든 계층과 분야에 어리석음이 존재하는 것은 예외가 없는 철칙이다.)
- 제3법칙(황금률): 어리석은 사람이란 그 자신은 어떤 이득도 보지 못하거나, 심지어 손실을 입으면서 다른 개인과 집단에게 해를 끼치는 사람을 말한다. (어리석은 사람에 대한 치폴라의 정의다.)
- 제4법칙: 어리석지 않은 사람은 어리석은 사람이 보유한, 해를 끼칠 수 있는 잠재력을 항상 과소평가한다. (그들의 비합리적 행동으로 인한 부정적 결과를 간과하기 쉽다.)
- 제5법칙: 어리석은 사람은 지상에서 가장 위험한 유형이다. 여기서 추론된 공리: 어리석은 자는 영악한 자보다 더 위험하다. (어리석은 사람은 큰 위험을 안길 수 있고, 논리나 이익 추구로도 설명되지 않아 방어하기가 어렵다.)

치폴라는 어리석은 사람이 전체 인구에서 일정한 비율을 차지하며, 어리석음의 유전자가 존재한다고 봤다. 듣기에 따라 불편할 수도 있지만, 주식시장을 지켜보면 그리 틀린 말도 아니란 생각이 든다. 그 어리석은 사람이 바로 나 자신일 수도 있음을 종종 느끼기 때문이다.

생로병사라는 유기체의 리듬

· ✦ ·

여름이 지나면 겨울이 오고, 밀물이 있으면 썰물이 있다. 그리고 다시

봄이 오고, 밀물과 썰물이 6시간마다 반복된다. 자연현상은 이처럼 주기적으로 반복한다. 반면 유한한 생명의 유기체는 삶과 죽음이 대를 이어 연결된다. 미생물, 동식물, 인간이 모두가 그러하다. 죽고 나서야 새로운 것이 생긴다.

그런 점에서 인간 세상의 생로병사와 흥망성쇠는 필연적이다. 사람이 만드는 돈과 부 역시 이 흐름에서 벗어날 수 없다. 이런 자연의 섭리가 곧 세상의 섭리이고, 세상의 섭리가 부의 섭리다.

독일 역사철학자 오스발트 A.G 슈펭글러^{Oswald A.G Spengler}가 『서구의 몰락』에서 언급한 핵심 사상은 문명도 유기체처럼 '탄생-성장-성숙-쇠퇴-소멸'의 흥망성쇠를 겪는다는 것이다. 슈펭글러는 "모든 것이 성장, 쇠퇴, 소멸의 단계를 거치는 유기적 리듬을 보인다. 이것이 모든 사람에게 예외 없이 나타난다면 그와 똑같은 유기적 리듬이 더 큰 생명 단위들로 확장될 개연성이 없지 않다"라고 강조했다.[*] 즉 기업, 사회, 국가, 문화, 문명 등 인류가 만든 모든 것이 유기체처럼 생로병사와 흥망성쇠를 겪는다는 것이다.

그런 예를 로마제국에서 볼 수 있다. 로마는 오현제五賢帝[**] 시대 약 90년간 '팍스 로마나^{Pax Romana}'(로마에 의한 평화)라 불리는 황금기를 구

---

[*]   찰스 P. 킨들버거, 『경제 강대국 흥망사:1500-1990』, 44쪽에서 재인용.

[**]   기원후 96~180년에 로마제국의 황금기를 이끈 5명의 황제. 12대 네르바^{Nerva}, 13대 트라야누스^{Traianus}, 14대 하드리아누스^{Hadrianus}, 15대 안토니우스 피우스^{Antoninus Pius}, 16대 마르쿠스 아우렐리우스다. 이 시기에 로마는 최대 규모의 영토를 구축하고 정치적으로 안정되면서 경제, 인프라, 문화 등이 크게 융성한 팍스 로마나 시대를 구가했다.

가했지만 무능한 계승자들이 연이어 나와 서서히 몰락해 갔다. 오현제의 끝이 『명상록』을 쓴 '철인哲人 황제' 마르쿠스 아우렐리우스Marcus Aurelius이고 그 다음이 망나니 콤모두스Commodus다. 콤모두스는 자신이 헤라클레스라도 되는 양, 사자탈을 쓰고 직접 검투사 경기에 나서는 등 호부견자虎父犬子의 전형이었다. 아우렐리우스의 최대 실책은 그런 아들에게 제위를 물려준 것이란 게 후대 역사가들의 평가다. 영화 〈글래디에이터〉에서는 콤모두스가 제위를 찬탈하지만 실제로는 아버지가 아들에게 양위했다.

이렇게 인간 사회의 문명과 부가 유기체처럼 생로병사, 흥망성쇠를 겪는다면, 그 배경에는 자연은 물론 인간 사회 전반에 필연적으로 작용하는 어떤 원리가 존재한다고 볼 수 있다. 필자는 과학에서 말하는 엔트로피entropy* 개념으로 그 원리를 설명할 수 있다고 생각한다.

엔트로피 증가의 법칙

• ✦ •

지구상의 물질세계는 물리학의 핵심인 열역학 법칙의 지배를 받는

---

*   '변형, 변화'를 뜻하는 고대 그리스어로 trope에 '내부'란 의미의 접두어 en-을 붙인 합성어다. 무질서도, 혼잡도 등으로 번역되지만 정확한 의미를 전달하기 어려워 엔트로피라고 쓰는 경우가 많다. 독일 물리학자 루돌프 클라우지우스Rudolf Clausius가 1865년 발표한 논문에서 열역학 제2법칙을 정량적으로 설명하기 위한 새로운 물리량으로 엔트로피란 용어를 처음 사용했다. 그러나 그전에도 여러 학자들이 열역학 제2법칙의 아이디어를 논의한 바 있다.

다. 유기체는 물론이고 문명과 부, 금융시장 역시 마찬가지다. 열역학에는 4개의 법칙이 있다.

첫째, 열역학 제0법칙, 즉 평형 법칙이다. 두 물체가 서로 열과 온도를 공유할 때 온도는 평형상태가 된다. 쉽게 말해 서로 접촉하는 물체들은 열을 주고받아 온도가 같아질 때까지 변한다는 얘기다. 차가운 컵에 뜨거운 물을 담았을 때의 변화를 떠올리면 된다. 이를 주식에 적용해 보자. 주식시장은 상반된 관점을 가진 사람들이 서로 밀고 당기기를 하는 곳이다. 주식을 거래할 때 매수호가와 매도호가 간에 격차가 크면 매매는 이뤄지지 않는다. 그러나 시장에서는 서로 조금씩 매수호가를 올리고 매도호가를 내리면서 서로 만나는 가격에서 매매가 성사된다.

둘째, 열역학 제1법칙, 즉 에너지 보존 법칙이다. 여기에서 열은 분자들의 총 운동에너지다. 외부에서 에너지가 공급되지 않는 한, 계^{界}의 총에너지는 변하지 않고 형태만 바뀔 뿐 그 양이 보존된다. 식사를 한 뒤 운동을 하고 공부를 한다면 음식의 칼로리가 운동과 학습에 사용돼 에너지의 형태가 변화했지만 총량은 달라지지 않는다.

한 나라의 부를 총에너지에 비유한다면 부는 생산, 소비, 투자에 활용될 수 있다. 부가 갑자기 생겨나거나 저절로 사라지지는 않는다. 다만 해외에서 자본이 유입되거나 기술 혁신이 일어나는 것은 시스템에 에너지가 추가로 공급되는 역할을 해 에너지 총량이 증가한다. 에너지가 새로 유입된 주식시장은 상승세를 보이고, 반대로 에너지가 빠지면 약세장에 접어든다.

셋째, 열역학 제2법칙, 즉 엔트로피 증가 법칙이다. 간단히 말해 시간이 지날수록 시스템 내의 무질서가 늘어난다는 법칙이다. 잘 정돈된 방이 며칠 지나면 어수선해지고, 깨끗이 청소해 놓은 길거리에 휴지나 담배꽁초가 쌓이는 것처럼 말이다. 또한 에너지와 물질의 변화는 한 방향(시간 흐름의 방향)으로만 일어나며, 결코 거꾸로 되돌릴 수 없는 비가역성非可逆性을 갖는다. 사람이 늙으면 다시 젊을 때로 돌아갈 수 없고, 떨어져 깨진 유리컵을 원래 모습으로 되돌릴 수 없다는 얘기다.

부자가 3대 못 가고, 기업과 국가가 흥망성쇠를 겪는 이유도 엔트로피 증가의 법칙에서 찾을 수 있다. 부를 얻었더라도 이를 유지하고 효율적으로 관리하는 것은 매우 어려운 일이다. 시간이 지날수록 환경이 달라지고, 생각이 바뀌며, 자원의 효율성이 낮아지기 때문이다. 또한 세대 간에 부를 이전할 때도 앞 세대와 다음 세대의 삶의 경험, 가치관, 부의 관리방식이 달라 부의 흐름이 변하게 마련이다. 이는 부를 얻은 초기 단계에 비해 엔트로피가 증가해서 벌어진 현상이다.

넷째, 열역학 제3법칙, 즉 절대 0도 불가능 법칙이다. 유한한 단계의 과정으로는 계系가 절대 0도(K=-273.15℃)에 도달할 수 없다는 것이다. 즉, 절대 0도는 모든 열운동이 멈추고 모든 에너지를 잃은 상태(초전도체)인데, 현실에서는 도달할 수 없는 이론적 개념이다.

열역학 제3법칙은 '인간 세상에 완전한 것은 없다'는 함의를 갖고 있다. 부의 완벽한 분배, 완전히 효율적인 경제 시스템이 불가능함을 시사한다. 북유럽 선진국들은 복지 천국이라 불리며 부러움의 대상이지만 그곳에도 엄연히 불평등과 사회부조리가 존재하며, 잘나가는 빅테크 기업에도 비효율과 단점이 있는 것처럼 말이다.

물리학자들이 보는 시장

• ✦ •

아인슈타인은 "열역학은 그 틀 안에서 우주의 모든 것을 다룰 수 있는 유일한 물리 이론이며 결코 흔들리지 않을 것이다"라고 했다. 세계적인 물리화학자 스티븐 베리Stephen Berry는 역저 『열역학』에서 열역학 법칙은 초미세 입자에서부터 은하계까지 관찰되는 모든 것에 적용되는 보편적 이론이라고 정의했다. 그에 따르면 뉴턴의 운동법칙이 물질의 움직임에 관한 미시적 설명이라면, 열역학 법칙은 시스템의 변화에 대한 거시적 설명이다. 그런 점에서 경제 시스템이나 주식시장이라는 복잡적응계의 변화를 열역학 법칙으로 이해할 수 있다.

뉴턴의 운동법칙에서는 모든 기계적 과정이 가역적, 즉 되돌릴 수 있는 성질을 띤다. 따라서 이 법칙은 야구공이나 행성의 움직임을 설명하는 데 유용하다. 하지만 원자보다 작은 세계나 사람들의 변덕스런 행동에는 통하지 않는다. 주식시장의 변화무쌍함을 설명할 수도 없다. 천재 물리학자 뉴턴이 주식투자로 큰돈을 날리고 "행성의 움직임은 계산해도 사람들의 광기는 알 수 없다"라고 한 이유이기도 하다.

반면에 열역학 법칙은 존재하는 모든 물질의 변화를 설명해 준다. 달걀이 깨지면 되돌릴 수 없고 불에 탄 것을 원상복구 할 수 없듯이, 물질은 시간에 따라 변한다. 사람의 외모가 변하듯이 집도, 기업도, 국가도 변한다. 엔트로피가 점점 증가하는 것이다. 스티븐 베리는 "엔트로피가 시간에 따라 물질이 변화하는 방향을 알려 주는 열쇠가 된다"라고 했다. 그 변화는 시간 흐름에 따른 순방향으로만 일어나고 역방향으로는 일어나지 않는다. 그런 점에서 열역학 제2법칙은 일어날 수 있는 일(가역)과 일어날 수 없는 일(불가역)을 구별함으로써 시간의 방향을 보여 준다고 베리는 설명했다.

경제학이 경제와 금융시장을 제대로 보지 못하는 이유도 엔트로피 법칙과 무관하지 않다. 에릭 바인하커는 『부의 기원』에서 19세기 말 "한계주의자들*이 경제학에 물리학 이론을 도입할 당시의 물리학은 빵으로 치면 반 정도만 구워진 수준이었다. 한계주의자들이 차용했던 당시 물리학에는 열역학 제1법칙이 들어 있었지만 제2법칙은 빠져 있었다"라고 설명했다. 따라서 경제학에서는 정태적 균형과 평형을 강조할 뿐, 시간에 따른 시스템의 변화나 시장이 동태적이란 사실을 중

---

*   한계주의marginalism는 재화와 서비스 가치가 한계효용에 의해 결정된다는 경제학 이론이다. 1870년대 카를 멩거Carl Menger, 레옹 발라Léon Walras, 윌리엄 제번스William Jevons 등이 주창한 이후 경제학의 주류인 신고전주의 경제학의 기초가 됐다. 한계주의는 카를 마르크스 등의 노동가치설을 극복하고 오늘날 생산자-소비자 이론, 시장균형 이론 등 미시경제학의 핵심 개념으로 자리 잡았다. 그러나 행동경제학에서는 소비자 효용이 일관되지 않고, 사람들이 손실회피 편향에 따라 비합리적인 결정을 하기도 한다는 점을 들어 한계주의의 '한계'를 비판하고 있다.

요하게 여기지 않는다는 얘기다. 점점 더 불확실한 복잡적응계로 변해 가는 경제와 시장을 경제학이 제대로 설명하지 못하는 이유다.

물리학자들이 보는 시장은 '경쟁적인 거래전략으로 구성된 진화하는 생태계'다. 복잡계 연구에서 핵심 역할을 한 미국 산타페연구소Santa Fe Institute, SFI*의 외부 교수진에 속했던 브라이언 아서Brian Arthur는 "시장은 기대의 생태계"라고 정의했다. 경제학의 전통 금융이론은 투자자의 완벽한 합리성을 전제하지만, 실제 투자자들은 경험에서 나오는 '귀납적 합리성'을 바탕으로 판단한다. 시장이 경쟁적일수록 정보처리 속도가 빨라지고 시장 참여자에게 지속적인 혁신을 압박한다는 것이다. 그래서 끊임없이 공부하고 혁신하지 않으면 시장에서 도태되기 쉽다.

셰익스피어 vs. 열역학 제2법칙

• ✦ •

엔트로피 법칙, 즉 열역학 제2법칙은 서구 지식인 사이에서 엄청난 논란을 낳았다. 발단은 영국 물리학자이자 소설가라는 독특한 이력을 가

---

*   1984년 미국 뉴멕시코주 산타페에 설립된 복잡계 과학 연구소 수학, 물리학, 컴퓨터과학, 경제학, 심리학, 생물학 등 다양한 분야의 전문가들이 모여 학문의 융합과 복잡계 원리를 연구하고 있다. 수도원을 임대해 설립한 작은 연구소지만 노벨상 수상자들(물리학상의 머리 겔만, 필립 앤더슨Philip Anderson과 경제학상의 케네스 애로Kenneth Arrow 등)이 연구에 참여했다.

진 찰스 퍼시 스노 Charles Percy Snow가 1959년 캠브리지 대학교에서 행한 '리드 강연'과 이를 토대로 출간한『두 문화』였다. 스노는 과학자로 교육받은 동시에 작가로서 인문사회과학 분야 지식인들과도 두루 교류했다. 그는 서구 지식인 사회에서 인문학과 과학의 단절이 심각하다고 강도 높게 질타해 세계적 논쟁을 불러일으켰다. 인문학에서 셰익스피어만큼 중요한 것이 과학에서 열역학 제2법칙인데, 이를 모르는 인문학자들이 너무나 많다고 성토했다. 다음은 스노의 강연 중 일부분이다.

> 나는 높은 수준의 교육을 받았다고 생각되지만 믿어지지 않을 만큼 교양이 없는 과학자들에 대한 놀라움을 열정적으로 토로하는 사람들의 모임에 참석할 기회가 여러 번 있었다. 한 번인지 두 번인지, 화가 난 나는 여러분 중 몇 사람이나 열역학 제2법칙을 설명할 수 있느냐고 물었다. 그들의 반응은 싸늘하고 부정적이었다. 하지만 내 질문은 셰익스피어의 작품을 읽어 본 적 있느냐는 물음과 동등한 성격의 질문이었다.

퍼시는 서구 지식인 사회가 극단적인 두 그룹으로 갈라져 대화를 끊은 지 30년이 됐다고 지적했다. 한쪽에는 문학적 지식인(인문학 종족)이, 다른 한쪽에는 과학자(과학·수학 종족, 특히 물리학자)가 있다. 한쪽의 언어는 영어이고, 다른 한쪽의 언어는 수학이다. 이 둘은 몰이해, 적의와 혐오로 크게 갈라져 있어 도무지 서로를 이해하려 들지 않는다. 인문학 종족은 과학자가 인간의 조건을 알지 못하며, 천박한 낙천주의자라는 뿌리 깊은 선입견을 갖고 있다. 반면 과학·수학 종족은 문학적 지식인이 전적으로 선견지명이 결여돼 있고 깊은 의미에서는 반지성적이라고 믿고 있다. 한쪽에서 느끼는 공감은 다른 쪽의 반감을 불러일으킨다.

특히 서구 지식인들은 산업혁명을 이해하려고 힘쓰지 않았고, 원치도 않았으며, 할 수도 없었고, 하물며 그것을 받아들일 턱도 없었다고 퍼시는 비판했다. 그런 점에서 문학적 지식인은 '타고난 러다이트Luddite'*라고 봤다. "현대 물리학의 위대한 체계는 진보한다는데, 서구의 가장 현명하다는 사람 중의 대부분은 물리학에 대해서 말하자면 신석기 시대의 선조 수준의 통찰력밖에 없는 실정이다."

퍼시의 『두 문화』는 학문의 융복합과 지식의 통섭統攝, consilience으로 나아가는 전환점이 됐다. 그의 주장은 오늘날 한국에서도 그대로 적용할 만하다. 셰익스피어만 알고 열역학 제2법칙을 이해하지 못하는 반쪽 지식으로는 경제성장도, 주식시장에 대한 이해도 반쪽일 수밖에 없다. 열역학 제2법칙만 알고 셰익스피어를 이해하지 못해도 사회가 당면한 문제를 풀 능력이 없기는 마찬가지다.

---

* 산업혁명이 한창이던 영국에서 1811~1816년에 일어난 기계파괴 운동. 당시 공장 노동자들은 기계가 실업의 원인이라고 생각해 밤마다 기계를 부수러 다니고 폭동을 일으켰다.

주식시장이 복잡한 이유

· ✦ ·

엔트로피 증가의 법칙은 주식시장 변동을 이해하는 데 필요한 통찰을 제공한다. 엔트로피 증가는 질서에서 무질서로, 정돈된 상태에서 혼돈으로 시간 흐름에 따라 시스템이 변화해 가는 현상이다. 주가가 끊임없이 변동하고 예측하기 어려운 방향으로 흘러가는 이유이기도 하다. 아무리 뛰어난 분석가도 완벽한 예측(무질서도 제로 상태)은 불가능하다. 현재 시장 상황은 과거 예측과 비교해 보면 무질서도가 증가하는 모양새가 되기 때문이다.

경제와 주식시장은 어느 시점에서 바라보든 간에 점점 더 복잡한 상태로 변화해 가고 있다. 새로운 시장 참여자들이 있고, 정책이 변화하고, 신기술이 등장하며, 세계 경제가 더욱 조밀하게 연결되고 있기 때문이다. 지구 반대편 어떤 나라에서 벌어지는 작은 현상이 이곳 주가에도 얼마든지 영향을 미칠 수 있는 세상이다. 피터 나바로의 책 『브라질에 비가 내리면 스타벅스 주식을 사라』라는 제목이 의미하는 대로다.

시장의 복잡성이 증가한다는 것은 불확실성이 확대된다는 뜻이다. 요즘 세계 주식시장은 관세전쟁 등 미·중 패권 다툼, 지정학적 갈등, 금리정책과 인플레이션, AI가 만들 미래, 기업실적 등의 불확실성에 두루 영향을 받고 있다. 트럼프라는 인물이 등장해 국제 무역질서가 자유무역에서 보호무역으로 급선회한 것도 뉴 노멀이 됐다. 그러니 주식시장 예측과 적응이 얼마나 어렵겠는가.

주가에 영향을 미치는 정보가 폭발적으로 증가하고 있다는 점도 엔트로피 증가 현상으로 볼 수 있다. 과거에는 제한된 정보로 투자 판단을 내릴 수 있었지만, 오늘날에는 도저히 따라갈 수 없는 정보의 홍수에 빠져 허우적거릴 수밖에 없다. 선택할 수 있는 대상이 많을수록 선택하기 어려워진다는 선택의 역설paradox of choice처럼, 정보량이 너무 많아도 무엇이 가치가 있는지 판단하기 어렵다. 설사 도움이 되는 정보라고 해도 모두 다 아는 것이면 더 이상 정보로서 가치가 없다. 주식 격언에 '소문에 사고 뉴스에 팔라'는 말대로다. 뉴스는 모두가 알게 된 상태, 즉 엔트로피가 크게 증가한 상태다.

주식시장은 보면 볼수록 바다와 같다는 생각이 든다. 고요하다가 사나운 파도가 치기도 하고, 태풍이 지나간 뒤 다시 잔잔해지기도 한다. 바닷물이 짠 것은 지상의 온갖 물질이 녹아 들어가 있기 때문이다. 그 짠 바다에서 허우적대지 않으면서 물고기를 잡고 전복과 소라를 채취하는 활동이 주식투자여야 한다.

'엔트로피 역전은 가능한가? 아시모프의 「최후의 질문_{The Last Question}」

유기체의 탄생, 소멸, 재탄생이라는 우주법칙은 세계 3대 SF 거장*으로 불리는 아이작 아시모프_{Isaac Asimov}의 짧은 소설 「최후의 질문」에 절묘하게 묘사돼 있다. 이 작품은 결국 모든 것은 소멸된다는 진실을 이해하는 데 도움이 된다. 무엇보다 소설의 마지막 구절이 읽는 이들의 머리를 해머로 치듯 강렬하게 다가온다. (아래 글에는 스포일러가 포함돼 있다.)

2061년 어느 날 두 기술자가 술에 취해 내기를 했다. 한 명이 사실상 영원히 에너지를 쓸 수 있게 됐다고 하자 다른 한 명은 태양 에너지도 결국 유한하기 때문에 영원하지는 않다고 딴지를 걸었다. 서로 자기가 맞는다고 말다툼하다 거대 컴퓨터 멀티백_{Multivac}에게 질문을 던졌다. "언젠가는 늙어 수명이 다할 태양에 에너지 소비 없이 젊음을 되찾아 줄 수 있게 될까?"라는 엔트로피 역전에 대한 질문이었다. 그러나 멀티백은 "자료 부족으로 인한 대답 불능"이라고 답했다.

수천 년 후, 충분한 에너지 덕에 인구가 급증해 지구에서 살기가 어려워지자 다른 행성으로 이주한 가족이 등장한다. 아버지가 자식들에게 결국 모든 것은 수명을 다하고 죽는다는 사실을 말해 준다. 어린 딸이 죽기 싫다고 불평하자, 아버지는 멀티백에서 진화한 마이크로백에게 "별들의 수명을 무한히 연장할 수 있는가?", 즉 엔트로피 역전이 가능하냐고 물었다. 컴퓨터의 대답은 똑같았다. "자료

---

* 20세기에 활동한 로버트 A. 하인라인_{Robert A. Heinlein}, 아서 C. 클라크_{Arthur C. Clarke}, 아이작 아시모프를 가리킨다. 클라크와 아시모프는 미래학자로도 활동했다. 하인라인은 영화로 만들어진 『스타십 트루퍼스』, 『달은 무자비한 밤의 여왕』 등을 남겼다. 클라크는 『2001 스페이스 오디세이』가 대표작이며, '충분히 발달한 과학기술은 마법과 구별할 수 없다'는 '과학 3법칙'으로도 유명하다. 아시모프는 영화 〈스타 워즈〉, 〈스타 트렉〉, 〈터미네이터〉 등에 영감을 준 『파운데이션』 시리즈, 『은하제국』 시리즈, 영화 〈아이, 로봇〉의 원작인 『로봇』 시리즈 등을 썼다. 특히 아시모프는 '로봇 3원칙'(첫째, 로봇은 사람을 해쳐서는 안 되며 사람이 위험에 빠졌을 때 가만히 있어도 안 된다. 둘째, 첫째 원칙에 어긋나지 않는 한 로봇은 인간의 명령에 따라야 한다. 셋째, 첫째와 둘째 원칙에 어긋나지 않는 한 로봇은 자신을 보호해야 한다.)을 만들어 과학계에 큰 영향을 미쳤다.

부족으로 인한 대답 불능."

220세기, 마이크로백은 은하AC로 더욱 발전해 초공간 이동을 통해 은하계 곳곳과 연결됐다. 인류는 은하계 전체를 생활권으로 삼고, 은하AC 덕에 더 이상 늙어 죽지 않게 됐다. 인구가 너무 많이 늘고 별의 수명을 걱정해야 할 시기가 다가오자 은하AC에게 "엔트로피는 역전될 수 있는가?"라고 질문했다. 대답은 역시 "자료 부족으로 인한 대답 불능"이었다.

다시 긴 시간이 지나, 인류는 다른 은하에 진출해 생활하면서 육체와 정신을 분리해 불사의 육체는 행성에 둔 채 정신의 지각만으로 우주를 돌아다녔다. 은하 AC는 우주AC가 되었고, 태양은 백색왜성이 되었다. "별이 죽지 않는 방법은 없는가?"라고 묻자 우주AC의 답은 "자료 부족으로 인한 대답 불능"이었다.

또 엄청난 시간이 흐른 뒤 인류가 '인간'이라는 하나의 정신체로 통합돼 살아가는 시대가 됐다. 우주AC는 코스믹AC가 돼 초공간에 머물렀다. 인간은 코스믹 AC에게 물었다. "엔트로피는 얼마나 역전될 수 있을까?" 답은 역시 "자료 부족으로 인한 답변 불가"였다. 또다시 억겁의 세월이 지난 뒤 시간과 공간이 의미를 잃어 가면서 코스믹AC는 그냥 AC가 됐고, 인간은 에너지를 얻을 수 없어 AC와 결합돼 차츰 소멸해 가기 시작했다. AC에게 "원래의 우주로 돌아갈 수는 없는가?" 하고 호소했지만, 답은 "자료 부족으로 인한 대답 불능"뿐이었다.

마지막으로 인간 정신마저 사라지자 엔트로피는 최대치가 되어 공간과 시간은 그 의미를 완전히 상실했다. AC만 남아 약 10조 년 전에 기술자 두 명이 최초의 질문을 한 이래 인류가 계속해서 물어본 질문에 답하기 위해 가동을 계속했다. 우주의 모든 정보를 수집했음에도 엔트로피 역행에 관한 인류 최후의 질문은 해결되지 못했다. 무한한 시간으로 인해 더 이상 시간 개념의 의미가 없어지자 AC는 드디어 엔트로피를 역전시킬 방법을 찾아내 이를 실행할 프로그램을 만들었다. 드디어 그 프로그램의 첫 줄을 실행했다.

"빛이 있으라!"

07

금융,
안정될수록 불안정하다

오즈의 마법사

· ✦ ·

라이먼 프랭크 바움Lyman Frank Baum의 소설 『오즈의 마법사』는 미국 캔자스주 시골 마을에 사는 소녀 도로시가 토네이도tornado에 휩쓸려 마법 대륙 오즈에 떨어지는 사건으로 시작한다. 토네이도는 캔자스를 비롯한 미국 중서부 대평원에서 빈발하는 거대 회오리바람이다. 캔자스주는 면적이 거의 한반도 크기에 이르는 21만 제곱킬로미터인데 인구는 297만 명으로 부산보다도 적다. 미국 중서부 지역이 대개 그렇듯 사람보다 소가 더 많다. 미국에서도 대표적인 '시골 깡촌' 중의 하나로 인식될 만큼, 보이는 풍경은 가도 가도 끝없는 옥수수밭과 방목하는 소떼뿐이다.

캔자스주는 미국 50개 주 가운데 지형이 가장 평평한 주로 꼽힌다. 오죽하면 캔자스주 주민 사이에서 '캔자스는 팬케이크보다 평평하다'라는 말이 속담처럼 쓰일 정도다. 2003년 몇몇 지리학자들이 현대 측정 기술로 실제로 이 둘의 평탄도를 연구했다. 완전 평면의 평탄도가 1인데 팬케이크가 0.9570이었고, 캔자스는 이보다 좀 더 높은 0.9997 이었다. 이로써 속담이 사실임이 입증됐다.[*] 이 연구 결과는 미국 지리학회지에 게재됐고, 이듬해 기발하고 엉뚱한 연구에 수여하는 이그 노벨상까지 받았다.

우리나라처럼 산이 많은 곳에서 살면 상상하기 어렵지만, 미국 대평원 지역은 평평하다는 단어로는 표현하기 모자랄 만큼 정말 평평하다. 그래서 '유럽의 길은 도시로 통하고, 미국의 길은 지평선으로 통한다'는 유명한 말이 있다. 이 말은 '모든 길은 로마로 통한다'를 원용한 말로, 미국과 유럽의 지리적, 문화적 차이를 잘 설명해 준다.

캔자스주는 지면의 굴곡이 거의 없어서 보이는 것이라고는 지평선 뿐이다. 자동차로 가다 보면 그 단조로움에 졸음운전을 하기 십상이다. 하지만 평탄한 대평원은 역설적으로 대표적인 육지 재난인 토네이도가 가장 빈발하는 지형이기도 하다. 도로시를 오즈로 날려 보낸 토네이도의 실제 위력은 상상을 초월한다. 가끔 외신에서 토네이도가 휩쓸고 간 후 땅 위에 서 있는 물체라고는 아무것도 없는 사진을 종종 본다. 필자도 미국에서 토네이도를 경험한 적이 있는데, 토네이도가 발생하기 직전에는 하늘이 몽글몽글 비누 거품 같은 검은 구름으로 뒤

---

[*] 캔자스주가 팬케이크보다 평평하다는 연구 결과에 대해서는 다음 사이트 참조: https://www.aps.org/archives/publications/apsnews/200310/pancake-kansas.cfm

덮이고 바람이 점점 거세지면서 금방 하늘에서 무언가 쏟아질 듯한 날씨로 변한다. 미국에서 토네이도를 만나거나 번개가 치거나 야구공만 한 우박이 떨어지는 상황을 경험하면 왜 미국인에게 유독 종교적 성향이 강한지 짐작할 수 있다.

토네이도는 상층부 대기에 차갑고 건조한 공기가 머물러 있는 가운데 지상에서 고온 다습한 공기가 급격히 상승하면서 강력한 대기 불안정을 유발할 때 발생한다. 꼭대기 부근 공기가 천천히 회전하면서 점점 아래쪽으로 확장해 깔때기 모양이 되어 지면에 닿으면 거센 회오리가 생겨난다. 회오리 바깥 부분에서는 매우 강한 상승기류가 생겨 진공청소기처럼 땅 위의 물체를 말아 올린다. 그 모습이 용이 승천하는 것처럼 보인다고 해서 토네이도를 우리말로는 용오름이라고 부른다.

토네이도 같은 엄청난 재난이 평탄한 지역에서 빈발하는 현상은 주식시장을 연상시킨다. 안정적이고 잔잔해 보이는 주식시장에서 종종 토네이도 같은 폭락 사태가 벌어지기 때문이다. 지구환경에서 생존하려면 자연현상을 알아야 하듯, 주식시장에서 살아남으려면 시장의 물리적 속성을 파악해야 하는 이유다.

예측 불가능한 세계에 맞서는 과학

· ✦ ·

토네이도나 태풍처럼 불확실하고 변화무쌍한 날씨를 예측하는 것은 인류의 숙원이었다. 하루하루 기상을 예측하고 어떻게 대처하느냐는 생존과 직결된 문제였다. 날씨를 알아야 사냥을 나갈지, 배를 몰고 바다로 갈지, 농사의 파종을 할지를 가늠할 수 있었기 때문이다. 그래서 원시시대부터 날씨를 관찰하고 경험한 바에 따라 기상 변화에 대처해 왔다. 검은 구름이 끼면 비가 오고, 저녁놀이 붉게 물들면 다음 날 맑을 것이란 사실을 경험으로 알게 됐다.

이런 경험들이 축적돼 최초의 기상관측이 기원전 6~7세기 고대 그리스의 자연철학자들에 의해 이뤄졌다. 탈레스가 날씨 변화를 시간에 따라 기록하고, 아낙시만드로스가 바람을 공기의 흐름으로 정의하면서 처음으로 기상현상에 대한 과학적 접근이 이뤄졌다. 기상에 대한 이해의 폭이 넓고 깊어지기 시작한 것이다. 철학자 아리스토텔레스는 기원전 350년께 그동안 쌓인 경험과 관찰을 집대성한 『메테오롤로지카^{Meteorologica}』를 썼다. 제목이 '기상학'을 뜻하는 이 책에는 기상현상(구름, 비, 눈, 번개, 태풍 등), 천문현상(별의 움직임, 혜성, 유성 등), 지질현상(지진, 화산, 해일, 화석 등), 물리현상(무지개, 신기루, 후광) 등에 관한 내용이 두루 담겨 있다. 물론 현대 과학의 기준으로 보면 오류가 많다. 하지만 육안으로 관찰할 수밖에 없고, 교통·통신수단이 미비해 국지적 기상 관찰에 그치는 등의 한계를 감안하면 당시로서는 획기적이었다. 중세에 날씨 예측을 점성술의 영역으로 취급한 것에 비하면 훨씬 더 과학에 가까웠다.

17~18세기 초 블레즈 파스칼(기압), 다니엘 베르누이^{Daniel Bernoulli}(유

체역학) 등이 근대 기상 예측의 기초를 놓았다. 핼리 혜성을 발견한 에드먼드 핼리Edmund Halley는 계절풍, 무역풍 등을 본격적으로 연구했다. 핼리는 처음으로 기상도를 그렸고 날씨 변화에 과학적으로 접근하는 길을 열어 '기상학의 아버지'라 불린다. 미국에서는 벤저민 프랭클린Benjami Franklin이 번개를 연구했다.

이런 연구를 토대로 18세기 후반 미국과 유럽에 기상관측 네트워크를 형성하면서 근대 기상학의 모습을 갖추게 됐다. 체계적인 관측을 통해 기상도가 보다 정교해졌고 해류, 기류, 등온선 등에 대한 연구도 이어졌다. 1835년 전신이 발명된 데 힘입어 19세기 중반에 지금과 같은 일기예보가 등장했다. 먼 지역의 관측 자료를 전신을 통해 신속히 모아 광범위한 기상도를 그릴 수 있게 됐다. 기상의 이동 속도보다 통신 속도가 빨라진 데 힘입은 변화였다.

19세기 해양강국 영국은 세계 각지로 선박을 파견해 해도海圖를 만드는 데 주력했다. 1830년대 찰스 다윈을 태우고 항해한 비글호도 그중 하나였다. 비글호 선장 로버트 피츠로이Robert FitzRoy는 항해하면서 기압과 날씨가 밀접한 관련이 있음을 발견하고 기상 예측을 시도한 인물이다. 영국은 1854년 세계 최초로 기상청을 설립하고 초대 청장에 피츠로이를 임명했다. 1861년에는 일간지 『더 타임스The Times』에 일기예보가 실리기 시작했다. 기상학의 역사를 보면, 오늘날 우리가 당연시하는 것들이 실은 오랜 노력과 연구, 시행착오가 축적돼 이뤄진 성과임을 알 수 있다.

오늘날 일기예보는 정확도가 90퍼센트에 이를 만큼 장족으로 발전했다. "요즘 기상청 예보가 왜 이리 잘 맞지?"라고 느낄 때가 많다. 비 예보를 무시하고 우산 없이 나갔다간 낭패 보기 십상이다. 기상청이 직원 체육대회로 잡은 날에 하필 비가 와서 웃음거리가 됐다던 일화도 이젠 옛말이다.

일기예보가 정확해지면서 이용자들의 신뢰도가 높아지고 있다. 일기예보가 이렇게 개선된 것은 기상위성, 기상레이더 등 관측기술이 발달하면서 수집되는 각종 데이터의 품질이 높아졌기 때문이다. 질 좋은 데이터가 정교해진 예측모델과 만나 정확도가 높은 예측 결과를 얻게 된 것이다. 슈퍼컴퓨터와 인공지능을 활용해 분석기술도 고도화됐다. 각종 기상신호를 읽고 최종 판단하는 예보관들의 경험 축적도 빼놓을 수 없는 요인이다.

틀리는 게 정상인 경제 전망

· ✦ ·

우리는 일기예보를 꼭 찾아보듯, 경제활동을 하면서 경제 전망이나 주가 예측에 귀를 쫑긋한다. 경제 변화에 적절히 대처하지 못하면 낭패를 볼 수 있기 때문이다. 기상 예측과 경제 전망은 비슷한 점이 참 많다. 아직 일어나지 않은 앞날을 예측하고, 그 앞날이 복잡하고 변화무쌍하며, 과거와 현재의 데이터를 기반으로 삼고, 확률적으로 예측한다. 일기예보에는 기온, 기압, 해류, 풍향 등의 기상 데이터가 필요하고, 경제 전망에는 생산, 소비, 투자, 수출 등 경제지표가 필수다. 한국은행, 한국개발연구원KDI 등 경제연구소들은 데이터를 예측모델에 대입해 나온 결과를 해석해 경제 전망을 내놓는다.

둘의 가장 큰 공통점은 자주 틀린다는 것이었다. 그러나 기상 예측은 지난 100년간 크게 발전하면서 오류를 대폭 개선했다. 반면에 경제 전망은 100년 전이나 지금이나 별로 달라진 게 없다. 그냥 자주 틀린다. 치명적인 경제위기가 닥치고 나서야 미리 알았던 척하는 사후확신 편향의 자칭 전문가들만 득시글거릴 뿐이다.

기상 예측은 아주 복잡하지만 그래도 경제 전망보다는 덜 어려운 측면이 있다. 날씨는 대기 이동, 조류 흐름, 온도·습도 변화 등에 따라 좌우된다. 예측범위를 넘어서는 가변적 요인이 많지만 크게 보면 물리법칙이 작용하는 영역이다. 따라서 입력되는 관측 데이터 값이 정확해질수록 예측 결과도 개선될 수 있다.

반면에 경제현상은 개인, 기업, 정부 등 경제주체들의 생각과 행동이 서로에게 영향을 미친다. 정부가 정책을 내놓으면 각자 대책을 만든다. 개개인도 복잡한데 이들을 모아 놓은 집단은 완전 딴판이다. 이해관계에 따라 자신의 행동을 조정하고, 이로 인해 변화된 환경에서 또 다른 작용과 반작용이 나온다. 그런 과정이 되풀이되다 보면 처음에 설정한 경제 예측모델이 어긋나게 돼 실제 경제 현실은 엉뚱한 방향으로 흘러가기 일쑤다.

예를 들어 한국은행은 투자와 소비를 촉진해 부진한 내수경기를 살리기 위해 금리 인하를 단행한다. 그러나 경제라는 복잡한 시스템은 정책 의도대로 굴러가지 않는 게 보통이다. 금리 인하에 반응해 경제 활동을 늘리는 경우도 있겠지만, 거꾸로 환율이 올라 물가를 자극할 수도 있다. 기업 입장에서는 미래 사업 전망이 밝지 못하다면 금리가 낮아져도 투자를 기피하게 마련이다. 이자소득으로 사는 고령층은 줄어든 이자만큼 소비를 줄이는 역효과도 생긴다. 경기가 나빠질 것이란 전망이 사람들을 위축시켜 실제 경제를 더욱 나쁘게 만드는 자기실현적 예언self-fulfilling prophecy이 일어날 수도 있다.

이제는 한 나라에서 벌어지는 경제현상이 세계경제에 직간접적으로 영향을 미치는 시대가 됐다. 세계가 하나의 네트워크로 엮여 있어, 어떤 나라든 자국의 경제를 외부 영향을 받지 않고 의도대로 끌고 갈 수 없게 됐다. 그만큼 경제현상이 복합적이고 복잡해진 것이다. 경제를 전망하는 일이 점점 극한직업이 되어 가는 이유다. 경제학자들이 말하는 것처럼 경제가 늘 균형을 지향하고, 균형에서 어긋나면 금방 균형 상태로 복원되는 것도 아니다. 그러니 경제 전망이 틀리는 게 별로 이상한 일이 아니다. 오히려 딱 들어맞는 것이 더 이상하다.

경제 전망이 부정확한 이유 중 하나로 경제지표의 근본적 한계도 있다. 지금 날씨가 어떤지는 밖에 나가 보면 금방 알 수 있다. 반면에 경제지표는 자료를 수집하고 통계를 내는 데 짧게는 한두 달, 길게는 서너 달의 시차가 있다. 현재 상황을 보여 주는 경제지표를 확인하려면 몇 달 지나야 한다. 그새 경제 상황은 또 달라져 있을 것이다. 정부와 한국은행이 해마다 경제성장률 전망을 내놓고 틈만 나면 수정해야 하는 이유다. 외환위기 직후 한국은행을 이끈 고故 전철환 총재는 이런 한계를 "KTX 역방향 좌석에 앉아 보는 바깥 경치와 같다"라고 비유했다. 어제 일을 한참 지나 알게 되고, 오늘 상태를 모르면서 내일을 예상해야 하기 때문이다.

지난 100년간 기상 예측만큼 경제 전망이 발전했다면 지금은 많이 달라졌을 것이다. 그러나 과학저술가 마크 뷰캐넌은 저서 『내일의 경제』에서 경제학이 세상에 존재하지 않는 균형과 평형에 집착하느라 경제 시스템의 복잡성을 간과하고 제대로 보지 못한다고 비판했다. 이것이 2008년 글로벌 금융위기 때 경제학자들이 당시 경제상황을 제대로 진단하지 못했고, 위험이 닥치기 전에 경고신호를 보내지 못했던 진짜 이유라는 것이다. 『내일의 경제』는 영어판 제목이 'Forecast', 즉 '예측'이다. 여기서 예측은 틀리는 게 당연한 경제 전망이 아니라 이 세계의 작동원리에 대한 물리학적 예측이다.

움직이는 과녁 맞추기

• ✦ •

경제 전망이 이럴진대, 주가 예측으로 가면 사정이 더욱 심각해진다. 더 자주 어긋나고, 틀리는 게 일상다반사다. 경제 전망보다 주가 예측이 더 어려운 것은 경제 시스템보다 주식시장이 훨씬 더 변덕스럽기 때문이다. 코스톨라니의 표현을 빌리면, 경기와 주가의 관계는 주인과 산책 나온 반려견과 같다. 주인이 천천히 걸어가는 동안 반려견은 쉼 없이 앞뒤로 왔다 갔다 한다.

주식시장을 흔히 '경제의 거울'이라고 부른다. 주식시장에서는 경제성장률, 기업실적, 유동성(자금 흐름), 환율, 금리, 수출입, 내수경기, 소비심리, 원자재 가격, 세계경제 흐름, 국제정세 등 온갖 것들이 잡탕처럼 영향을 미치기 때문이다. 현재 상황은 물론 사람들의 미래 기대감에도 민감하게 반응한다. 그래서 지나간 경제를 GDP 통계가 잘 보여 준다면, 앞으로의 경제는 주식시장이 알려 준다고 말한다.

하지만 주가에는 종잡을 수 없는 투자심리라는 훨씬 복잡한 변수가 작용한다. 투자심리는 정량화도, 모델화도 불가능하다. 그때그때 시장 분위기에 따라 집단심리로 증폭돼 탐욕과 공포의 양극단을 오갈 때가 많다. 그럴수록 주가는 더욱 극적으로 요동친다. 뷰캐넌의 표현을 빌리면, "무한대로 복잡한 플라스마plasma* 상태가 오히려 주식시장 같은 금융 시스템보다 단순한 구조"를 갖고 있다. 수백만 명이 각자 생각과 감정을 가지고 상호작용을 벌임으로써 플라스마를 능가하는 더욱

---

* 　기체가 초고온으로 가열돼 원자가 전자, 중성입자, 이온으로 분리된 상태의 물질을 가리킨다. 기체, 액체, 고체에 이은 '제4의 물질'이라 불리며, 우주의 대부분을 구성한다. 네온사인, PDP 모니터, 형광등에도 플라스마가 이용된다. 초고온 플라스마의 대표적인 사례가 태양이다. 태양은 초고온의 플라스마가 중력으로 묶여 있는 형태의 천체로, 주로 수소를 연료로 핵융합을 하면서 에너지를 방출한다.

무한대의 복잡성을 보인다는 얘기다.

설상가상으로 예상치 못한 코로나19 사태 같은 재난이나 챗GPT 같은 '갑자기 나타난 신기술'이 출현하면 기존의 주가 예측은 무용지물이 된다. 애널리스트들이 제시하는 목표주가와 실제 주가의 괴리가 크고, 증권회사들이 연말 연초에 내놓는 증시 전망과 코스피 예상치가 대부분 빗나가는 이유다.

특히 신기술 충격은 자연재난보다 파장이 더 크고 오래 간다. 2007년 애플 아이폰이 등장해 스마트폰 혁명을 몰고 오자 그전까지 잘 나가던 휴대폰업체들이 추풍낙엽처럼 무너졌다. 노키아, 모토로라, 블랙베리, LG전자, 팬택, HTC 등이 망하거나 휴대폰 사업을 접었다. 매그니피선트 7$^{Magnificent Seven}$이라 불리던 미국 빅테크들의 주가가 천정부지로 치솟다가 중국 스타트업 딥시크의 충격으로 인해 급제동이 걸린 경우도 마찬가지다. 2024년만 해도 빅테크들은 AI 투자에 연간 수천억 달러를 쏟아부으며 세상을 다 집어삼킬 듯 보였다. 그러나 2025년 설 연휴 중에 딥시크가 적은 투자비로 챗GPT에 버금가는 AI를 발표하면서 빅테크들의 AI 투자 가성비에 대해 심각한 의문이 제기됐다. 설립된 지 2년도 안 된 작은 스타트업 하나가 빅테크들의 기존 주가 예측을 다 뒤집어 버린 셈이다.

주가 예측은 양궁 선수처럼 정지된 과녁에 활을 쏘아 맞히는 것이 아니다. 주가 예측이란 과녁은 좌우, 위아래, 앞뒤로 쉼 없이 움직인다. 더군다나 이리저리 뛰어다니면서 맞혀야 하니 못 맞히는 게 당연하다. 만약 정확히 맞았다면 운이 좋았거나 우연일 가능성이 높다. 따라서 주가 전망의 정확성에 대한 기대는 접어 두는 편이 낫다. 기상 예측과 달리 주가 예측은 주가를 움직이는 요인들을 예상해야 하고, 사람들이 예측을 알고 난 뒤 바꿀 행동까지도 점쳐야 한다.

주가 예측은 그 자체로 자기모순인 측면이 있다. 뷰캐넌은 "오후에 주가가 오를 것이란 정보는 그날 오전에 즉시 주가를 오르게 할 텐데, 이는 예측(오후 주가상승)을 위반하는 것이 된다"라고 지적했다. 주식투자를 해본 사람이라면 주가가 호재든 악재든 그것에 반응하는 속도가 얼마나 번개처럼 빠른지 잘 알 것이다.

주가 예측의 모순성은 고대 논리학의 유명한 개념인 크레타인의 역설Cretan's paradox을 떠올리게 한다. 한 크레타인이 '모든 크레타인은 거짓말쟁이다'라고 할 때 그의 말은 참일까, 거짓일까? 참이면 그도 크레타인이므로 거짓말쟁이가 된다. 거짓말쟁이의 말은 거짓이므로 그의 말은 거짓이다. 따라서 어떤 크레타인은 거짓말쟁이가 아니므로 앞의 말과 논리적으로 모순된다. 이와 마찬가지로 어느 시점에 주가가 오를 것이란 예측은 설령 맞더라도 그 시점에 가면 틀린 예측이 되고 만다. 이래도 틀리고 저래도 틀리는 주가 예측에 목매지 말라는 얘기다.

안정될수록 불안정하다

• ✦ •

파괴적인 토네이도가 평지에서 발생한다는 사실은 암시하는 바가 크다. 세상사에서는 '이제 고생 끝', '더 이상 걱정 없다'고 확신하는 순간, 새로운 위험과 걱정거리가 시작된다. 근대 경제 이론을 정립한 저명한 경제학자 어빙 피셔Irving Fisher는 1929년 대공황이 오기 직전까지도 "주식시장이 영구적으로 높은 고원에 도달했다"라며 주가 상승에 베팅했다가 재산을 날리고 명성도 잃었다. 소련 붕괴를 목도한 정치경제학자 프랜시스 후쿠야마Francis Fukuyama는 『역사의 종말』에서 민주주의와 자유시장경제가 승리함으로써 사회의 평화와 자유, 안정이 계속 유지될 것이라고 봤다. 그러나 이후 세상은 오히려 인화물질이 가득한 창고처럼 불안정해졌다.

금융이야말로 안정성과 불안정성이 동전의 앞뒷면처럼 나타나는 곳이다. 토네이도가 평지에서 생기듯, 금융은 안정됐을 때가 위험해지기 시작하는 시점이다. 안정과 번영이 지속되면 사람들은 자연스레 낙관적으로 행동하고, 결국 불안정과 혼돈을 잉태하게 된다. 빚이 눈덩이처럼 불어나 도저히 갚을 수 없게 되면 갑자기 모든 자산가치가 붕괴하고 금융위기로 이어진다. 세계적으로 금융위기가 주기적으로 반복되는 이유다.

이처럼 금융의 안정된 상태가 불안정의 씨앗이라는 주장이 있다. 주류 경제학계에서는 별로 대접받지 못한 하이먼 민스키Hyman Minsky의 금융 불안정성 가설Financial Instability Hypothesis, FIH이다. 민스키는 '금융 시스템은 내재적으로 불안정하며, 호황이 계속될수록 금융위기의 위험이 커진다'고 주장했다. 경제와 금융이 안정상태일수록 점점 더 과감하게 위험을 감수하게 돼 결국 금융위기로 이어진다는 것이다.

민스키는 금융구조가 3단계 변화를 거치면서 점점 더 불안정해진다고 봤다. 1단계(헤지 금융)는 기업과 가계가 부채를 갚을 능력이 있어서 정상적인 대출과 상환이 이뤄지는 안정적인 구조여서 경제가 비교적 건강한 상태다. 2단계(투기적 금융)에서는 대출이 급증하고, 빚내서 투자하는 레버리지 투자가 성행한다. 금융시장이 점점 위험해지지만 경제가 아직 성장을 지속해 위기가 표면적으로 드러나지는 않는다. 3단계(폰지 금융)로 가면 부채가 너무 늘어 이자조차 갚지 못하고, 신규 대출을 받아 기존 대출을 상환하는 폰지 사기 구조가 발생한다. 버블(거품)이 점점 커져 금융위기 직전 상태가 되지만 투자자들은 자산가격이 계속 오를 것이란 맹신에 빠져 위험을 적극 감수한다. 그러다 어느 한순간 거품이 꺼지고 금융위기가 발생한다.

금융시장이 한계에 도달해 갑자기 거품이 붕괴되는 순간을 민스키 모먼트Minsky moment라고 한다. '거품 형성→자산가격 폭락→신용 경색→대출금 상환 불능→기업, 금융회사 도산→금융위기'의 과정이 순식간에 진행된다. 1997년 아시아 외환위기는 단기외채가 한껏 늘어난 상황에서 방아쇠(태국 바트화 위기)가 당겨지자 경제위기가 한국, 인도네시아 등 다른 나라들로 도미노처럼 번졌다. 2008년 글로벌 금융위기도 거의 폰지 사기 단계에 이른 서브프라임 모기지 사태와 리먼브라더스 파산으로 금융 시스템이 붕괴된 사례다.

민스키의 가설은 글로벌 금융위기를 거치면서 주목받기 시작했다. 이 가설은 금융시장의 내재적 불안정성 탓에 버블 붕괴는 필연적이며, 사전에 적절한 관리가 필요하다는 점을 시사한다. 경제활동이 자유로울수록 경제가 번영하지만, 금융구조에서는 과도한 부채 증가나 레버리지 투자에 대해 제약이 있어야 한다. '고요한 바다를 경계하라'는 격언처럼 금융시장은 안정된 때가 불안정한 때다. 가능성이 희박한 위험도 현실이 될 수 있으며, 예상할 수 있다면 위험이 아니다.

경제전문가들은 폭풍우를 모르는 기상예보관

• ✦ •

마크 뷰캐넌의 『내일의 경제』 첫 장에는 영국 언론인 윌리엄 니콜라스 허턴William Nicolas Hutton의 말이 인용돼 있다. "경제학은 평화로운 시대를 위한 학문이다. 그래서 어떻게 정상적인 것에서 비정상적인 것이 생겨날 수 있는지, 그다음에 무슨 일이 일어날지 전혀 이해하지 못한다. 경제전문가들은 폭풍우를 이해하지 못하는 기상예보관과 같다."

이와 비슷한 말을 미국 중앙은행인 연방준비제도의 앨런 그린스펀 전 의장이 했다. 그린스펀은 글로벌 금융위기 이후 자신의 오류를 사과했지만, 한때 '세계의 경제 대통령'으로 불렸던 인물이다. 그 역시 경제와 주식시장에 태풍이 몰아치고 나서야 뒤늦게 문제점을 깨달았다. 그린스펀은 2011년 『뉴욕타임스^{New York Times}』 기고문에서 "버블이나 붕괴 같은 현저히 드문 예외를 제외하고 시장을 분석한다는 것은 폭풍이나 가뭄을 제외하고 날씨를 분석한다는 말과 같다"라고 했다.

그린스펀의 말은 앞서 인용한 허턴의 말을 연상시킨다. 주식시장에는 평평한 대지의 토네이도 같은 극단적 사건이 종종 일어난다. 미리 알 수만 있다면 시장의 토네이도는 아주 좋은 기회가 될 것이다. 하지만 모두가 일이 터진 뒤에야 비로소 알게 된다.

영미권 학자들의 블로그인 '크룩트 팀버^{Crooked Timber}'에서는 그린스펀의 말을 살짝 비틀어 풍자적으로 비판했다. "주목할 만큼 드문 경우를 제외하고 20세기 독일은 대체로 이웃 국가들과 사이좋게 지냈다. 주목할 만큼 드문 경우를 제외하고 앨런 그린스펀은 모든 것에 관해 다 옳았다." 오늘날 독일은 유럽의 리더 국가 중 하나로서 근면한 국민성과 성숙한 문화, 신뢰받는 기업들을 갖고 있다. 하지만 20세기에 수천만 명을 죽음으로 몰고 간 세계대전을 두 차례나 일으킨 나라 역시 독일이다. 그런 독일의 과거에 빗대어 그린스펀을 '돌려 까기' 한 것이다.

날씨는 놀랍고 변덕스럽지만 기상학은 적어도 다양한 결과의 가능성을 예측하는 유연한 방법을 구축했다. 반면에 경제학은 경제가 평온하게 움직이지 않는데도 지난 100년간 균형과 보편적인 이론을 추구해 왔다. 그 결과는 오류와 착각이었고, 위기가 닥쳐도 쓸모없는 이

론이었다. 자연현상을 보는 시각과 경제와 시장을 보는 관점이 다를
이유가 없다. 그린스펀이나 노벨상을 받은 경제학자들이나 폭풍우를
이해하지 못하는 기상예보관이었던 셈이다.

제5부

개미 투자자를 위한 주식투자의 기본 원리

운을 탓하지 마라

• ✦ •

세상이 불공평하다고 느끼는 이유 중 하나가 운運이다. 잘난 사람, 지위가 높은 사람, 부유한 사람을 보면 그들의 인생은 별 어려움 없이 술술 풀리는 것만 같다. 그런 이들을 보면서 자신의 처지를 비교하고, '세상이 나만 외면하는 것 같다'며 낙담하는 사람들이 많다.

불행인지 다행인지 신神은 다 주는 법이 없다. 꽃이 좋으면 열매가 부실하고, 날개가 있으면 다리가 두 개뿐이며, 뿔 달린 짐승은 윗니가 없다. 사람도 마찬가지다. 세상의 온갖 복을 타고나는 사람은 없다. 운 좋게 태어나 보니 3루였는데, 자기 실력으로 거기까지 갔다고 착각해 인생을 망치는 사례가 적지 않다.

운을 현대적 언어로 바꾸면 확률이다. 일상에서 운이라고 부르는 많은 일들이 실은 확률적 사건이다. 예를 들어 시험을 볼 때 대강 찍은 답이 맞았다면 운이 좋았다고 생각하지만 사실은 확률상 가능했던 일이다. 운은 개인적, 주관적이고, 확률은 객관적, 수학적 차이가 있을 뿐 본질은 다를 게 없다.

그런 확률이 가끔 직관에 어긋날 때가 있다. 동전을 열 번 던지면 앞면과 뒷면이 절반씩 나올 것 같지만 극단적으로 앞면만 열 번이 나올 수도 있다. 그러나 수천, 수만 번 던지면 앞면이 나올 확률은 2분의 1에 수렴한다. 통계학에서 말하는 큰 수의 법칙이다. 이것은 표본의 크기가 커질수록 모집단의 이론적 확률에 가까워진다는 확률법칙이다. 사망률의 경우에도 특정인이 언제 사망할지는 알 수 없지만 국민 전체를 대상으로 관찰하면 매년 일정 비율로 사망한다는 사실을 알 수 있어 유용하다.

운, 즉 확률은 당사자가 누구인지 기억하지 않는다. 동전이나 주사위를 내가 던지든 남이 던지든 확률이 달라지지 않는다는 얘기다. 그럼에도 확률에 대해 빈번하게 착각하는 것은 우리가 볼 수 있는 게 살아남은 승자이기 때문이다. 이른바 생존 편향이 작용하는 것이다. 수많은 패자는 조용히 사라져 눈에 띄지 않을 뿐이다. 그런 점에서 인생에서의 운은 생존 편향을 제거하고 큰 수의 법칙으로 바라봐야 한다. 투자에서의 성공도 실패도 확률적 관점에서 바라볼 필요가 있다. 『로마제국 쇠망사』를 쓴 영국 역사가 에드워드 기번Edward Gibbon은 "확률법칙은 일반적으로 잘 맞지만 개별적으로는 잘 맞지 않는다"라고 지적했다.

동전을 열 번 던져 모두 앞면이 나왔다고 해서 동전 던지기의 확률이 바뀌는 않는다. 지금은 잘나가는 친구가 운이 억세게 좋은 것 같지만, 장기적으로 평생을 놓고 보면 각자 운의 총합은 얼추 비슷해질 것이다. 좋은 게 있으면 안 좋은 일도 있는 법이다. 옛말에 새옹지마塞翁之馬, 호사다마好事多魔, 전화위복轉禍爲福이라고 했다. 물극필반物極必反은 인간을 포함한 전 우주의 이치다. 당장의 불운을 탓하지 마라. 지금의 불운은 언젠가 행운이 올 수 있다는 신호다.

성공은 형편없는 스승

• ✦ •

저금리가 고착화되면서 저축만으로는 인생 설계가 어려운 시대다. 다들 주식투자 등 재테크에 뛰어든다. 하지만 손대는 족족 '마이너스의 손'이기 십상이다. 그래서 투자 구루들은 주식투자에서 무엇보다 '살아남는 게 중요하다'고 강조한다. 무리하게 '몰빵' 했다가 한 방에 장렬히 전사한다면 만회할 기회는 영영 사라지기 때문이다. 어떤 투자든 목숨을 걸 이유는 전혀 없다. 자신의 돈, 시간, 노력, 열정을 다 걸지 말라는 것이다.

투자를 하다 보면 소가 뒷걸음질 치다 쥐를 잡을 수도 있다. 그러면 자신이 대단한 운이나 실력이 있는 듯 착각한다. 유능한 펀드 매니저가 신중히 고른 종목이 침팬지가 아무렇게나 고른 종목보다 수익률이 못했다는 연구 결과가 있듯이, 초보 투자자가 잠시 수익을 낼 수는 있다. 이른바 초심자의 행운이다. 하지만 투자에서 가장 경계해야 할 것이 바로 초심자의 행운이다. 시작하자마자 성공한 경우가 초보 딱지를 뗀 운전자처럼 오히려 더 위험하기 때문이다.

빌 게이츠는 『미래로 가는 길』에서 "성공은 형편없는 스승이다. 똑똑한 사람들을 유혹해 자신이 질 수 없다고 믿게 만든다"라고 했다. 수없이 판을 돌려 본 도박꾼들은 초심자의 행운이 착각임을 잘 안다. 운은 공평하기에 '초장 끗발이 개끗발'이다. 심리학자이면서 포커에 입문해 대회에서 우승까지 한 마리아 코니코바는 저서 『블러프』에서 성공과 실패를 이렇게 설명했다. "실패는 성공이 결코 줄 수 없는 객관성을 안겨 준다. 새로운 분야에 발을 들이자마자 성공하면 정말로 그만큼 잘한 건지 아니면 운이었는지 알 길이 없다." 그가 포커 게임에서 터득한 이치인데, 투자에도 잘 어울리는 관점이다. 자신을 객관적으로 바라보는 것은 가장 어려운 일 중 하나다. 사람들은 잘되면 자기 실력이고, 잘못되면 불운이라고 생각하는 경향이 있다.

투자도 일종의 승부다. 따라서 숱한 승패를 경험한 선수들이 그 본질을 잘 꿰뚫어 본다. 20세기 초 전설적인 투수 크리스티 매튜슨Christy Mathewson은 "승리하면 조금 배울 수 있지만 패배하면 모든 것을 배울 수 있다"라는 명언을 남겼다. 매튜슨은 17년간 373승 188패, 통산 방어율 2.13, 삼진 2,504개라는 엄청난 성적으로 미국 메이저리그 역사상 톱 3에 드는 투수였다. 그런 선수가 승리의 기쁨보다 패배 이유를 곱씹을 때 오히려 더 강해졌다니 공감하지 않을 수 없다. 투자에서 진정한 스승은 성공이 아닌 실패다.

투자에서 경험은 그 무엇과도 바꿀 수 없는 최고의 비법이다. 앙드레 코스톨라니는 80세 무렵에 한 강연에서 자신의 일화를 소개했다. "한번은 스물다섯 살의 젊은이가 내게 심술궂게도 '저와 (삶을) 바꾸고 싶지 않으세요?'라고 물었다. 나는 '물론 바꾸고 싶다'고 대답했다. 단, 내 경험과 내 체험을 가방 하나에 담아 갈 수 있다는 전제조건하에서!"

인생의 경험은 눈부신 젊음과도 바꾸기 싫은 귀한 자산이라는 이야기다. 경험은 다음에 비슷한 상황이 닥쳤을 때 훨씬 의연하게 대처할 수 있는 힘이고, 흔들리지 않는 평정심이 된다. 투자야말로 경험이 필요한 분야다. 누구나 빨리 돈을 벌고 싶어 하지만 처음 성공이 최종 성공을 보장하지는 않는다. 오히려 그 반대다. 투자에서 실패한 경험이 많을수록 역설적으로 성공 가능성이 높아진다. 투자는 교과서가 없고, 학교에서도 가르치지 않지만 자본주의 세계에서 살기 위해 반드시 참전해야 하는 실전 게임이다. 섣불리 덤볐다가는 하버드대 등록금보다 몇 배 비싼 수업료를 물게 될 수도 있다.

숱한 실패 뒤에 오는 성공이 진짜 피가 되고 살이 되는 경험이다. 발명왕 토머스 에디슨^{Thomas Edison}은 무수한 실패를 경험하면서도 "나는 실패한 게 아니다. 효과가 없는 1만 가지 방법을 찾았을 뿐이다"라고 했다. 『명심보감』 '성심편'에서도 "한 가지 일을 겪지 않으면 한 가지 지혜가 자라지 않는다"라고 했다.

인생 자체가 숱한 실패와 좌절을 겪고 극복해 가며 살아가는 기나긴 여정이다. 나를 키우는 것은 내가 살아가는 모든 순간, 직접 경험하는 모든 일, 마주치는 모든 사람이다. '성공은 실력, 실패는 운'이 아니라 '성공이 운, 실패가 실력'이라고 보는 게 더 정확하다.

돈 모으는 데 왕도는 없다

· ✦ ·

축구에는 '공격을 잘하면 경기를 이기고, 수비를 잘하면 우승한다'는 격언이 있다. 돈 관리도 마찬가지다. 돈을 버는 게 공격이라면 돈이 나가는 것을 막는 게 수비다. 수입도 중요하지만 지출을 적절히 통제하지 못하면 아무리 재테크를 잘한들 소용이 없다. 그런데 많은 이들이 쓸거 다 쓰고, 능력 이상으로 과소비하면서 돈이 안 모인다고 푸념한다.

돈을 모으는 유일한 비결은 지독하게 벌고, 더 지독하게 아끼고, 더욱더 지독하게 저축하는 것뿐이다. 모건 하우절은 『불변의 법칙』에서 돈 관리를 위해 알아야 할 내용의 거의 90퍼센트는 "버는 것보다 적게 쓰고, 차액은 저축하고, 인내심을 갖는 것"이라고 강조했다. 하지만 돈을 모으는 데 가장 큰 걸림돌은 그 누구도 아닌 '자기 자신'이다. 숱한 오만과 편견, 착각과 편향에 갇혀 있기 때문이다. 문제는 우리가 스스로 가장 신뢰하는 사람이 바로 자신이라는 점이다.

사람은 말과 행동이 잘 일치하지 않을 때가 많다. 그래서 남에게 잘 속고 자신을 속이기도 한다. 하지만 나이가 들고 경험이 쌓일수록 '눈에 보이는 게 다가 아니다'라는 세상의 진리를 깨닫게 된다. 사람의 진면목은 번지르르한 말이 아니라 행동에서 드러난다. 일본의 전설적인 검객 미야모토 무사시宮本武蔵는 『오륜서』에서 "사람의 본심은 어깨 아래에서 나온다"라고 했다. 영국 동물학자 데즈먼드 모리스Desmond Morris도 『맨워칭: 인간 행동을 관찰한다』에서 같은 말을 했다. 언어보다 몸짓 같은 비언어가 감정을 더 솔직하게 드러낸다는 것이다.

많은 이들이 부자의 화려한 삶을 동경한다. 하지만 정작 진짜 부자는 부를 드러내 놓고 과시하지 않는다. 부를 자랑하는 사람은 대개 졸부이거나 그 자식들이다. 그게 아니면 부자처럼 보이고 싶어 가랑이 찢어지는 사람일 것이다. 토머스 J. 스탠리^{Tomas J. Stanley} · 윌리엄 D. 댄코^{William D. Danko}의 『백만장자 불변의 법칙』에는 이런 말이 있다. "부자들 중에는 부자처럼 보이지 않는 사람이 많고, 부자처럼 보이는 사람 중에는 부자가 아닌 사람이 많다."

비행기를 탈 때마다 일등석이나 비즈니스석에 탄 사람들이 부럽다. 비즈니스석에 앉아 있는 사람들은 이코노미석 쪽으로 지나가는 승객들이 자신들을 힐끔힐끔 바라보는 시선을 즐긴다. 그게 부러우면 열심히 돈을 벌어 비싼 좌석에 타면 된다. 그러려면 일등석, 비즈니스석을 타는 사람들이 무엇을 하는지 살펴보라. 비행 중에 그들은 주로 두툼한 책이나 해외 주간지를 챙겨 와 본다. 예전에 항공사들이 신문을 제공하던 시절 스튜어디스들의 이야기다. "비즈니스석 승객은 경제신문을 보며 메모하는 반면에, 이코노미석 승객은 스포츠 신문만 챙겨 가는 경우가 많다." 사람들은 부자를 동경하지만 그들이 어떻게 돈을 벌었고 어떤 노력을 했는지에 대해서는 잘 모르고 별 관심도 없다.

고슴도치와 여우

· ✦ ·

주식시장은 매초, 매분, 매시간 온갖 정보가 홍수처럼 쏟아지는 곳이다. 온라인 세상에서 정보는 기하급수로 늘어나고 있다. 전 세계가 서로 긴밀하게 엮여 있어 서로가 서로에게 영향을 미친다. 모든 정보를 추적하는 것은 누구도 불가능하다. 진짜 정보와 가짜 정보가 뒤섞여 있어 무엇이 맞고 틀린지 판별하기도 어렵다.

특히 인터넷에는 온갖 유용한 정보가 있는 동시에 엉터리 정보도 많다. "인터넷은 지식을 민주화하는 대신 무지와 편견을 민주화했다."[*] 그래서 누구나 접할 수 있는 잘못된 정보는 더 위험하다. 『뉴욕타임스』의 저널리스트 케네스 창Kenneth Chang은 "시장은 정보와 오보 그리고 변덕에 반응하는 수천 명의 행동을 합쳐 놓은 곳이다"라고 했다.[**] 근거 없는 루머에 혹해서 달려들었다가 낭패를 보기도 하고, 중요한 정보인데 그 순간에는 아무도 몰랐다가 뒤늦게 주가에 큰 영향을 미치는 경우도 있다.

투자자에게는 신호signal를 찾아내고 소음noise을 걸러 내는 능력이 무엇보다 중요하다. 워런 버핏의 오랜 파트너였던 찰리 멍거 전 버크셔 해서웨이 회장은 "투자에서 중요한 것은 불필요한 정보를 걸러 내는 능력이다"라고 했다. 헤지펀드의 대부인 조지 소로스George Soros는 "시장은 항상 불확실성을 반영하며, 투자자는 신호를 찾기 위해 소음을 걸러 내야 한다"라고 했다. 오크트리캐피털 창립자인 하워드 막스Howard Marks도 "투자에서 가장 중요한 것은 불확실성을 이해하고 신호를

---

[*]   이언 스튜어트, 『신도 주사위 놀이를 한다』, 15쪽.
[**]   존 L. 캐스티, 『대중의 직관』, 97쪽.

소음과 구별하는 능력이다"라고 했다.

다 유익한 말이다. 그런데 신호와 소음을 어떻게 가려낼 수 있을까? 투자에 유용하면 신호이고, 불필요하고 착각과 오해를 불러일으키면 소음일까? 이런 구별법은 '내가 하면 투자, 남이 하면 투기'처럼 허망하다. 정보를 접한 시점에는 알 수 없고, 결과를 본 후에야 신호인지 소음인지 구별할 수 있다면 후견지명이자 사후확신일 뿐이다. 또한 상황 변화에 따라 신호가 소음이 되기도 하고 소음이 신호가 될 수도 있다.

주식투자에서 신호로는 흔히 경제지표, 기업실적, 금리 변동, 산업 트렌드, 신기술 등의 정보가 꼽힌다. 반면에 소음은 근거가 불확실한 루머, 언론의 오보, 전문가의 과장된 분석, 단기적 시세 급변 같은 것들이다. 주식투자는 심리 게임인데, 이런 소음이 투자자의 심리를 흐리고 판단을 흔든다.

문제는 우리가 스포츠 경기를 구경하는 관중이 아니라는 점이다. 주식시장에 뛰어든 이상 반드시 이겨야 하는 선수이자 감독이다. 수익을 내지 못할 바에는 아예 주식시장에 발을 들이지 않는 게 낫다. 수많은 투자자들이 큰 손실로 멍들 때마다 '무주식이 상팔자'라고 뒤늦게 후회한다.

사실 신호와 소음을 구별할 묘책은 없다. 투자 거인들이 남긴 말들을 종합해 보면 분위기에 휩쓸리지 말고, 원칙을 지키고, 멀고 길게 보라는 것으로 요약된다. '가치투자의 아버지'라 불린 벤저민 그레이엄

Benjamin Graham은 "단기적인 시장 변동은 소음일 뿐이며, 장기적으로는 기업의 본질적 가치가 반영된다"라고 했다. 워런 버핏도 "주식시장은 단기적으로는 투표 기계지만 장기적으로는 저울이다"라고 정의했다. '금융계의 스티브 잡스'라 불리는 레이 달리오 역시 "시장은 감정과 소음으로 움직이지만 결국 경제의 기본원칙이 승리한다"라고 조언했다. 당장 시장을 움직이는 것은 변덕스러운 투자심리와 소음이지만, 길게 보면 기업의 본질적 가치에 주가가 수렴한다는 의미다.

당연한 말이다. 성공투자를 위해 반드시 신호를 포착하고 소음을 걸러 내야 한다. 하지만 '어떻게 포착하고 걸러 낼 것인가'에 정답은 없다. 스스로 부단히 노력하는 길밖에 없기 때문이다.

신호와 소음을 구별하는 데 도움이 될 만한 책이 두 가지 있다. 이 분야의 고전이 된 네이트 실버Nate Silver의 『신호와 소음』과 피파 맘그렌의 『시그널』이다. 회계사 출신인 실버는 야구의 데이터 분석 툴인 세이버메트릭스saber-metrics 전문가로 이름을 알렸고, 미국 대선 결과를 정확하게 예측해 명성을 얻었다. 데이터 전문가 겸 정치분석가로서 실버는 『신호와 소음』에서 정치심리학자 필립 테틀록Philip Tetlock의 '고슴도치와 여우·* 비유를 인용하며 보다 나은 예측을 위해 '여우처럼 생각

---

* 　이 비유는 필립 테틀록이 러시아 출신 영국 철학자 이사야 벌린Isaiah Berlin이 톨스토이의 소설 『전쟁과 평화』에 관해 쓴 에세이 「고슴도치와 여우The Hedgehog and the Fox」에서 따온 것이다. 벌린은 고대 그리스 시인 아르킬로코스Archilochus가 쓴 "여우는 사소한 것을 많이 알지만 고슴도치는 중요한 것 한 가지를 안다"는 구절에서 이 제목을 착안했다.

하라'고 조언한다.

고슴도치는 하나의 큰 이론이나 원칙을 중심으로 이론적으로 세상을 해석하려는 유형이다. 따라서 자신의 신념을 고집스럽게 유지하고, 복잡한 현실을 단순한 틀에 맞추려는 경향이 있다. 스스로 자신만만해 예측이 틀려도 자신의 생각을 잘 바꾸지 않고 변화를 인정하지 않는다.

반면에 여우는 다양한 정보와 관점을 수집해 이론보다는 경험적으로 유연하게 사고하는 유형이다. 한두 가지 이론에 얽매이지 않고 새로운 데이터와 변화에 따라 예측을 수시로 수정한다. 현실의 복잡성을 인정하고 보다 정확히 예측하기 위해 노력한다. 변화무쌍한 주식시장에서 돈을 벌려면 당연히 여우처럼 사고해야 할 것이다.

실버는 신호와 소음의 홍수 속에서 보다 나은 판단을 위해 세 가지 '여우의 원칙'을 제시했다. 첫째, 여러 가능성을 열어 놓고 확률적으로 생각하라. "달랑 수치 하나만으로 무슨 일이 일어날지 정확하게 안다고 주장하지 않고, 결과가 일어날 가능성을 범위로 제시한다." 현실에 내재된 불확실성을 정직하게 표현하기 위해서다.

둘째, 날마다 새롭게 예측하라. 실버는 "사실 관계가 바뀔 때 나는 내 마음을 바꾼다"라는 존 메이너드 케인스의 말을 인용하면서, 어제의 예측이 잘못됐다고 생각할 이유가 분명하면 그 예측에 매달릴 이유가 없다고 강조했다. 새로운 정보를 반영하고 데이터에 따라 유연하게 생각하라는 것이다.

셋째, 집단지성을 활용하라. 다수가 참여하는 집단 예측이 혼자 하는 개인 예측보다 대략 10~25퍼센트 더 정확하다. 집단 예측이 언제나 낫지는 않지만, 어떤 문제에 여러 사람의 다양한 관점을 적용해서 더 나은 이득을 얻을 수 있다. 2부에서 소개한 프랜시스 골턴이 목격한 박람회에서, 사람들이 소의 무게를 집단지성을 통해 정확히 맞춘 일화를 생각해 보라.

『시그널』은 경제학자이자 조지 W. 부시^{George W. Bush} 대통령의 경제정책 보좌관을 지낸 피파 맘그렌의 역작이다. 부제인 '일상의 신호(시그널)가 알려 주는 격변의 세계경제 항해법'이 보여 주듯, 맘그렌은 경제지표 같은 숫자가 아니라 일상 속의 작은 변화들이 경제 흐름을 읽는 데 어떤 함의를 갖는지 주목했다. 그는 "경제학에서는 수학뿐 아니라 인간의 행동도 중요하다. 숫자는 인간 행동을 설명하고 경제신호를 관찰하는 가장 재미없고 따분한 방법일 뿐이다. 쉽게 관찰하고 설명할 수 있는 단순한 사건과 상황이 훨씬 설득력이 있다"라고 지적했다.

망그렌의 요지는, 숫자만 들여다보는 것보다 소비자의 행동과 시장 트렌드를 직접 관찰하는 것이 미래 경제를 예측하는 데 더 유용하다는 것이다. 젊은이들이 몰리는 서울 강남역 사거리, 관광객이 붐비는 명동, 중고품 메카인 황학동 시장, 직장인 회식이 많은 무교동 등을 직접 찾아가 보라. 중요한 신호가 되는 경제현상은 모두가 동시에 똑같이 본다. 하지만 그것이 진짜 신호임을 감지하는 사람은 극소수다. 이는 정보전쟁과 유사하다. 휴민트가 수집한 작은 정보들이 거대한 퍼즐을

맞추는 단서가 된다. 앞으로 닥칠 미래는 그림 조각을 맞추는 퍼즐과
도 같다는 얘기다.

맘그렌은 대중이 동시에 똑같은 투자를 추구할 때 그 끝은 대개 눈
물바다라고 강조했다. 튤립 투기부터 금융위기까지 일관된 패턴이다.
자산시장의 수직낙하는 수많은 사람에게 악몽이지만 어떤 사람에게
는 훌륭한 기회가 된다. 그런 점에서 유심히 봐야 할 것은 부정적인 문
제를 예고하는 신호만이 아니다. 어떤 신호는 긍정적인 미래를 암시
한다. 예지력을 갖춘 사람은 없지만, 발생 가능성이 높은 사건과 그 결
과를 기민하게 알아채 큰돈을 벌고 자신을 보호하는 사람들은 꽤 많다
고 맘그렌은 설명했다.

남의 치아로 씹을 순 없다

• ✦ •

사실 개인투자자가 스스로 공부해서 좋은 종목을 고르고 가격이 쌀 때
사는 일은 거의 불가능하다. 날고 긴다는 큰손과 외국인, 기관에다 수
백만 명이 눈을 부릅뜨고 돈 벌겠다고 달려드는 곳이 주식시장이다.
그런 시장에서 '싸고 좋은 종목'이란 마치 '뜨거운 아이스 아메리카노'
처럼 형용모순이다. 좋은 종목은 싸지 않고, 싼 종목은 좋은 종목이 아
니기 때문이다. 어리숙한 초보자들을 위해 싸고 좋은 종목이 오르지
않고 기다리고 있을 리 만무하다.

투자는 어렵지만, 반대로 주식을 사고파는 것은 라면 끓이기보다 쉬워진 세상이다. 밤새 해외 주식과 코인을 거래할 수 있고, 제2거래소(대체거래소)가 문을 열어 아침 8시부터 밤 8시에도 투자할 수 있게 됐다. 심하게 말하면 '24시간 합법적인 도박시장'이 열려 있는 셈이다. 투자는 쉬워졌는데 투자로 수익 내기는 더 어려워졌다. 코스피 지수가 사상 최고치를 경신하는데도 내 계좌의 종목들은 여전히 파란불이다.

주식투자에 비법이 있으면 얼마나 좋을까? 유감스럽게도 주식시장을 관통하는 수학공식 같은 투자 비법은 없다. 부단히 공부하고, 연구하고, 분석하고, 경험하는 것 외에는 달리 방법이 없다. 마리아 코니코바는 여러 포커 대회를 경험한 끝에 "훈련과 공부를 대신할 마법의 알약이나 주문은 없다"라고 결론지었다.

비법은 없지만 시작하는 이들을 위한 조언은 있다. 진정한 투자 조언은 매매 기술이나 차트 분석법이 아니라, 인간의 인지적 한계와 심리적 동요를 최소화하고 호구가 되지 않으려는 기본자세에서 찾아야 한다. 시장의 본질을 꿰뚫어 본 투자 구루나 석학들의 주옥같은 어록뿐 아니라 인생과 세상을 은유하는 속담과 격언, 심지어 영화나 드라마 속 대사에서도 힌트를 얻을 수 있다.

첫째, '남의 치아로 씹을 수는 없다.' 유대인 속담이다. 음식을 스스로 씹어 봐야 참맛을 알 수 있듯이 돈을 벌려면 스스로 길을 찾아야 한다는 얘기다. 나심 탈레브는 "타인이 좋은 기회라고 먼저 제안한 일은 언제나 내가 아니라 타인에게 좋은 일이었다"라고 꼬집었다. 누군가

투자 조언을 해 주겠다고 하면, 먼저 '당신의 포트폴리오에 무엇이 들어 있느냐'고 물어보라는 것이다. 돈을 불려 주겠다는 금융회사의 웰스 매니저나 프라이빗 뱅커^{PB}에게 본인은 어디에 투자하고 있느냐고 물어볼 권리가 있다. 자신도 돈을 걸고 진심으로 권하는 조언인지, 아니면 수수료가 비싼 상품을 권하는 것인지 알아보고 판단해야 한다.

둘째, '믿기 시작하는 순간, 속기 시작하는 것이다.' 영화 〈시체가 돌아왔다〉에서 사기꾼 진오가 배신하기 직전에 담배 연기를 내뿜으며 뱉은 말이다. 뉴스든, 전문가 조언이든, 애널리스트 리포트든 곧이곧대로 믿지 말고 한 번쯤은 거꾸로 생각해 보라. 특정 종목이 좋아 보여 당장 매수할 작정이라면 거꾸로 이 종목을 파는 사람들은 어떤 생각을 하고 있는지 역지사지해 봐야 한다.

셋째, '네가 확신하는 그 확신을 의심하라.' TV 스릴러 드라마 〈이토록 친밀한 배신자〉의 명대사다. 모든 정황과 증거가 특정인이 범인임을 가리키면 다들 확신하게 마련이다. 그렇게 분위기가 형성되면 대부분의 사람이 재빨리 대세에 편승한다. 하지만 그런 순간이 오히려 가장 위험한 때다. 다수 의견이 맞을 수도 있지만 틀리다면 더욱 치명적이기 때문이다. 시장에서 한쪽으로 쏠림이 강하게 나타날 때는 '확신을 의심하라'는 말을 반드시 기억할 필요가 있다.

넷째, 공포 장사꾼을 경계하라. 대폭락, 파국, 종말 같은 단어를 쏟아내는 극단적인 비관론자에게 현혹되지 말라는 얘기다. 비관론자 말에는 누구나 귀가 솔깃해진다. 그 내용이 세상이 망한다는 식의 종말

론일 때는 더욱 그렇다. 주식, 채권, 코인, 부동산, 원자재 등 어떤 시장이든 낙관론과 비관론이 공존한다. 그런데 사람들은 낙관론보다 비관론, 긍정적 뉴스보다 부정적 뉴스에 훨씬 더 민감하게 반응한다. 미디어도 그렇게 먹고산다. 비관론이 더 잘 팔리고 공포 장사꾼은 돈을 번다.

여기에는 이유가 있다. 모건 하우절은『불변의 법칙』에서 "비관론은 낙관론에 비해 지적인 관점에서 더 매력적이고 설득력 있게 들리므로 더 많은 이들의 관심을 끌어당긴다"라고 지적했다. 비관론은 나를 돕는 것 같고, 낙관론은 상품 홍보처럼 들린다. 물론 근거 없는 낙관론은 그 자체가 망상이고, 웃음거리가 되기 쉽다. 주식시장은 망상에 빠진 이들을 응징하고 가혹한 대가를 요구한다. 하지만 긍정론과 부정론을 균형 있게 소화하지 못하면 공포 장사꾼의 먹잇감이 될 뿐이다.

주식시장에 대해 우리는 잘 모르기 때문에 늘 불안하다. 그래서 뭔가 잘 알 것 같은 전문가의 말에 귀를 쫑긋 세운다. 그러나 테틀록이 전문가들의 각종 예측을 분석하면서 발견한 사실은, 실버의 표현을 빌리면 '학계를 엿 먹이는 것'이었다. 우선 경제, 정치, 국제관계 등에 관한 전문가들의 예측은 국내외를 가리지 않고 터무니없이 빗나갔다. 직업이 무엇이든, 경험을 얼마나 오래 쌓았든, 전공 분야가 무엇이든 간에 하나같이 동전을 던져 판단을 내릴 때보다 낫지 않았다. 테틀록의 분석에 따르면, 전문가들이 절대로 일어나지 않을 것이라고 주장한 사건 가운데 15퍼센트는 실제로 일어났고, 반드시 일어날 것이라고 주장한 사건의 25퍼센트는 일어나지 않았다.

그러면 왜 고슴도치 유형의 자신만만한 전문가들만 눈에 띄는가? 같은 내용의 예측이더라도 대담하게 표현하는 고슴도치에게 TV 출연 기회가 더 많이 돌아가기 때문이다. 하지만 테틀록의 연구 결과, 언론과 인터뷰를 많이 한 전문가일수록 예측이 빗나가는 경향을 보였다. 심지어 고슴도치 유형은 학위를 많이 딸수록 예측 결과가 더 나빠졌다.

한국인의 자산 대부분을 차지하는 집에 관해 의사결정을 할 때는 특히 조심해야 한다. 근거 없는 낙관론보다 더 큰 해악을 미치는 게 과격한 비관론이다. 요즘 주식 유튜버로 활동 중인 모 인사는 10여 년 전 부동산 대폭락을 주장해 유명해졌다. 그의 책을 사 본 이들이 서둘러 집을 팔고 집값이 떨어지기를 기다린 경우가 적지 않았다. 그 덕에 그는 책을 팔아 돈을 꽤 벌었다고 한다. 이후 집값은 주지하다시피 정반대로 폭등했다. 그렇다고 유튜버를 탓할 수도 없다. 투자에 대한 책임은 전적으로 자신에게 있다. 남의 치아로 씹을 수는 없기에 더더욱 돈과 시장에 대해 공부해야 한다.

매수는 기술, 매도는 예술

• ✦ •

투자에 성공하려면 매수 신호와 매도 신호를 포착할 수 있어야 한다는 것은 상식이다. 하지만 유감스럽게도 가장 어려운 일이다. 시장의 오랜 금언에 '매수는 기술, 매도는 예술'이란 말이 있다. 주식을 살 때는 재무제표, 시장 동향, 기술적 지표 등을 이용해 논리적으로 접근할 수 있다. 반면에 팔 시점은 단순한 논리적 분석만으로는 판단하기 어렵다. 주가가 오를 때는 더 오를 것 같아 못 팔고, 내릴 때는 더 떨어질 것 같아 못 사는 게 사람 심리다.

시장에는 탐욕과 공포, 분위기, 시장심리 같은 감정적 요소들이 크게 작용한다. 더구나 한 번 분위기가 형성되면 사람들은 물리적 관성의 노예가 되기도 한다. 탐욕이든 공포든 방향이 잡히면 대부분이 휩쓸려 가기 일쑤다.

정확한 매매 타이밍을 포착하는 것은 불가능에 가깝다. 지나고 나면 다 보이지만 그 순간에는 알 수 없다. '무릎에 사고 어깨에 팔라'라는 투자 격언도 다 지난 후에 하는 소리다. 2022년에 주가가 10만 원도 안 되던 삼양식품이 2025년 들어 열여섯 배가 넘는 160만 원을 돌파할 줄 누가 알았겠는가? 몇 해 전 태국에 여행 갔을 때 불닭볶음면이 편의점 한쪽 벽을 꽉 채운 광경을 보고 놀랐는데, 그것이 중요한 신호였다. 주가 그래프를 보면서 뒤늦게 '그때 살 걸' 하고 탄식하는 게 보통이다. 하지만 누군가 '대박주'를 슬쩍 흘려 주기를 기대하는 식이라면 로또를 사는 행위와 별반 다를 바 없다.

결국 스스로 파고들어야 한다. 매매 타이밍을 포착하는 데 바탕이 되는 것은 경제 흐름을 정확히 읽고 변화가 일어나는 변곡점을 잡아내는 것이다. 경기상황과 산업의 업황을 파악하는 것은 매매 신호를 포착하는 데 있어 기본 중의 기본이다. 모든 투자, 기업의 의사결정, 국가 경제정책 방향 설정에도 매우 중요한 요소다.

주가는 대체로 주식시장 안팎의 큰 사건들에 의해 좌우된다고 볼 수 있다. 그런데 이 말은 완전히 틀린 것은 아니지만 전적으로 맞는 말도 아니다. 일본의 진주만 폭격, 쿠바 미사일 위기 해결 같은 사건으로 인해 주가가 얼마나 변동했을까? 미국 경제학자 래리 서머스Larry Summers, 데이비드 커틀러David Cutler 등이 1941년부터 1987년까지 47년간 미국 주식시장 대폭락 시점 앞뒤로 어떤 일이 있었는지 분석했다. 진주만 폭격 때는 주가가 4.4퍼센트 하락했고, 쿠바 위기 해결 때는 2.2퍼센트 올랐다. 이 정도 사건이면 이보다 더 크게 내리고 더 많이 올라야 할 것 같지만 실제로는 그렇지 않았다.

반면에 1987년 블랙 먼데이처럼 대폭락이 일어났을 때는 원인이 될 만한 특이한 뉴스가 별로 없었다. 2001년 에너지 기업 엔론이 회계 부정으로 파산한 엔론 사태가 미국 주식시장에 큰 충격을 주었다고 알려져 있다. 하지만 미국 주가는 엔론 사태 이전 18개월간 이미 39퍼센트나 하락했고, 사태 이후에는 오히려 10퍼센트가량 반등했다. 엔론 사태 같은 스캔들은 이미 추락하던 분위기가 낳은 결과였다.

4부에서 살펴봤듯이, 주식시장에서는 폭풍과 고요가 불연속적으로 나타난다. 에릭 바인하커가 『부의 기원』에서 "주가 움직임은 (무작위로 움직이는) 랜덤워크가 아니라 다른 현상, 즉 지진과 비슷하다"라고 지적한 것을 상기할 필요가 있다. 지진을 예측할 수 없듯이 주가 폭락 시점도 알 수 없다. 다수가 몰려가는 곳에 거품이 생기고, 모두가 주식 얘기를 할 때가 시장의 변곡점이 될 때가 많다는 사실만 경험적으로 알 뿐이다.

나심 탈레브는 『행운에 속지 마라』에서 "외부 정보가 주어지는 간격이 짧을수록 사람들이 이를 걸러 내는 능력은 현저히 떨어진다"라고 했다. 정보가 많은 것이 언제나 좋지는 않다는 것이다. 너무 많은 정보는 판단의 장애물이 될 수 있다. "현자는 의미에 귀 기울이고, 바보는 소음만 들린다". 독설가 탈레브의 지적이다.

평균의 함정에 속지 마라

• ✦ •

금융회사나 미디어는 주식투자 수익률을 주로 연도별로 끊어 설명한다. 새해 첫 개장일에 투자해 연말까지 보유한 경우 코스피 지수가 얼마 올랐으니 수익률은 얼마다라는 식이다. 하지만 투자자는 한 해 단위로 끊어서 투자하지 않는다. 연중 언제든 들어가고 나갈 수 있다. 따라서 다양한 기간의 수익률을 포괄적으로 평가해야 주식투자의 투자성과를 조망할 수 있다.

최근 5년간 연평균 수익률이 10퍼센트인 경우, 첫해 수익률이 50퍼센트였다가 이듬해 마이너스 30퍼센트였을 수도 있다. 따라서 특정기간의 수익률을 시작과 종료 시점만 고려해 뭉뚱그려 계산한다면 전형적인 평균의 함정에 빠지게 된다. 투자상품에 홍보하며 단순 평균 수익률을 내세우는 것은 수술 성공률이 33퍼센트인데 의사가 환자에게 안심하라며 "앞서 두 번 실패했으니 이번에는 성공할 것"이라고 장담하는 상황과 다를 바 없다.

정확한 투자 수익률을 알려면 연도별 수익률이 아니라 롤링 수익률 rolling returns을 봐야 한다. 롤링 수익률이란 전체 기간에서 시점을 계속 한 칸(하루, 한 주, 한 달 단위)씩 옮겨 가며 수익률을 계산하는 방식이다. 투자시점 선택의 함정을 제거해 수익률의 흐름과 투자의 변동성을 보여주는 유용한 측정 방법이다. 투자 시점의 행운과 불운 요인을 제거하고 투자의 변동성을 보여 주며, 평균 수익률과 최고·최악의 수익률도 함께 알려 준다.

어렵게 들릴 수도 있지만, 계산방법을 이해하면 단순 평균 수익률과의 차이를 알 수 있다. 예를 들어 지난 5년간 주식형 펀드의 연평균 수익률이 10퍼센트라고 해도 중도에 가입해서 손실을 본 사람도 있을 수 있다. 연평균 수익률 10퍼센트는 딱 5년 전 시점에 투자해 5년이 지났을 때 수익률이 그렇다는 것이지, 그 기간 중에 투자한 모두가 그런 수익을 냈음을 의미하는 것은 결코 아니다.

그러면 롤링 수익률의 계산방법을 살펴보자. 첫째 1년 수익률은 2020년 1월~2020년 12월, 둘째 1년 수익률은 2020년 2월~2021년 1월, 셋째 1년 수익률은 2020년 3월~2021년 2월,⋯ 식으로 수십 개의 수익률을 구한다. 롤링 기간을 하루 단위로 쪼개면 수천 개의 수익률

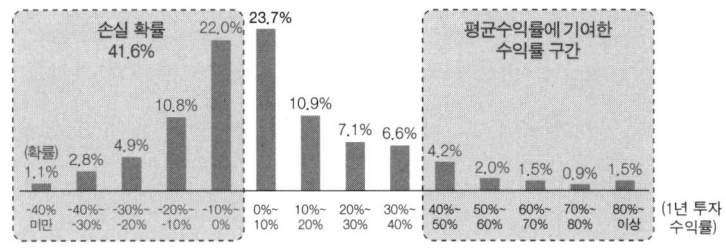

45년간 코스피 1년 투자 롤링 수익률 분포(자료: 흥국자산운용, 분석 기간=1980년 1월~2025년 6월 말)

이 나온다. 이런 수익률들은 대체로 정규분포를 띠며, 수익 확률과 손실 확률을 한눈에 보여 준다. 극단적으로 높은 수익률과 치명적으로 낮은 수익률은 극히 드물고 대개 ±10퍼센트에 분포한다. 5년간 투자의 변동성이 고스란히 드러나는 것이다.

이런 방식으로 코스피가 출범한 1980년 1월 4일부터 2025년 6월 30일까지 45년간 1년 투자의 롤링 수익률을 흥국자산운용을 통해 계산해 봤다. 1년 평균 수익률이 7.8퍼센트가 나왔다. 이것만 보면 성과가 괜찮아 보인다. 하지만 총 1만 6,252개의 수익률을 구했는데 편차가 천당과 지옥이다. 최고 수익률은 180.1퍼센트, 최저 수익률은 마이너스 55.6퍼센트였다. 1년 투자해 수익이 난 경우가 58.4퍼센트, 손실이 난 경우가 41.6퍼센트였다. 손실을 볼 확률이 40퍼센트가 넘는다는 얘기다. 그렇다면 어떻게 7.8퍼센트가 나왔을까?

그래프에서 보듯이 평균수익률 7.8퍼센트에 근접한 경우는 전체의 23.7퍼센트에 불과했다. 평균수익률을 7.8퍼센트로 만든 경우는 40

퍼센트 이상 높은 수익을 냈던 운 좋은 시점에 투자한 경우다. 이런 고수익 확률은 10.1퍼센트에 불과하다. 반대로 마이너스 20퍼센트 이상 손실을 본 확률은 19.6퍼센트였다. 열 번 투자했으면 한 번 정도는 큰 수익을 거뒀지만, 네 번은 원금 손실을 봤고, 그중 두 번은 원금이 5분의 1 이상이 날아간 것이다. 은행 예금보다 나으리라 기대해 주식투자에 나서 10퍼센트 이상 수익을 낼 확률(34.7%)도 3분의 1 수준에 그쳤다.

코스피 지수는 오르는데 왜 나만 별 볼 일 없을까? 왜 나는 아직 손해를 볼까? 이런 의문에 대한 해답이 롤링 수익률 분포에 담겨 있다. 평균의 함정이 시장에 내재한 변동성과 운을 과소평가하게 만든 것이다. 이쯤 되면 주식투자를 하는 것이 왜 위험한지 실감 날 것이다. 통계학자들의 농담 중에 '머리는 냉장고에, 발은 오븐에 있어도 평균 체온은 정상으로 나온다'는 말이 있다.

기술혁명은 거품을 부른다

• ✦ •

주가를 움직이는 동력은 대체로 유동성, 신기술, 정책 변화 등 세 가지로 요약된다. 이런 요인들이 투자심리를 좌우하고 시장을 변화시킨다. 돈이 넘치는 시기에는 당연히 큰 장이 열린다. 미국 연준의 금리 인하(유동성 확대)에 모두가 주목하는 이유다. 배당 확대, 자사주 소각 같은 밸

류업 프로그램 같은 정책 변화도 투자심리를 자극한다. 이에 못지않게 주식시장을 흥분시키는 것이, 전에 없던 신기술의 출현이다. 신기술이 등장하면 그로 인해 달라질 미래의 모습에 대해 온갖 상상력이 펼쳐진다. 이에 열광하는 사람들이 늘어나면서 관련 기업들의 주가가 말 그대로 폭등한다. 주식은 미래에 대한 기대를 먹고 산다.

기술혁명은 필연적으로 거품을 만들어 낸다. 반세기를 돌아보면 기술혁명과 주가 거품이 밀접하게 연관돼 있음을 확인할 수 있다. 1980년대 PC를 비롯해 1990년대 무선통신, 2000년 전후 인터넷 열풍, 2010년대 스마트폰, 2020년대 NFT, 메타버스, 그리고 최근의 AI 열풍까지 신기술이 등장할 때마다 주가 거품과 붕괴의 과정을 밟았다. 19세기 후반 주가 거품에는 철도 붐이 있었고, 20세기 초 거품은 자동차가 만들었다. 앞으로 또 어떤 기술이 등장해 얼마나 거품을 만들어 낼지 알 수 없다.

기술혁명이 거품을 만드는 과정은 아마라의 법칙Amara's law으로 설명된다. 아마라의 법칙은 사람들이 신기술을 '단기적으로 과대평가, 상기적으로 과소평가'하는 경향을 가리킨다. 미국 미래학자 로이 아마라 Roy Arrara가 1960년대에 발견한 시장의 신기술 수용과정의 일관된 패턴이다. 신기술의 초기 단계에는 기술 발전 속도는 더디지만 사람들의 기대는 저만치 앞서간다. 언론이나 몇몇 빅마우스들의 과장된 언급이 나오고, 대중은 장밋빛 미래를 꿈꾸며 열광한다. 하지만 충분히 검증되지 못했기에 시행착오를 겪고 기술적 한계에 봉착한다. 이에 실망한 사람들은 부정적 감정까지 갖게 된다. 따라서 정작 기술이 완성돼 효과가 본격화할 때는 '이미 아는 기술'로 치부해 영향력을 과소평가한다.

비근한 예로 1990년대 말 인터넷이 급속히 확산되면서 닷컴버블이 일어났다가 2~3년 만에 시들해진 과정을 들 수 있다. 아마존의 경우 버블의 절정기였던 2000년 초 100달러까지 치솟았던 주가가 2003년에는 6~7달러 선까지 곤두박질쳤다. 거품 붕괴의 상흔이 남아 있던 2000년대 중반 들어 인터넷 신경제는 전방위로 엄청난 혁신을 몰고 왔다. 그러나 닷컴버블 초기처럼 시장 반응이 뜨겁지는 않았다. 아마존이 닷컴버블 당시 주가를 회복하기까지 무려 10년이 걸렸다. 지금은 아마존의 시가총액이 2조 달러가 넘지만, 그간 얼마나 우여곡절이 많았는지 알 수 있다.

오늘날 수십억 명이 들고 다니는 스마트폰도 처음부터 각광받지는 못했다. 최초의 스마트폰은 1992년 IMB이 개발해 1994년 시판한 '사이먼 퍼스널 커뮤니케이터'다. 기존의 휴대전화와 달리 이메일과 팩스 기능에다 당시로서는 획기적인 터치스크린을 탑재했다. 그러나 기기가 무겁고 배터리 수명이 짧아 시장에서 철저히 외면당했다. 이후 노키아, 블랙베리 등이 스마트폰을 내놨지만 큰 관심은 모으지는 못했다. 2007년 애플이 아이폰을 선보일 때까지 스마트폰은 대중의 관심 밖이었다.

마이크로소프트 창업자 빌 게이츠도 "대부분의 사람은 기술이 10

년 안에 가져올 변화를 과소평가하고, 2~3년 안에 일어날 변화는 과대평가하는 경향이 있다"라고 말했다. 아마라의 법칙은 사람의 인지능력의 한계에서 비롯된 경험법칙이라고 할 만하다.

모든 것이 기하급수로, 지수적(거듭제곱)으로 변화하는 현대의 디지털 세상에서 10년 뒤에는 상상하지도 못할 변화가 일어날 것이다. 생성형 AI, 전기차와 자율주행, mRNA 백신 등 바이오테크, 블록체인과 비트코인 등의 신기술을 이제는 누구나 다 안다. 하지만 10년 전에 이것들을 아는 사람이 몇이나 됐을까? 우리가 새로운 것들에 대해 알려는 노력을 멈춰서는 안 되는 이유다. "21세기 문맹은 읽고 쓰지 못하는 사람이 아니라, 배우고 잊어버리고 다시 배우는 능력이 없는 사람이다"라는 앨빈 토플러의 명언을 꼭 기억할 필요가 있다.

주식투자 관점에서 보면 신기술은 엄청난 기회이자 위협이다. 신기술이라는 트렌드를 외면하면 수익 기회를 놓치고, 뒤늦게 추종하면 거품 붕괴의 위험에 노출되기 때문이다. 신기술이 널리 수용되기까지 거쳐야 하는 길은 완만하고 평탄한 고속도로가 아니다. 울퉁불퉁하고 사방이 낭떠러지인 험난한 오프로드다. 한 마디로 첩첩산중이요, 점입가경인 시간의 검증과 시장의 우여곡절을 견뎌내야 한다.

신기술이 수용되기까지 과정을 한눈에 보여 주는 것이 하이프 사이클hype cycle(기술 기대주기)이다. 미국 IT 연구 컨설팅 기업 가트너가 개발해 해마다 발표하는 하이프 사이클은 기술 기대주기를 시간의 X축과 시장기대의 Y축으로 표시해 시각화한 그래프다.

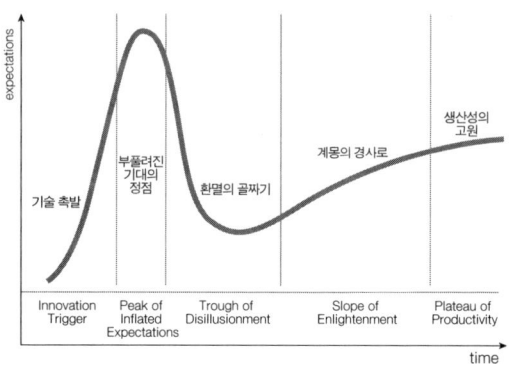

하이프 사이클

우선 신기술이 등장하고 시장의 관심을 받기 시작하는 1단계 '기술 촉발technology trigger'에 이어, 기대가 크고 주목받지만 성과는 제한적인 2단계 '부풀려진 기대의 정점peak of inflated expectations'까지 빠르게 도달한다. 주가에 거품이 끼기 시작한 것이다. 하지만 시장의 환호와 달리 초기 시도들이 실패하면서 기대가 급전직하해 3단계 '환멸의 골짜기trough of disillusionment'로 빠진다. 시간이 흘러 기술이 진보하고 안정되면서 수익 모델 사례가 하나둘 생겨나는 4단계 '계몽의 경사로slope of enlightenment'를 타고 주가가 서서히 회복되며, 마지막으로 기술이 완전히 시장에 자리 잡는 5단계 '생산성의 고원plateau of productivity'에 도달한다.

하이프 사이클은 오랫동안 시장에서 관찰된 경험지식이다. 신기술이 우리 일상에 안착하기까지의 과정을 일목요연하게 보여줘 이해하기 쉽다. 시장 주목을 받은 신기술 중에는 처음에 반짝하다 말거나 환멸의 골짜기에 빠져 아예 사라지는 경우가 아주 많다. 또 기술마다 각 단계를 거치는 기간이 천차만별이다. 신기술이 거품을 만들고 붕괴했다가 다시 안정되는 과정에 적용되는 보편적인 법칙은 없다.

하이프 사이클은 신기술이 등장할 때 투자자가 관련 산업과 주가를 움직이는 시장심리를 동시에 이해하고 있어야 함을 일깨워 준다. 초기에는 기대감만으로도 주가가 오르지만, 기대가 지나치면 거품 붕괴도 빨리 온다. 환멸의 골짜기에 빠지고 나면 기술이 안정돼 가는데도 그 진면목이 잘 안 보이고, 그러다 큰 수익을 낼 기회를 놓치고 만다. 국내에서 전기차가 충전 문제와 몇 건의 배터리 화재로 캐즘chasm*에 직면한 것도 환멸의 골짜기와 유사한 면이 있다.

인터넷 혁명의 경우에도 2000년대 초 닷컴버블을 겪으면서 주가가 폭락해 많은 이들이 실망하고 환멸의 골짜기에 빠졌다. 당시 노벨 경제학상 수상자인 폴 크루그먼은 "2005년께에 인터넷이 경제에 미치는 영향이 팩스보다 크지 않다는 점이 분명해질 것이다. 기술 변화 속도가 느려지면서 10년 후에는 정보경제라는 말이 어리석게 들릴 것이다"라고 단언했을 정도다. 세계적인 석학조차 불과 3~4년 뒤 벌어질 상황을 전혀 짐작하지 못했다.

---

*　신기술이나 혁신의 시장 수요가 초기 이용자(얼리 어답터)에서 다수 이용자로 넘어가기 전에 직면하는 일시적 수요 감소나 장애물이 나타나는 현상이다. 캐즘은 깊은 틈, 큰 골짜기를 뜻한다. 제프리 무어Geoffrey Moore의 저서 『Crossing the Chasm』(한국어판 제목 『제프리 무어의 캐즘 마케팅』)을 통해 널리 알려졌다.

하이프 사이클은 신기술뿐 아니라 우리 생활에서도 발견되는 패턴이다. 외국어를 배울 때 처음에는 큰 흥미를 느끼고, 외국인의 말이 조금이라도 들리면 실력이 일취월장하는 것 같다. 하지만 외국어란 게 배우면 배울수록 어려워서, 기대가 급격히 실망으로 바뀌고 포기하는 사람도 많다. 환멸의 골짜기에 빠지는 것이다. 하지만 일부는 이런 고비를 넘기고 외국어에 능통해지는데, 이는 신기술이 일상에 스며드는 과정과 비슷하다.

세상에서 가장 비싼 네 단어

• ✦ •

주식시장에는 가장 위험한 네 단어가 있다고 한다. 영국의 전설적 투자자 존 템플턴John Templeton이 언급한 'This time is different(이번에는 다르다)'이다. 이것이 함축한 역사와 의미를 인식하지 못하면 이 말은 '세상에서 가장 비싼 말'이 된다.

주식의 역사를 돌이켜 보면 금융위기나 신기술이 등장해 주가가 급변동할 때마다 자주 회자된 말이 '이번에는 다르다'였다. '광란의 20년대'를 보낸 투자자들은 1929년 대공황이 오기 직전까지도 낙관론에 젖어 위기를 전혀 감지하지 못했다. 어빙 피셔 같은 저명한 경제학자도 '이번에는 다르다'는 착각에 빠져 두고두고 오명을 남겼다.

1980년대 일본 경제가 욱일승천할 때도 비슷한 과정을 겪었다. 일본의 주식, 부동산 등 자산가치가 하늘 높은 줄 모르고 치솟아 도쿄증시 시가총액이 뉴욕증시의 1.5배에 달했을 정도다. 전 세계 시가총액 상위 20위(1987년) 안에 일본 기업이 16개나 포진했다. 일본 자본은 록펠러센터, 페블비치 골프장, 컬럼비아 영화사 등 '미국의 상징'들을 인수하고 엠파이어스테이트 빌딩, 쿠어스 맥주 등에도 투자해 지분을 소유했다. '일본이 도쿄를 팔면 미국을 살 수 있다'는 농담 아닌 농담이 유행할 정도였다. 그러나 1990년 이후 과도하게 부푼 거품이 꺼지면서 일본 주식시장은 4분의 1 토막이 났고, 부동산은 10분의 1로 떨어졌다. 이후 일본은 잃어버린 30년을 보내야 했다.

2000년 닷컴 버블 때도 흔히 들린 말이 '이번에는 다르다'였다. 인터넷 신경제가 세상을 바꾸리라는 기대 속에 회사명에 '닷컴', '디지털'만 들어가도 주가가 폭등하던 시절이었다. 하지만 수익을 만들어 내지 못하면서 기대만으로 주가가 폭등한 수많은 기업이 파산했고, 다우지수는 최고치 대비 75퍼센트나 폭락했다. 닷컴 버블 시절의 대장주였던 시스코는 아직도 예전 최고치를 회복하지 못하고 있다.

2020년 코로나19 팬데믹으로 경제가 급격히 위축되자 각국 중앙은행이 돈을 퍼부어 주식시장이 빠르게 반등했다. 어김없이 '이번에는 다르다'는 말이 나오기 시작했다. 그러나 마구 풀린 돈은 물가상승률을 10퍼센트 안팎으로 끌어올렸고, 인플레이션을 잡기 위해 연방준비제도 Fed가 무지막지하게 기준금리를 인상(연 0~0.25% → 연 5.25~5.50%)해 약세장으로 전환했다.

2023년 말 챗GPT가 등장한 후 AI 붐이 일면서 엔비디아 등 빅테크 기업 주식들이 초강세를 보였다. 그러나 2025년 설 연휴 때 중국에서 가성비 좋은 딥시크가 나오면서 빅테크들의 수익성에 큰 의문이 제기됐다. AI가 미래를 바꾸는 기술이라는 점은 누구나 인정한다. 이번에는 정말 다를지, 아니면 과거 패턴의 반복일지는 시간이 증명해 줄 것이다.

사람이 모이는 곳마다 주식이 화제가 되고, 많은 사람이 '이번에는 다르다'고 말하고 있다면 어김없이 풍선이 한껏 부푼 시기라고 봐야 한다. 경험상 주식시장이 발작을 일으킬 시점이 임박했다고 예상해 볼 수 있다. 하지만 다들 낙관적인 분위기에 젖어 있을 때는 거품 우려와 경고가 잘 안 들린다. 이성적으로는 과거 경험의 교훈대로 주식투자를 절제해야 한다고 생각하지만, 감정적으로는 나만 소외되는 것 같은 포모 증후군에 빠진다. 워런 버핏이 말했듯이 "친구가 주식투자로 부자가 됐다는 말을 듣고 제정신을 유지할 수 있는 사람은 별로 없다."

'이번에는 다르다'는 심리는 주식시장의 물리적 속성을 간과하기 때문에 생긴다. 영구기관이 존재하지 않듯이, 한없이 오르는 주식은 없다. 산이 높으면 골이 깊다는 증시 격언은 진실을 담고 있다. 주가가 많이 오른 상태는 모래더미가 무너지기 직전 임계상태처럼 위험하다. 모두가 주식을 가진 상황은 더 이상 주식을 살 사람이 없다는 뜻이다. 17세기 네덜란드 튤립 투기처럼 순식간에 주가가 급락할 수 있다.

주식시장 역사상 숱하게 거품 붕괴를 경험하고도 사람들은 또 주가에 거품이 끼기를 기대한다. 주가가 급등할 때 자신은 잘 빠져나오면 된다고 상상하는 것이다. 하지만 불꽃은 꺼지기 직전에 가장 화려한 법이다. 그 화려한 불꽃을 향해 뛰어드는 부나방이 자기 자신일지도 모른다. 본래 들어갈 때는 마음대로여도 나올 때는 마음대로 안 되는 게 주식시장이다. 보유한 주식이 최고치를 기록하면 내일 또 오를 것 같아 못 팔고, 주가가 내려가면 다시 오를 것 같아서 또 못 판다. '무릎에서 사고 어깨에서 팔라'는 주식 격언도 지나고 나서 뒤늦게 깨닫고 합리화하는 말일 뿐이다. 어디가 무릎이고 어디가 어깨인지 그 시점에는 알 수 없다. 유감스럽게도 주가는 늘 '오를 때는 찔끔, 내릴 때는 폭삭'이다. '이번에는 다르다'는 말은 '절대로, 결코, 반드시' 같은 말과 함께 투자사전에서 지워 버려야 한다.

시장의 재귀성을 기억하라

• ✦ •

무수한 사람이 상호작용하는 주식시장에는 예측이 미래를 바꾸는 재귀성reflexivity이 작용한다. 어떤 예측이 널리 퍼지면 그 예측 자체가 사람들의 행동을 변화시키고, 달라진 행동이 현실에 영향을 미쳐 결국 예측이 빗나가게 된다. 경제든 사회든 주식시장이든 복잡적응계인 이유다.

　재귀성은 헤지펀드의 대부이자 워런 버핏과 동갑인 조지 소로스가 강조한 개념이다. 시장 참여자의 인식이 시장 현실을 바꾸고, 그 변화가 다시 인식에 영향을 준다. 재귀성은 사회심리학에서 말하는 자기실현적 예언self-fulfilling prophecy과도 일맥상통한다. 자기실현적 예언은 생각이 행동을 바꾸고, 행동이 다시 현실을 바꿔 생각한 대로 되는 현상이다. 소로스는 이런 재귀성의 순환 구조를 활용해 시장의 심리적 과잉반응이나 왜곡된 가격을 포착해 수익을 올리는 전략을 구사했다. 그런 사례가 1992년 영국의 '검은 수요일Black Wednesday'*이다.

국가경제에서도 경기가 침체될 것이라는 전망이 많으면 기업의 투자 위축과 소비자의 지출 감소를 유발해 실제로 경기가 악화된다. 특정 금융회사의 파산설이 돌면 사람들이 앞다퉈 예금을 인출해 실제로 파산 위기로 몰릴 수 있다. '말이 씨가 된다'는 속담대로다.

주식시장은 그런 재귀성이 강하게 작용하는 곳이다. 재귀성의 관점에서 주식시장을 보면, 참여자들의 기대(심리)와 주가(현실)가 서로 같은 방향으로 계속 증폭되는 자기강화(거품 형성) 과정과, 주가가 기대에서 너무 벗어나면 이를 다시 균형 상태로 되돌리려는 자기교정(거품 붕괴) 과정이 도돌이표처럼 순환하는 구조다. 특정 종목과 섹터의 주가가 오를 것이라는 예측이 퍼지면 투자자들이 몰려 실제로 주가가 오른다. 예측이 자기실현적 예언이 된 셈이다. 그러나 과도한 기대로 치솟

---

* 1992년 9월 16일 수요일, 조지 소로스의 퀀텀펀드와 다른 헤지펀드들이 영국 파운드화를 투매해 영국 정부가 유럽환율메커니즘ERM을 탈퇴한 사건. 영국 중앙은행인 BOE(영란은행)는 파운드화 하락 방어에 나섰지만 쏟아지는 매도 물량에 백기를 들었고, 소로스 등 헤지펀드들은 큰돈을 벌었다. 중앙은행이 헤지펀드에 굴복한 사건으로 유명하다.

은 주가와 본질가치 간에 괴리가 커지면 투자자들이 이탈해 제자리를 찾아간다. 최근 2~3년간 2차 전지 관련주들의 주가 흐름을 보면 하나같이 자기강화와 자기교정의 패턴을 보였다.

사람들의 생각과 가격이라는 현실은 서로 영향을 미치는 재귀성을 갖고 있다. 자연과학과 달리 사회과학에서 예측을 하기 어려운 이유다. 천문학자가 행성의 궤도를 예측한다고 해서 궤도가 바뀌지는 않지만, 연방준비제도 의장이 자산시장에 거품이 끼었다고 예측했다는 말이 널리 퍼지면 사람들이 자산을 팔아 실제로 가격이 하락한다. 이런 양방향 피드백의 재귀성은 시장에서 거품과 패닉이 종종 일어나는 이유를 설명해 준다. 통계나 숫자 이면에 숨은 시장의 원리다.

거친 바다를 항해하는 이들에게

• ✦ •

다시 강조하지만 투자는 자기책임으로 하는 진검승부이다. 손해 봤다고 하소연할 곳도 없다. 자칫 치명적인 손실을 볼 수도 있다. 그런 점에서 주식투자는 항해에 비유할 수 있다. 거친 바다(주식시장)에서 거센 파도(주가 변동성)를 헤치고, 조류(강세장, 약세장)와 바람(정치, 제도 등 외부 변수)에 편승하면서, 태풍(공포와 패닉)과 암초(크고 작은 악재들), 해적(주가 조작, 불공정 거래)을 피해 나아가는 것이다. 누구나 순풍에 돛 단 듯 가고 싶지만 그런 경우는 없다.

경제를 공부하는 것은 이런 자연현상과 위험을 인식하는 훈련이자 항해의 사전준비 과정이다. 훈련이 없으면 투자는 언제든 표류하고 난파할 위험이 커진다. 항해할 때 해도와 나침반의 역할을 투자에서는 금리, 환율과 각종 경제지표가 한다. 이를 통해 바람이 어디서 불어오는지, 날씨가 어떤지, 암초가 있는지 등을 감지할 수 있다.

정교한 해도를 가졌다고 해서 유능한 선장이 되지는 않는다. 중세 해양강국인 베네치아의 속담에 '바다는 멀리 나갈수록 깊어진다'라는 말이 있다. 이들 주식시장에 적용하면, 기대 수익이 클수록 위험도 커진다는 얘기다. 오랫동안 항해하며 갖가지 위험 상황을 겪어 봐야 급변하는 바다에서 쉽게 흔들리지 않는다. 그래서 투자에는 지식보다 경험이 더 절실히 요구된다. "주식시장은 경험이 많으면 돈을 얻고, 돈이 많으면 경험을 얻는 곳이다"(대니얼 드루)라는 말은 정곡을 찌른 격언이다.

투자를 할 때는 어제 일이 아니라 내일 벌어질 일을 예측하고 맞혀야 돈을 번다. 자신보다 수많은 타인의 선호를 파악하고, 다수의 심리 변화에 대응해야 하는 심리 예측 게임이다. 투자심리는 그 시점에 주식시장에 드리운 전반적인 시장 분위기다. 한 번 형성된 분위기에서 개인이 빠져나오기란 여간 어려운 일이 아니다. 다수의 심리에는 집단심리처럼 한 방향으로 휩쓸리는 관성의 법칙이 작용한다. 다수와 반대로 가는 것은 도로의 역주행처럼 힘든 일이다. 여기에 탐욕과 투기, 망상이라는 인류의 오랜 현상이 가세해 주가를 흔들면 심한 멀미를 하지 않을 사람이 없다.

따라서 투자자에게는 변덕스러운 심리 변화에 대처하는 능력과 경제를 읽는 능력이 모두 요구된다. 주식시장에서는 변덕스러운 수백만 투자자들이 서로가 서로에게 영향을 미친다. 이들의 기대가 현실을 바꾸고, 현실이 다시 기대를 바꾼다. 투자심리를 만드는 것은 갑작스러운 사건사고나 소문 같은 일회성 이슈가 아니다. 금리, 환율, 인플레이션, 실업률 같은 경제지표가 일정한 방향성을 보일 때 작은 불씨가 큰불이 되듯 투자심리가 확산한다. 여기에다 주가를 떠받치는 유동성, 기업 실적, 신기술이 맞물리면 큰 시세가 분출된다. 지난 5년간 주가 그래프에 팬데믹, 인플레이션, 급격한 금리 인상, AI 열풍, 금리 인하 전환, 관세 전쟁 등을 대입해 보라. 언제 시장에 변곡점이 있었는지 분석해 보면 이 말을 실감할 수 있을 것이다.

아울러 경제를 알아야 경제학자, 애널리스트 같은 전문가들의 관점을 비교하고, 각각의 장단점을 파악할 수 있다. 전문가라는 '권위'가 현실에서 반드시 정확한 판단과 해석을 보장하지는 않는다. 어떤 전문가의 주장도 비판적으로 접근하고 스스로 판단할 줄 알아야 한다. 그래야 수많은 전문가와 유튜버들의 화려한 예측 속에서도 길을 잃지 않고 스스로 항해할 수 있는 진정한 투자자가 될 수 있다.

단행본

- 귀스타브 르 봉, 김성균 역, 『군중심리』이레미디어, 2008.
- 네이트 실버, 이경식 역, 『신호와 소음』 더퀘스트, 2014.
- 나심 니콜라스 탈레브, 『블랙 스완』 차익종 역, 동녘사이언스, 2018.
- 나심 니콜라스 탈레브, 김원호 역, 『스킨 인 더 게임』 비즈니스북스, 2019.
- 나심 니콜라스 탈레브, 안세민 역, 『안티프래질』 와이즈베리, 2013.
- 나심 니콜라스 탈레브, 『행운에 속지 마라』 중앙북스, 2016.
- 대니얼 카너먼, 이진원 역, 『생각에 관한 생각』 김영사, 2012.
- 댄 애리얼리, 이경식 역, 『부의 감각』 청림출판, 2018.
- 데이비드 맥레이니, 박인균 역, 『착각의 심리학』 추수밭, 2012.
- 데이비드 크루거·존 데이비드 만, 한수영 역, 『머니 바이블』 시아컨텐츠, 2021.
- 데이비드 핸드, 전대호 역, 『신은 주사위 놀이를 하지 않는다』 더퀘스트, 2023.
- 롤프 도벨리, 두행숙 역, 『스마트한 생각들』 걷는나무, 2012.
- 리처드 H. 탈러·캐스 R. 선스타인, 안진환 역, 『넛지』 리더스북, 2009.
- 리처드 파인만, 박병철 역, 『파인만의 여섯 가지 물리 이야기』 승산, 2003.
- 리처드 파인만, 박병철 역, 『파인만의 또 다른 물리 이야기』 2003.
- 마리아 코니코바, 김태훈 역, 『블러프』 한국경제신문, 2021.
- 마크 뷰캐넌, 이효석·정형채 역, 『내일의 경제』 사이언스북스, 2014.
- 마크 뷰캐넌, 김희봉 역, 『우발과 패턴』 시공사, 2014.
- 마크 뷰캐넌, 김희봉 역, 『사회적 원자』 사이언스북스. 2010.
- 말콤 글래드웰, 임옥희 역, 『티핑 포인트』 김영사, 2004
- 말콤 글래드웰, 노정태 역, 『아웃라이어』 김영사, 2009.

- 매들린 L. 반 헤케, 임옥희 역, 『블라인드 스팟』, 다산초당, 2007.
- 매튜 허트슨, 정은아 역, 『우리는 왜 미신에 빠져드는가』, 원앤원북스, 2013.
- 모건 하우절, 이지연 역, 『돈의 심리학』, 인플루엔셜, 2021.
- 모건 하우절, 이수경 역, 『불변의 법칙』, 서삼독, 2024.
- 브라이언 클라스, 김문주 역, 『어떤 일은 그냥 벌어진다』, 웅진지식하우스, 2024.
- 살레하 모신, 서정아 역, 『달러 전쟁』, 위즈덤하우스, 2024.
- 세이노, 『세이노의 가르침』, 데이원, 2023.
- 스티븐 베리, 신석민 역, 『열역학』, 김영사, 2021.
- 알버트 라슬로 바라바시, 김기훈·강병남 역, 『링크』, 동아시아, 2002.
- 앙드레 코스톨라니, 한윤진 역, 『돈 뜨겁게 사랑하고 차갑게 다루어라』, 미래의창, 2023.
- 앙드레 코스톨라니, 정진상 역, 『투자는 심리게임이다』, 미래의창, 2023.
- 앵거스 디턴, 안현실·정성철 역, 『좋은 경제학 나쁜 경제학』, 한국경제신문, 2024.
- 앨런 S. 밀러·가나자와 사토시, 박완신 역, 『처음 읽는 진화심리학』, 웅진지식하우스, 2008.
- 에드워드 챈슬러, 강남규 역, 『금융투기의 역사』, 국일증권경제연구소, 2001.
- 에릭 바인하커, 안현실·정성철 역, 『부의 기원』, 알에치코리아, 2015.
- 오성주, 『차트의 유혹』, 한국경제신문, 2022.
- 오종태, 『복잡계 세상에서의 투자』, 페이지2, 2021.
- 윌리스 D. 와틀스, 이상미 역, 『부는 어디서 오는가』, 포레스트북스, 2022.
- 윌리엄 번스타인, 노윤기 역, 『군중의 망상』, 포레스트북스, 2023.
- 이언 스튜어트, 장영재 역, 『신도 주사위 놀이를 한다』, 북라이프, 2020.
- 이상건, 『부자들의 개인 도서관』, 랜덤하우스코리아, 2017.
- 제임스 글릭, 박래선 역, 『카오스』, 동아시아, 2013.
- 제프리 웨스트, 이한음 역, 『스케일』, 김영사, 2020.
- 존 L. 캐스티, 이현주 역, 『대중의 직관』, 반비, 2012.
- 찰스 맥케이, 이윤섭 역, 『대중의 미망과 광기』, 필맥, 2018.
- 찰스 윌런, 김희정 역, 『돈의 정석』, 부키, 2020.
- 찰스 윌런, 김명철 역, 『벌거벗은 통계학』, 책읽는수요일, 2013.
- 찰스 S. 코켈, 노승영 역, 『생명의 물리학』, 열린책들, 2021.

- 찰스 퍼시 스노우, 오영환 역, 『두 문화』, 사이언스북스, 2001.
- 천장팅, 김재현 · 양성희 역, 『주식투자의 지혜』, 에프엔미디어, 2021.
- 카를로 M. 치폴라, 장문석 역, 『인간의 어리석음에 관한 법칙』, 미지북스, 2019.
- 키애런 파커 · 게리 그리핀, 정경호 역, 『탐욕의 경제학』, 북플래너, 2007.
- 토머스 길로비치, 이양원 · 장근영 역, 『인간 그 속기 쉬운 동물』, 모멘토, 2008.
- 토마스 볼핀치, 박경미 역, 『그리스 로마 신화』, 혜원출판사, 2011.
- 토드 부크홀츠, 이승환 역, 『죽은 경제학자의 살아있는 아이디어』, 김영사, 2005.
- 파스칼 메르시어, 전은경 역, 『리스본행 야간열차』, 들녘, 2007.
- 피터 나바로, 이창식 역, 『브라질에 비가 내리면 스타벅스 주식을 사라』, 에프엔미디어, 2022.
- 피파 맘그렌, 조성숙 역, 『시그널』, 한빛비즈, 2019.
- 하노 벡, 배명자 역, 『부자들의 생각법』, 갤리온, 2013.
- 한동일, 『라틴어 수업』, 흐름출판, 2017.
- 한동일, 『로마법 수업』, 문학동네, 2019.
- 황영애, 『화학에서 인생을 배우다』, 더숲, 2010.
- 홍진채, 『거인의 어깨 1, 2』, 포레스트북스, 2022.

보고서 및 논문

- 김민기 · 김준석, 「국내 주식투자자의 행태적 편의와 거래행태」, 한국자본시장연구원, 2022.
- 황수경 · 이창근, 「한국의 중산층은 누구인가」, 한국개발연구원(KDI),2024.
- Ellen J Langer, Heads I win, tails it's chance: The illusion of control as a function of the sequence of outcomes in a purely chance task, December 1975 Journal of Personality and Social Psychology.
- Daniel Kahneman, Jack L. Knetsch, Richard H. Thaler, Anomalies: The Endowment Effect, Loss Aversion, and Status Quo Bias.
- https://blog.nuclearsecrecy.com/2014/08/22/luck-kokura/

이 책은 관훈클럽정신영기금의 도움을 받아 저술 출판되었습니다.

투자 인문학

초판 1쇄 인쇄 2026년 2월 12일
초판 1쇄 발행 2026년 2월 27일

지은이 오형규
펴낸이 김종길
펴낸 곳 글담출판사 **브랜드** 아날로그

기획편집 이경숙 · 김보라 **영업홍보** 김지수
디자인 손소정 **관리** 이현정

출판등록 1998년 12월 30일 제2013-000314호
주소 (04029) 서울시 마포구 토정로 222 한국출판콘텐츠센터 309호
전화 (02) 998-7030 **팩스** (02) 998-7924
블로그 blog.naver.com/geuldam4u **이메일** geuldam4u@geuldam.com

ISBN 979-11-92706-46-7 (03320)

* 책값은 뒤표지에 있습니다.
* 잘못된 책은 바꾸어 드립니다.

글담출판에서는 참신한 발상, 따뜻한 시선을 가진 원고를 기다리고 있습니다.
원고는 아래의 투고용 이메일을 이용해 보내주세요. 여러분의 소중한 경험과 지식을 나누세요.
이메일 to_geuldam@geuldam.com